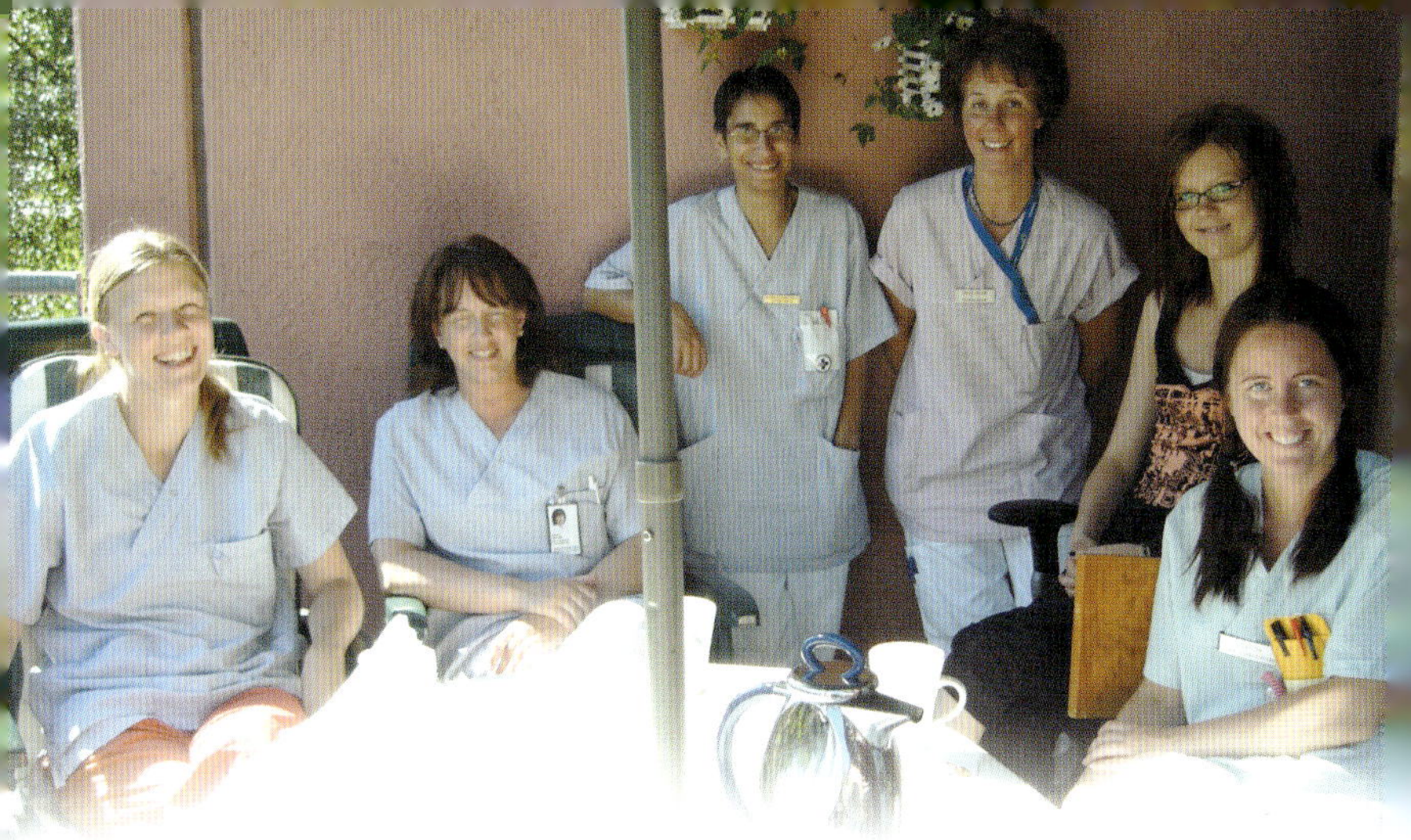

# 日本の理学療法士が見たスウェーデン

福祉先進国の臨床現場をレポート

山口真人

新評論

❶

❹

❷

❸

扉写真：職員のコーヒータイム（クロコムのケア付き高齢者住宅で）
❶ランスティング運営の理学療法室と理学療法士（クロコム）
❷理学療法士と作業療法士によるデイリハビリでのレクリエーション（ウプサラ）
❸理学療法士と作業療法士による在宅訪問リハビリ（ヤヴレ）
❹汚物処理道具の自動洗浄消毒器（ヤヴレのケア付き特別住宅で）

❺

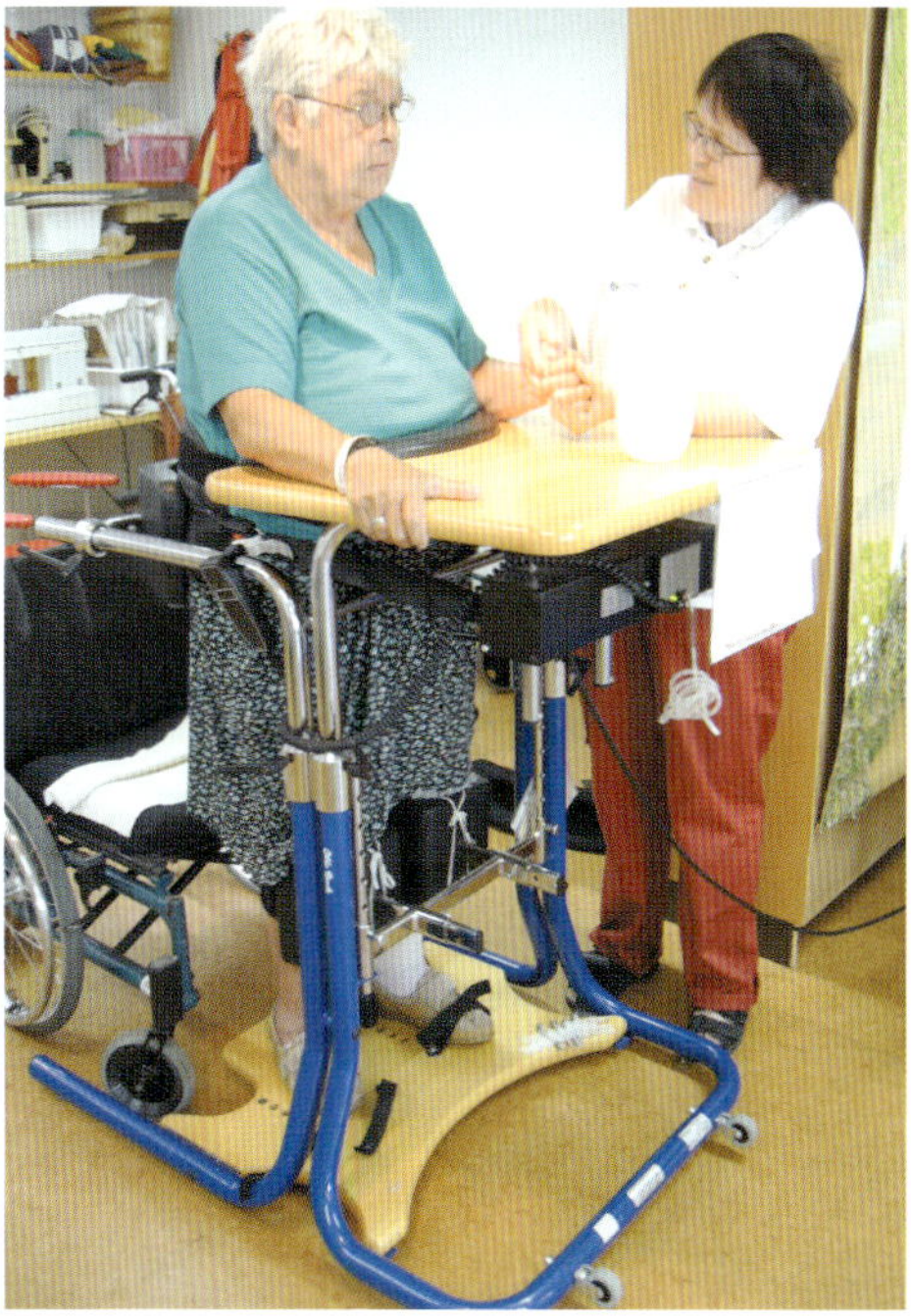

❼

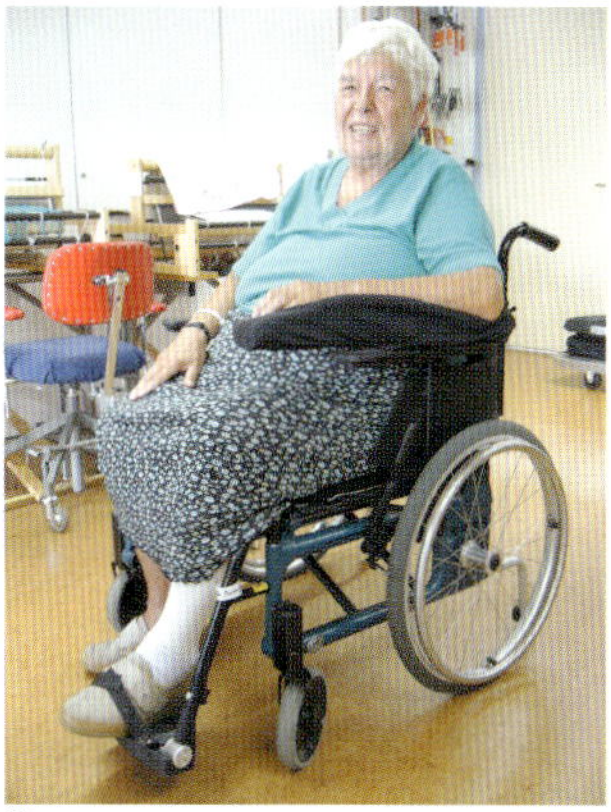

❻

❺切断された下肢を載せる台の付いた車椅子（ウプサラ）
❻麻痺した上肢を載せるための台と折りたたみ式ブレーキレバーの付いた車椅子（ウプサラ）
❼立位活動用の補助道具（ウプサラの短期滞在施設で）

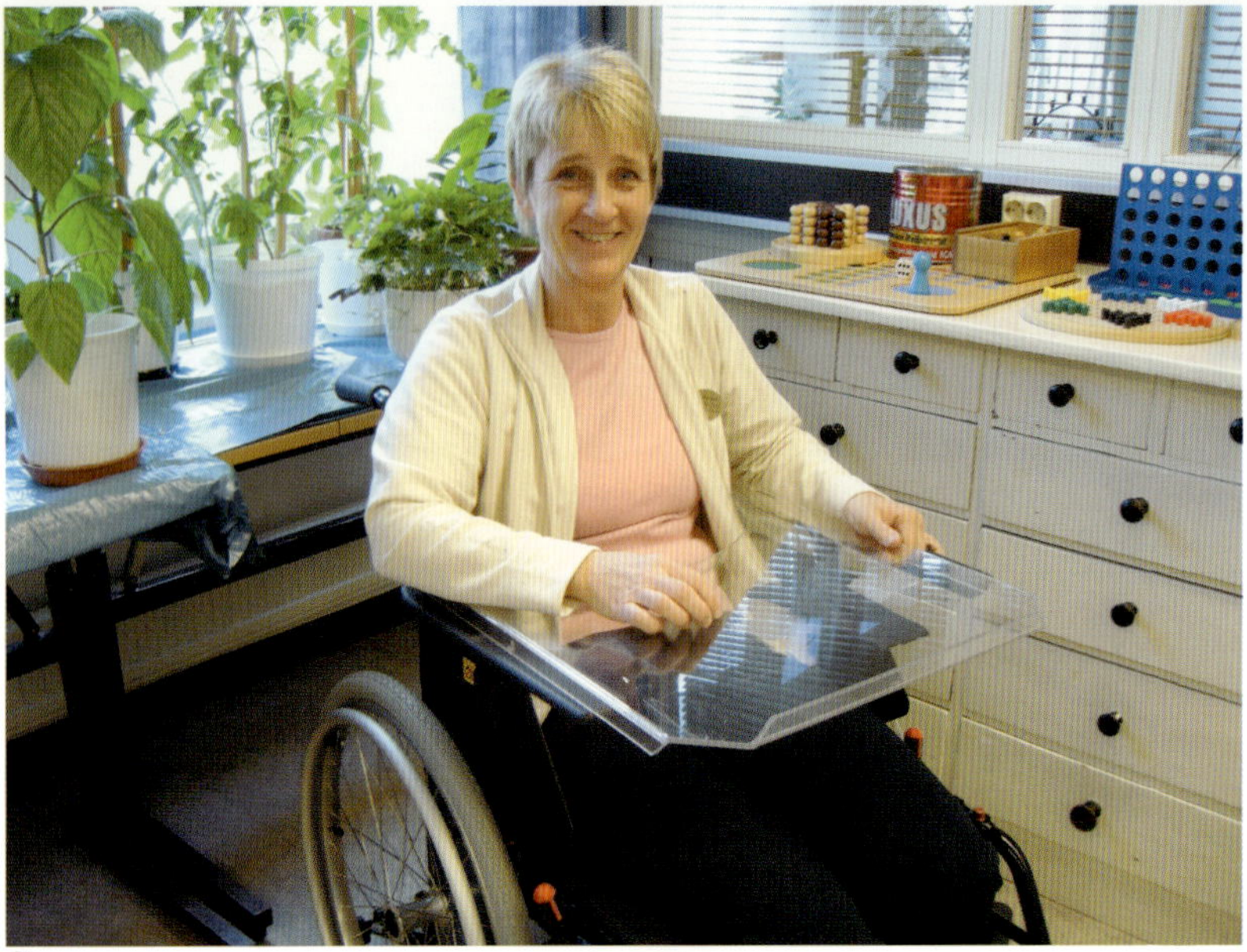

❽

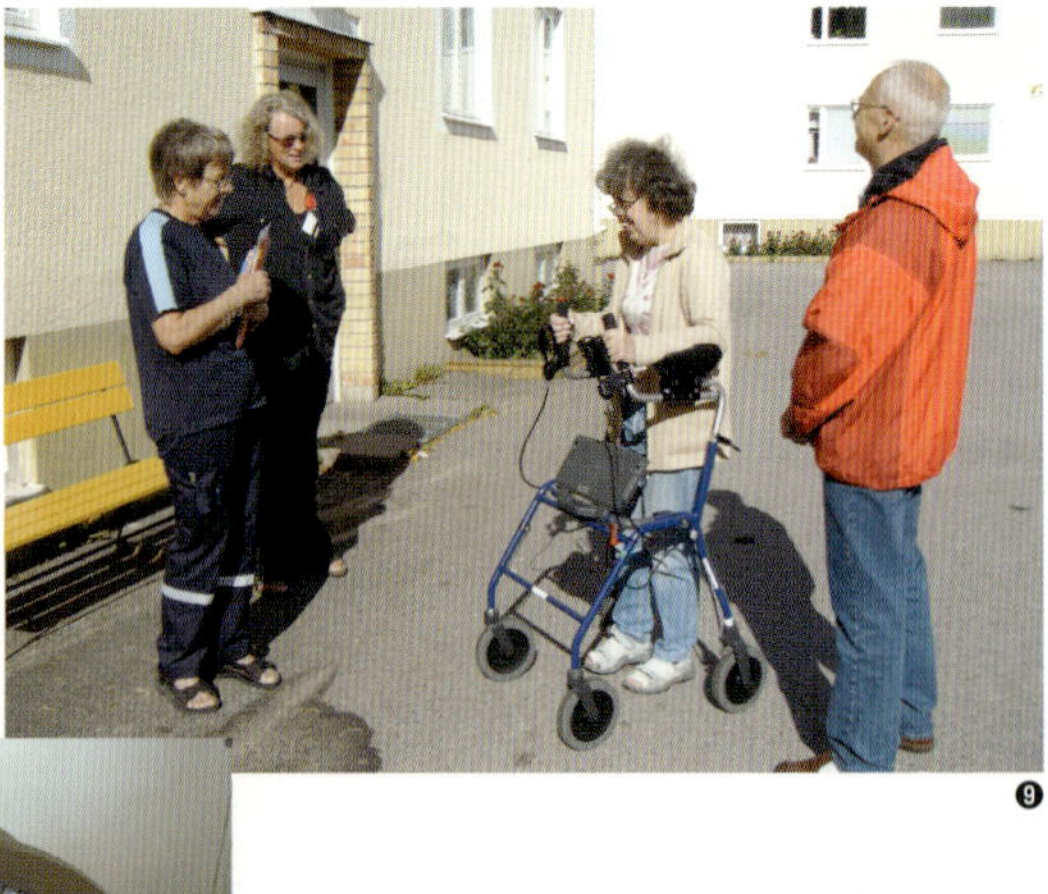

❾

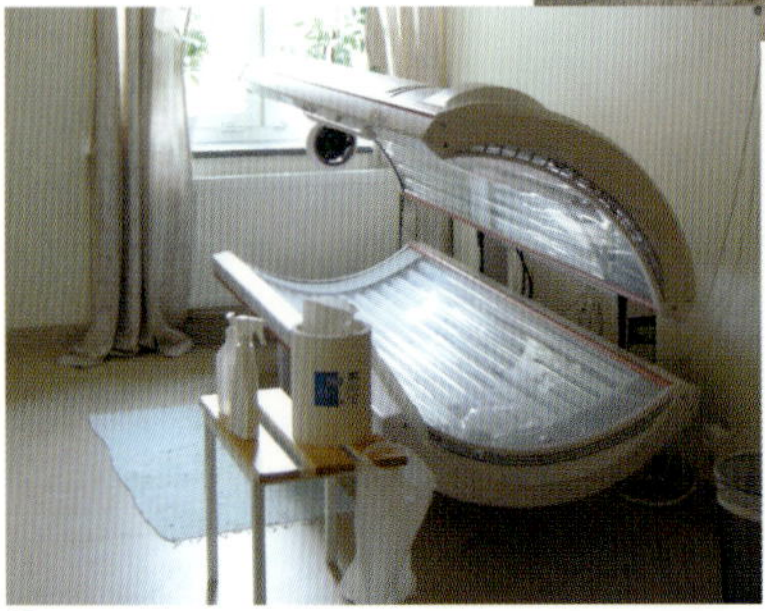

❿

❽足元が見やすい透明な車椅子用テーブル（エステシュンドの短期滞在施設で）
❾立位保持が安定するように肘載せ台と把持取っ手が取り付けられた歩行車（ヤヴレ）
❿冬の長いスウェーデンならではの職員用のタニングマシーン（ヤヴレのケア付き特別住宅で）

# はじめに

　スウェーデンという国を初めて意識したのは今から一五年ほど前のことである。当時私は、医療や福祉の分野とは違った仕事をしながら佛教大学（京都市）の通信課程で社会福祉学を学んでいたが、その夏のゼミで、「世界の福祉と日本の福祉のこれから」といったテーマで数人の学生と議論をする機会を得た。私は、何の迷いもなく、「福祉もほかの産業と同じように、いわゆる自由競争の原理で考えるしかない。あえてモデルを挙げるならアメリカではないだろうか」と発言した。すると、間髪を入れずある女性から、「それは、たとえばスウェーデンのような国の福祉事情を知ったうえでの発言なのか？」と切り替えされたのである。

　彼女の言葉は、どこか印象に残りつつも、その後しばらくは頭から離れていた。というのも、当時の私にとっては、社会福祉はあくまで教科書や本のなかだけのものであり、スウェーデンの事情どころか日本の臨床現場の実情すら知らなかったからである。

　ところが、翌年、大学の演習の一環として特別養護老人ホームで一か月間の実習をしたことで、それまで自分が抱いていた日本の福祉現場のイメージと現実の間にある種の違和感が芽ばえたのである。さらにその翌年、大学修了と同時に実習で興味を抱いた理学療法士になるために東京の小金井市にある「社会医学技術学院」(http://www.normanet.ne.jp/~sigg/)という専門学校の夜間部に通いつつ、当時のいわゆる老人病院でリハビリテーション室の助手として働きはじめたころから、その違和感がより具体的な矛盾として捉えられるようになってきた。そして、それが理由なのだろうか、あの夏のゼミで言われた女性の言葉が鮮明にフィードバックされるようになっていった。

それ以来、スウェーデンの社会制度や福祉について書かれた本を読みあさるようになった。そして、私のスウェーデンへの想いは徐々に確かなものになっていった。なかでも、『スウェーデンの挑戦』(岡沢憲芙著、岩波新書、一九九一年)と『クリッパンの老人たち――スウェーデンの高齢者ケア』(外山義著、ドメス出版、一九九〇年)は、当時から今に続く私のスウェーデン志向を決定づけた二冊であると言っても過言でない。前者では、スウェーデンがいわゆる「生活大国」への道を歩むようになっていった背景や理念、そしてそれを実現していくための社会制度の整備過程について初めて系統だった理解を得ることができた。後者では、一九八〇年代までのスウェーデンを描いたものであるにもかかわらず、私がこの本を初めて手にしたときの一九九〇年代後半の日本と比較しても、すでに途方に暮れるほどずっと先んじているスウェーデンの高齢者ケアの現場の様子に愕然《がくぜん》とさせられた。そして、当然のごとく、まだ見ぬスウェーデンへの想いが日に日に募っていった。

# はじめに

スウェーデンと直接の関わりをもちはじめたのは六年前の二〇〇〇年である。スウェーデンにおける高齢者のケアとリハビリの現場をこの目で見たいという想いがいよいよ抑え切れなくなっていた私は、単独での「ケア・リハビリ研修旅行」を計画しはじめていたが、ちょうどそのころ、日本在住で環境コンサルタントとして活躍しているペオ・エクベリ（Peo Ekberg）氏というスウェーデン人と知り合った。私は彼に、スウェーデンならどこでもよいので、高齢者のケアやリハビリについて研修できるところを紹介してもらえないかとお願いした。その結果、彼がよく知るスモーランド地方の中堅都市であるヴェクショーという街に滞在することになった。

私自身が立てた計画は約八〇日間（一一週）の滞在計画であったが、出発前に研修地として紹介してもらったところは、ヴェクショー湖畔にある回復期の成人および高齢者向けのリハビリテーションセンターと街なかに近いデイリハビリセンターなどの四週間分であった。残りの七週間は現地に着いてからということになり、当時、ヴェクショーで小さな旅行会社を営んでいたスウェーデン人女性を紹介してもらった。そして、彼女らの協力もあって結果的には成人から高齢者までの理学療法を中心としたリハビリテーションの現場を広く研修することができた。とはいえ、当時の私の力量では、スウェーデンの臨床現場の様子や理学療法士、ケアスタッフらの職場環境など、実にさまざまな日本との違いに圧倒されつつも、いったい何が日本とスウェーデンでは違うのかということを抽出できぬままの帰国となった。

そして、それからの五年間、ヴェクショーを足がかりにスウェーデンと日本の現場を往復しながら、その本質的な違いを探す旅をはじめることとなった。

ところで、私は前述した東京での老人病院での勤務ののち、仙台では療養型、そして現在は大阪でケアミックス型の病院[1]に勤務してきているわけだが、どの現場においても必ず目にしてきたのが、いわゆる重度の拘縮《こうしゅく》（一九ページの注6を参照）で手脚が固まって褥瘡《じょくそう》ができ、長期にわたって鼻腔《びくう》栄養の管を入れられたお年寄りの姿であった。これは、重い一次障害を負った人がベッド上に寝かされている時間が長いことによりつくられる重度の二次障害の典型的な姿であり、本人の苦痛は言うに及ばず、甚だ見るに忍びないものである。可能なかぎり日中の離床を図り、さまざまなスタッフと協力しあいながら予防すべく努めてもこのような状態の人々が後を絶たないという現実は、私の所属するケアミックス型の病院においても同じである。そして、この現状は、おそらく日本の同じような現場における共通の問題ではないかとも感じている。

日本の現場に勤務しながら毎年スウェーデンの実情を見続けてきたことで、私はこの重度の二次障害の発生のあり方こそが日本とスウェーデンとの大いなる違いであると気づくようになった。

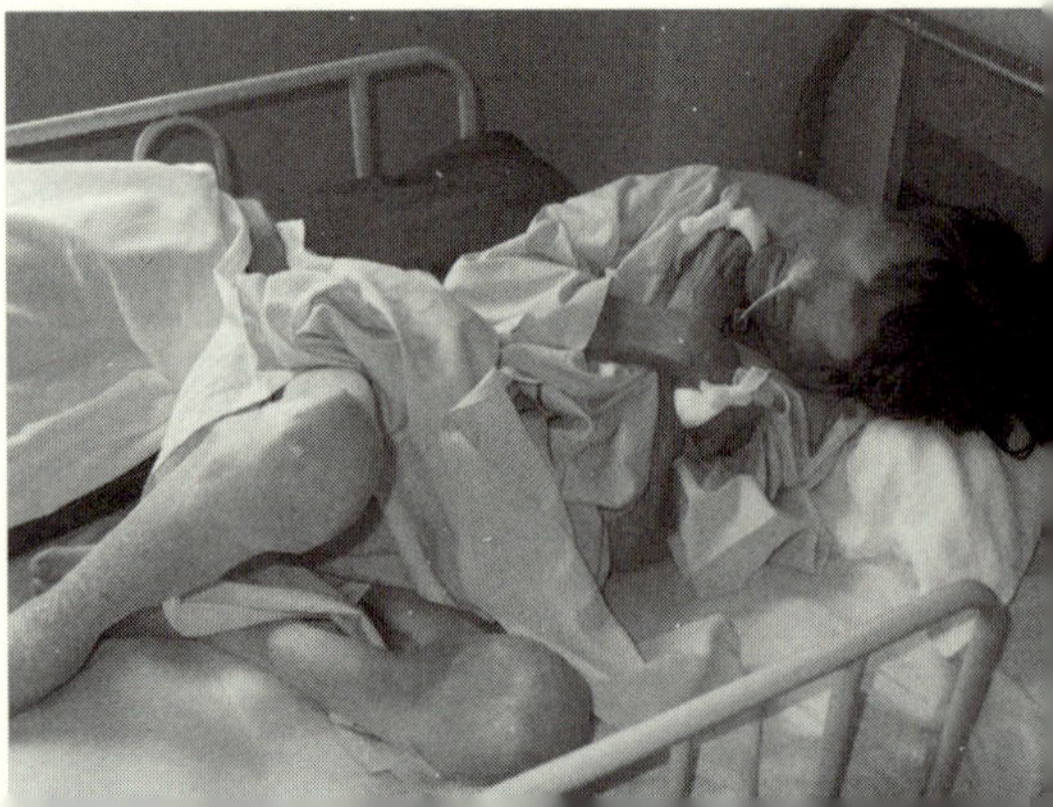

鼻から栄養摂取のための管を入れられ、重度の四肢拘縮に陥った日本の高齢者の姿

そこで私は、二〇〇三年、四度目にスウェーデンを訪れた際に、重度に四肢が拘縮して、鼻から管を入れられてベッドに横たわっている日本のお年寄りの写真を、スウェーデンの成人および高齢者のケアやリハビリの現場で働くスタッフに片っ端から見せて回った。彼らの反応は、大きく分けて次の二つであった。

「自分では見たこともない。おそらく、こういう老人はいないのではないかとも思う」（若い療法士および看護助手）

「二〇年以上前に見たことがあるし、担当した記憶もある。今でもスウェーデン中を探せばどこかにいるのかもしれないが、最近は見たことはない」（年配の療法士および看護助手）

その翌年の二〇〇四年の初め、私は、スウェーデンにおける重度障害者の生活について自分なりに納得のいく取材をしてみようと考えるようになった。そして、臨床現場に深く入り込み、スウェーデン人同士の会話をできるだけ正確に聞き取るためにスウェーデン語もその後の一年間でかなり勉強した（本文のなかでも、臨床現場で聞き取ったそのままのスウェーデン語を所々に記したので、その臨場感を感じていただけたら幸いである）。とはいえ、そう簡単にマスターすることはできないので、制度的な部分の聴取などのようにより複雑な会話が要求される場面では英

（1）一般病床と療養病床をあわせもつ病院のこと。

語で乗り切ろうと考えた。

勤務している職場には、初めは退職して出発する旨を伝えたが、直属の上司より「これからの日本の現場にとっても意義のあること」と共感してもらうことができ、その間はもちろん無給ではあるが、休職扱いとして職場を離れることの許可をいただいた。この決定に関して、私が感謝したことは言うまでもない。

日本でなら往々にして重度の四肢拘縮《こうしゅく》、褥瘡《じょくそう》、長期にわたる鼻腔《びくう》経管による栄養摂取をあわせもつような重度の二次障害に陥ってしまいがちな重度の一次障害をもつ人々が、スウェーデンではどのように暮らし、どのようなケアやリハビリを受けているのか、そしてスウェーデンでも日本で見られるような重度の二次障害の状態に陥ることが多いのかどうか……もし、そうでないというのであれば、いったいどのように予防されているのか……ヒント探しの旅のはじまりである。

# もくじ

## 第3章 クロコム――ウーヴィクス山脈を望む町 151

取材で訪れたスウェーデンの六つのコミューン

（236ページの訪問先一覧を参照）

# 日本の理学療法士が見たスウェーデン

――福祉先進国の臨床現場をレポート――

# 第1章

# ヴェクショー

## ガラスの王国の玄関口

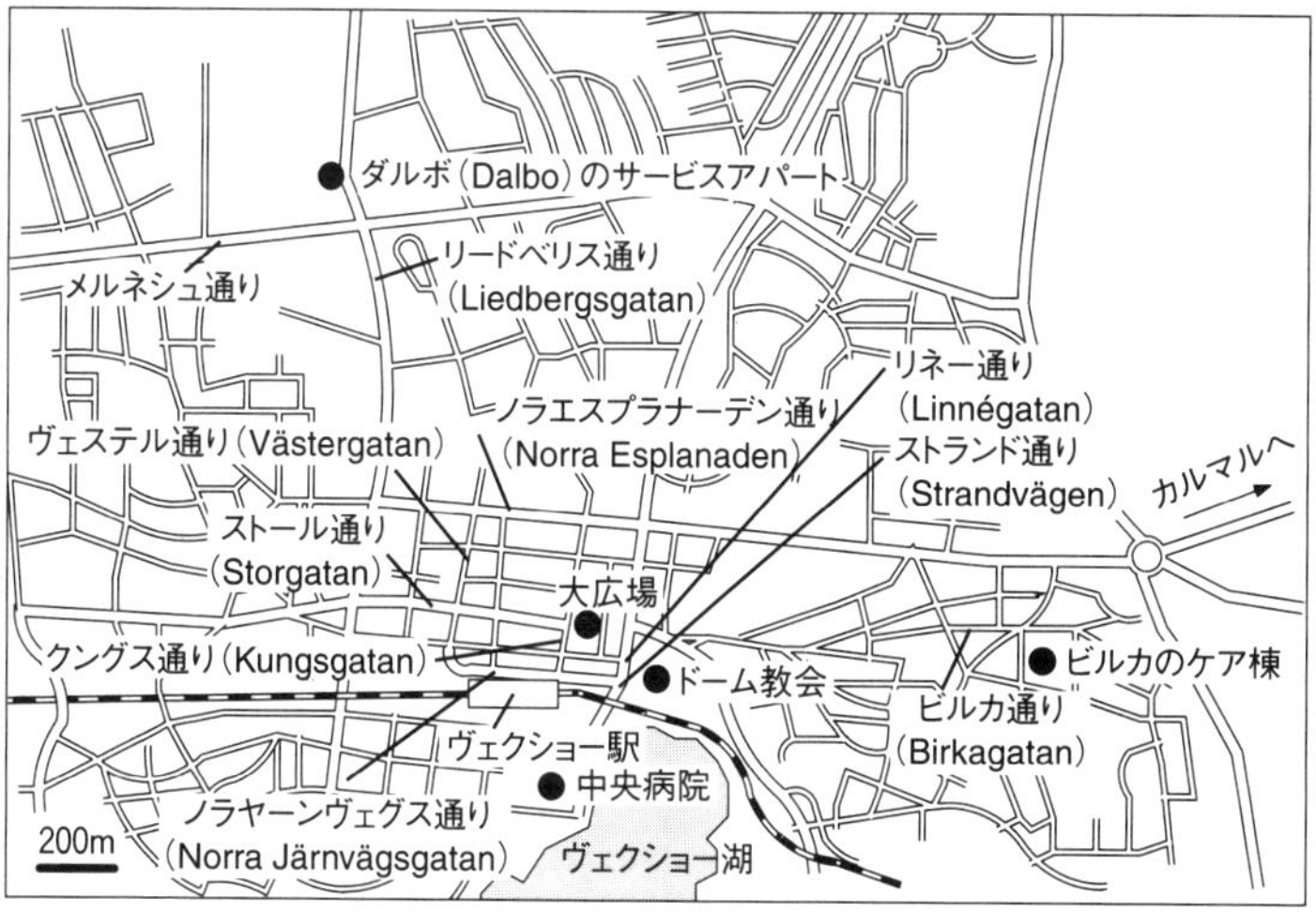


ヴェクショー（Växjö）地図

ヴェクショーは、数々の美しい森と湖で知られるスウェーデン南東部のスモーランド地方のやや南に位置する人口約七万人のコミューン(1)である。「X2000」と呼ばれるスウェーデン版新幹線で、首都ストックホルムからは南西へ三時間半、デンマークのコペンハーゲンからなら北東へ二時間半のところにある。ここヴェクショーからカルマルにかけての一帯は「ガラスの王国(Glasriket)」と呼ばれ、日本でもファンの多い「コスタ・ボダ(Kosta Boda)」、「オレフォシュ(Orrefors)」などの世界的にも有名なガラス製品を生み出しているガラス工房が点在しているが、ヴェクショーはその西の玄関口としても知られ、スモーランド地方を代表する街である。

スモーランド地方は、一八〇〇年代半ばから一九〇〇年代前半にかけて、その不毛の土壌ゆえに、スウェーデンのなかでももっとも多くの人々が海を越えてアメリカへ渡った土地としても知られており、いまだに語り継がれている移民時代の歴史をかいま見ることのできる「移民博物館(Utvandrarnas Hus)」もこの街にある。

そんな自然と芸術、そして歴史の豊かな街で、障害を抱える高齢者の暮らしを訪ねた。

ヴェクショー駅の北口を出てノラヤーンヴェグス通りに沿って東に歩くと、その左前方に、ヴェクショーのシンボルであるドーム教会の二つの深緑の尖塔が姿を現す。その荘厳な佇《たたず》まいに浸る間もなく、右手前方には四列に並ぶブナの並木道に透けてヴェクショー湖が広がっている。しばし立ち止まり、初夏の新鮮な、とは言ってもまだひんやりとする空気を胸いっぱいに吸い込む。

北の大地特有の、形のよい白く低い雲をのせた抜けるような青い空を背景にして、空高くそびえるドーム教会を真下から眺めながらリネー通りを東に折れてヴィラ通りをしばらく歩くとビルカ通りに出る。そこからさらに五〇〇メートルほど歩くと、通りと同じ名前の目的地である「ビルカ単位[2]」がある。駅からは二キロメートルほどの閑静な住宅街である。

(1) コミューン（kommun）は日本の市町村にあたる基礎的自治体である。ちなみに、他の行政単位としてランスティング（lansting）とレーン（län）がある。ランスティングは広域行政体という意味で、県と邦訳する場合が多いが、ランスティングは主に医療を担当しており、日本の県とはその担当業務が大きく異なることに注意しなければならない。レーンは、ランスティングとほぼ同じ地理的区分である（ゴッドランド・レーンを除く）。ランスティングとの違いが分かりにくいが、ランスティングが広域行政体、地方自治体であるのに対して、レーンは主に国の出先機関、国の地方行政区である（『スウェーデン・デンマーク福祉用語小事典』大阪外国語大学デンマーク語・スウェーデン語研究室編、早稲田大学出版部、二〇〇一年を参照）。

(2) 単位はスウェーデン語で「enhet」で、ここでは高齢者ケアに関する行政上の最小区分である。したがって、正式には「Birka-enhet」だが、通常「ビルカ」とだけ呼んでいる。七ページの本文でさらに解説を加えてある。

ヴェクショー湖畔の並木道

# ビルカのケア付き高齢者住宅と緩和ケア住宅

約束の時間通りにケア棟一階の正面玄関からなかに入ると、奥の事務室へと通じる内ドアの向こうに女性がすでに出迎えに来てくれていた。どうやら、私が入り口を探しながら一度ぐるりとその建物の周りを回っていたのが事務室の窓から見えたらしい。

「あなたはマコトですね。私はミリアムです」

本日会う予定となっていた責任者のミリアム・クライン（Mirjam Klein）であった。スウェーデンでは一般に、初めからファーストネームで紹介しあう。ミリアムの事務室に案内されると、今日一日私の案内役を務めてくれるという看護助手のガブリエラ（Gabriella）がすでに待機していた。温かいコーヒーと小さな甘パンをご馳走になりながら、さっそく本題に入った。

私がビルカ（Birka）でしたいことについては、私の友人であるスウェーデン人の理学療法士イェーテ・ヘルスィエン（Göte Hellzén）からミリアムに事前に伝えられていたが、改めて、私自身から具体的に説明することにした。まずは、ヴェクショーにおけるビルカの制度的位置づけについて知りたいこと、次に、今日から二～三日かけて、看護助手に付いて回りながら臨床現場の様子をできるだけ詳しく取材したいこと、さらには、彼（女）らの職場環境や労働条件などについても随時取材したいことなどをスウェーデン語と英語で伝えた。ミリアムもガブリエラも、じっくりと私の話に耳を傾けながらいずれも快く承諾してくれた。いよいよ、取材のはじまりである。

ヴェクショーコミューンは、高齢者ケアについては行政上「北西地区」と「南東地区」の二つに分かれているが、通り名と同じ名前となっている「ビルカ」とはその南東地区内にある高齢者単位の一つの名称であり、ケア棟——重度の障害をもつ高齢者を対象とする「ケア付き高齢者住宅（äldreboende）」と「緩和ケア住宅（palliativboende）」か らなる——と「サービスアパート（servicehus）」で構成されている。こういった高齢者単位はヴェクショー全域に一五〜二〇か所ほどあり、それぞれの単位によって若干の違いはあるが、一般的にはビルカのようにケア付きの集合住宅と近隣の一般アパート、および一戸建てに住む高齢者を含む場合が多い。

また、管轄は異なるが、同単位内には「一次医療クリニック（vårdcentral）」、「薬局（apotek）」、「リハビリテーション

ビルカのケア棟

室（rehab）」、「保育園（dagis）」、「成人障害者（ダウン症など）用グループアパート（gruppbostäder）」などもあり、それらは背の低い木製の柵で区分けされているだけで互いに行き来しやすくなっている。このような単位のつくり方は、スウェーデン全土においてほとんど同じと考えてよい。

現在、ビルカのなかで何らかのケアを必要とする高齢者は、ケア付き高齢者住宅の一三人（定数一三）、緩和ケア住宅の一一人（定数一二）、サービスアパートに住む五〇人（定数五〇）の計七四人である。

そのなかで今回紹介するのは、とくに重度のケアを必要とするケア付き高齢者住宅と緩和ケア住宅の入居者である。先にも記したように、ケア付き高齢者住宅はスウェーデン語で「äldreboende《エルドレボーエンデ》」と呼ばれるもので、重度の障害をもつ高齢者が住む集合住宅である。日本の施設でいえば特別養護老人ホームにもっとも近いが、その建物の造り、人員配置、ケアの内容などが大きく異なると思われるので、あえて忠実に「ケア付き高齢者住宅」と訳した。そして、緩和ケア住宅はスウェーデン語で「palliativboende《パリアティヴボーエンデ》」である。重度の障害を抱えているか、もしくは末期癌などのために症状をコントロールし、苦痛を和らげる必要のある高齢者（ときに六五歳以下の成人者も含む）が住むところである。ケア付き高齢者住宅とは階段でつながっており、部屋の造り、繰り広げられるケア内容などは双方ともほとんど同じである。

「はじめに」でも記したように、この本の最大のテーマは、スウェーデンでも重度の二次障害

（重度四肢拘縮《こうしゅく》、圧迫褥瘡《じょくそう》、長期鼻腔《びくう》経管栄養など）をもつ人々が日本と同じように存在するのか、もしそうでないとすれば、どのようにしてそれは予防されているのかを明らかにすることである。そこで、まずはケア付き高齢者住宅と緩和ケア住宅の入居者の疾患名と障害の状態について情報を収集したうえで（次ページの**資料1－1**と**表1－1**を参照）、看護助手に付いて回りながら、日勤帯の午後のシーンと職員数の少なくなる深夜勤帯のケアの様子をじっくり観察させてもらうことにした。

　ここで、先ほどから何度か登場している「看護助手」という職種について事前に解説しておきたい。看護助手は、スウェーデン語で「undersköterska《ウンデルフェッテシュカ》」、英語では「under nurse」とか「assistant nurse」と呼ばれている職種で、スウェーデンの看護・ケア現場の最前線でもっとも重要な役割を果たしている。仕事の内容は、褥瘡や傷の治療、採血、与薬、インスリン注射、検温、血圧測定、ルーティーンのリハビリ、移乗介助、清拭《せいしき》・シャワー介助、トイレ介助、食事介助などで、医療的治療から身体的なケアまでと幅広い仕事をこなしている。

「スウェーデンの看護助手は、その職域の広さから『ケア看護師（omvårdsköterska）』とでも表現するほうが仕事の中身にあっているのではないか」と、ガブリエラは言う。

　ちなみに、日本にはこの看護助手にあてはまる職種がない。あえて言うなら、日本の看護師と介護福祉士を足して二で割ったような職種ということになろうか。

## 資料1－1　障害評価表（*1）

基本動作の中の基本動作である「寝返り・起き上がり」、重要な日常生活行為である「排泄」、「食事」、さらに二次障害の指標として重要な「褥瘡」、「拘縮」の五項目からなる。各項目とも、番号が大きくなるほど、障害の度合が大きくなる。

**A　寝返り・起き上がり**

1．寝返りからベッド端坐位まで一人でできる。
2．寝返りからベッド端坐位までの動作のなかで、何らかの介助を要する。助言や見守りも含む。
3．寝返りの初めからベッド端坐位の終わりまで、すべてに介助が必要。スタッフが何もしなければただ仰向けにベッドで寝ているだけ。対象者自身の協力はほとんど得られない。すべてにおいて重介助を要する。

**B　排泄**

1．オムツの必要なし。トイレ排泄自立。
2．オムツは必要だが、助けを借りてトイレで排泄することもある。
3．常にもしくはほとんど常にオムツに排泄。

**C　食事**

1．問題なく、普通食を手助けなく自分一人で口から食べられる。(糖尿病食の場合もここに含む。また、食事の準備、後片付けはケアを受けてよい)
2．口から食べられるが、食形態の調整、食事介助などのケアが必要。
3．口から食べられないことがあり、時に鼻腔経管栄養もしくは胃瘻経管栄養などで取ることがある。
4．口から食べられないので、常に鼻腔経管栄養もしくは胃瘻経管栄養などで取っている。

**D　褥瘡**

1．褥瘡はない。
2．浅い（表面的な）褥瘡がどこか一つでもある。
3．深い褥瘡がどこか一つでもある。

**E　拘縮（手指、上肢、下肢）**（*2）

1．拘縮はない。
2．手指、上肢、下肢の関節のいずれかに軽度の拘縮がある。
3．手指、上肢、下肢の関節のいずれかに中等度の拘縮がある。
4．手指、上肢、下肢の関節のいずれかに重度の拘縮がある。

（＊1）　筆者およびスウェーデン人療法士2人（ヤヴレコミューン勤務の理学療法士、クロコムコミューン勤務の作業療法士）の計3人で作成したスウェーデン語版を日本語に訳したもの。

（＊2）　拘縮の軽度、中等度、重度の判断は、筆者、スウェーデン人療法士、看護助手らによる直接的徒手的評価による。

**表1－1　ビルカ入居者の障害評価**

（単位：人）

| 項目 ＼ 対象 | | | ケア付き高齢者住宅居住者（13人） | 緩和ケア住宅居住者（11人） |
|---|---|---|---|---|
| 診断名 | | | 認知症、脳卒中後遺症、パーキンソン症候群、糖尿病、不安神経症、糖尿病重症化による神経炎で腰部から下の完全麻痺、泌尿器の癌など | 糖尿病、失語症、天疱瘡（皮膚病の一種）、片麻痺、高血圧、良性子宮筋腫術後、脳梗塞後遺症、心筋梗塞疑い、大腿骨頸部骨折術後、前立腺癌、心臓ペースメーカー埋め込み術後、心房細動、すい臓癌、肺癌、認知症、胸部大動脈瘤など |
| 障害評価（＊1） | 寝返り・起き上がり | 1 | 7 | 5 |
| | | 2 | 2 | 2 |
| | | 3 | 4 | 4 |
| | 排泄 | 1 | 4 | 1 |
| | | 2 | 3 | 5 |
| | | 3 | 6 | 5 |
| | 食事（＊5） | 1 | 8 | 4 |
| | | 2 | 5 | 7 |
| | | 3 | 0 | 0 |
| | | 4 | 0 | 0 |
| | 褥瘡 | 1 | 11 | 9 |
| | | 2 | 1（＊2） | 2（＊2） |
| | | 3 | 1（＊3） | 0 |
| | 拘縮（＊5） | 1 | 10 | 9 |
| | | 2 | 2（＊4） | 0 |
| | | 3 | 1（＊4） | 2（＊4） |
| | | 4 | 0 | 0 |

（＊1）　資料1－1による。

（＊2）　いずれも仙骨部表面の発赤。

（＊3）　この一件は、糖尿病による神経炎で腰部下完全対麻痺を長く患っている体重130kg のアンナである。長年にわたって毎日治療しているが、治らないとのことであった。

（＊4）　片麻痺、パーキンソン症候群、重度認知症の患者の麻痺側足関節、膝関節、手関節もしくは手指関節のいくらかの可動域制限。

（＊5）　日本の長期療養施設などで見られるような鼻腔経管栄養者、四肢重度拘縮者は一人もいない。

次に、彼らの勤務体制と労働条件について述べておく。これは、日本の看護・ケアスタッフにとっても興味のあるところであろう。まず、対入居者数の看護助手数についてだが、入居者二四人に対して日勤帯で八人の看護助手が同時に働いている。また、準夜勤帯は四人、深夜勤帯では二人がそれぞれ同時に勤務している。日勤、準夜勤の看護助手は、週三七時間労働が基本となっている。看護師や療法士などのほかの職種は週四〇時間労働が基本だが、看護助手の仕事は重労働職種に入るのでこのようになっているわけだ。また、勤務サイクルは五週で二〇日〜二三日の勤務である。

日勤および準夜勤の勤務時間帯は七時から二一時三〇分である。この枠内で職員は、可能なかぎり自分にあった勤務形態を選択することができる。食事時間以外に、午前と午後に一度ずつとるリフレッシュのためのコーヒータイムは勤務時間内に含まれている。もちろん、コーヒータイム中にポケベルがなれば即対応しなければならないが、その分の休憩は延長できる。

有給休暇は、全職員がすべて消化しているのが当たり前で、数週間の長期休暇をとるのが一般的となっている。仮に、その年に消化できなかった有給休暇は翌年以降に繰り越せるので、なかにはまとめて二か月くらいの夏休みをとる人も出てくる。

たとえば、三〇歳代の看護助手であるガブリエラを例にとると、彼女の年間有給休暇日数は二五日で、例年、夏と冬に二回まとまった長期休暇をとるということだ。私が行った二〇〇五年五月の時点では、七月から八月にかけて三週間、一二月から翌年の一月にかけて二週間弱を予定し

**表1－2　ビルカのケア付き高齢者住宅および緩和ケア住宅の居住者（24人）に対する主な職員構成と仕事内容**

| | 同時に働く人数 | | | 主な仕事内容 |
|---|---|---|---|---|
| | 日勤 | 準夜 | 深夜 | |
| 看護助手 | 8 | 4 | 2（＊1） | 医療的ケア（褥創治療、インスリン注射、常薬の投薬、採血、検温、血圧測定など）、その他身体的精神的ケア（移乗、食事、シャワー介助、話し相手など）、雑務（掃除、洗濯など） |
| 看護師 | 2 | 1 | 1（＊2） | 特定の薬の処方や変更、ケア方針への責任、看護助手のまとめ役 |
| 療法士（PT、OT、ST）（＊3） | 不定（随時） | 0 | 0 | トレーニングプログラム作成、治療、練習、環境調整、補助器具選定など |

（ビルカ単位全体に対する職員数：看護師6人、看護助手36人、療法士若干名）
（＊1）　夜間専門職員による。日勤、準夜との掛け持ちはない。
（＊2）　夜間パトロールの看護師が対応。
（＊3）　ビルカ単位全体を受けもつ。

ていた。ちなみに、風邪などの病気で休む場合は別に疾病休暇がとれるので、有給休暇をそういうときのためにとっておく必要はない。有給休暇は、年齢とともに増え、たとえば四〇歳代のミリアムは、年間三一日の有給休暇がとれる。多くの人が長期休暇をとる時期には各スタッフが少しずつずらして休暇をとるとともに、看護師や看護助手の学生を臨時職員として雇うことになる。学生にとってもよいアルバイトになるようだ。

　ところで、看護助手の深夜勤（二二時～翌七時）は、日勤や準夜勤とは掛け持ちしない専門の職員が担当している。これは、職員

## 表1－3－1　ビルカの看護助手の勤務表

| 職員名 | 第18週 | | | | | | | 第19週 | | | | | | | 第20週 | | | | | | | 第21週 | | | | | | | 第22週 | | | | | | |
|---|---|---|---|---|---|---|---|---|---|---|---|---|---|---|---|---|---|---|---|---|---|---|---|---|---|---|---|---|---|---|---|---|---|---|---|
| | 月 | 火 | 水 | 木 | 金 | 土 | 日 | 月 | 火 | 水 | 木 | 金 | 土 | 日 | 月 | 火 | 水 | 木 | 金 | 土 | 日 | 月 | 火 | 水 | 木 | 金 | 土 | 日 | 月 | 火 | 水 | 木 | 金 | 土 | 日 |
| ソフィー | C | A | | | C | I | F | | B | D | A | | G | G | | B | E | B | | | | A | B | | | D | J | H | B | | D | H | B | | |
| ボーディル | D | B | | | D | J | H | B | | | D | A | | | | D | A | B | | | | D | A | B | | D | I | F | B | | | B | B | | |
| カーリン | A | B | A | | | H | I | B | | D | B | B | | | A | B | E | | | G | G | D | B | | | C | F | J | B | | C | B | | | |
| アンナ | D | A | B | | D | F | J | B | | | D | B | | | | D | A | D | B | | | C | B | | | | H | I | A | | | C | A | | |
| スィスィ | | C | A | C | A | | | C | A | A | | C | I | F | | | C | A | A | | | | C | A | A | B | | | C | A | A | | C | F | J |
| ヘレン | | D | A | B | | G | G | A | | | | D | F | J | B | | | | A | D | B | B | | | D | B | | | D | B | | | D | J | H |
| マリア | | D | A | D | B | | | D | A | | | | H | I | A | | E | C | B | | | | D | B | B | | | | A | A | | | D | I | F |
| スザンヌD | A | B | | D | B | | | D | B | B | | D | J | H | B | | A | D | A | | | | D | B | C | | | | | D | A | B | | H | I |
| アンナ-カーリン | B | | D | B | | | | | D | B | B | | | | D | C | A | | D | F | J | B | | A | D | A | | | | D | D | A | | | |
| モニカ | B | | D | B | | | | | D | B | B | B | | | D | B | E | | D | J | H | B | | | D | B | | | | B | B | D | B | | |
| スザンヌE | | | | A | A | | | | C | A | C | A | | | B | A | E | A | | H | I | A | | D | B | | G | G | | C | A | D | A | | |
| ヴェロニカ | B | | C | A | B | | | A | B | C | A | | | | C | A | A | | C | I | G | B | | C | A | A | | | D | B | A | | | G | G |

（アルファベットはシフト種別を示す。次ページの凡例表を参照）

**表1－3－2　シフト種別凡例表**(*)

| 時間(h)／種別 | 始業～就業 | 実労働 | 食事 |
|---|---|---|---|
| A | 7:00～16:30 | 8.5 | 1.0 |
| B | 7:00～13:00 | 6 | なし |
| C | 12:30～21:00 | 8 | 0.5 |
| D | 16:00～21:30 | 5.5 | なし |
| E | 13:00～21:30 | 8 | 0.5 |
| F | 7:00～17:30 | 9.5 | 1.0 |
| G | 7:00～16:00 | 8.5 | 0.5 |
| H | 13:00～21:30 | 8 | 0.5 |
| I | 7:00～13:00<br>17:30～21:30 | 10 | なし |
| J | 7:00～12:00<br>17:00～20:00 | 8 | なし |

（＊）　注目点は、勤務形態の選択肢が非常に多いこと。

の健康とケア受者の利益双方を考えてのことである（職員が精神的にも身体的にも健康でなければ、ケア受者の利益も損なわれる）。もちろん、スウェーデン全体で見ても掛け持ちしない場合がほとんどとのことである。また、掛け持ちをする場合でも、数週間以上のサイクルで日勤と深夜勤が入れ替わるようになっているのが普通ということだった。日本のように、一人の職員が、日勤、準夜勤、深夜勤を一週間内で目まぐるしく変わるような勤務体制はまず考えられない。また、深夜勤はさらに重労働職ということで、五週間で一八日の勤務をフルタイムとしている。そして、フルタイムではなく、たとえば六五パーセント、七〇パーセント、八〇パーセントといった形での常勤[3]

で働く人も多い。

看護助手の給料であるが、時給換算で、日勤は一〇〇クローネ（約一五〇〇円）、深夜勤は一三〇クローネ（約一九五〇円）となっている。なお、ケア付き高齢者住宅および緩和ケア住宅の居住者（二四人）に対する主な職員構成とその仕事内容については**表1－2**（一三ページ）を参照していただきたい。

では、さっそく実際のケアの様子を紹介していこう。ここで暮らす高齢者の多くが、非常に重度の機能的・能力的障害を抱えているにもかかわらず重度の二次障害に陥っていない理由が何なのかを感じていただけたらと思う。

### 五月三日（火）　ケア付き高齢者住宅での午後の一場面

13:30

ロビーにて、泌尿器の癌を患うアルゴット（Algot・男性）のトイレ誘導に同行する。彼は、尿から血の塊が出るため、排尿前、排尿時には常に痛みを訴える。

歩行器でゆっくりとトイレに向かいながら、ときどき「アーッ！」[4]と声を上げている。若い女性スタッフがアルゴットの横につき、下背部《かはいぶ》をさすりながら自室のトイレへ誘導する。ガブリエラによると、この女性スタッフは看護助手の学校に通う学生で、実習中ということだった。

痛みが強くなり、あまりにも声が大きくなったところで彼女はいったん歩行を止めて、笑顔でアルゴットの目を見ながらゆっくりとした呼吸をするよう指導する。言われるままにアルゴットが数回深呼吸をすると声が静まった。そして、再び歩きだして自室のトイレに到着。紙オムツを取ってみると、すでに血の混じったおしっこが出切っていた。便器に座らせる。

「身体（股間）を清潔にするけどいいですか？」と、彼女はやさしい表情で声をかけてから股間を清拭《せいしき》する。その後、ベッドへと誘導。

女性スタッフは、決して指導口調になったり、忙しそうな様子をしたりはしない。可能なかぎりゆっくりと時間を共有している。最後に、「必要なときはいつでもこれで呼んでね」と、アルゴットの左手首のアラームを指差しながら言っていた。

「明日、血液検査をする予定なの」と、彼女が私に向かって言った。

（3）スウェーデンでいう常勤とは、必ずしも一〇〇パーセントの時間を働くことを意味しない。本文で示したように、たとえばフルタイムの六五パーセントの割合の時間で働く常勤というのが存在する。一〇〇パーセント常勤も六五パーセント常勤も、勤務時間数の差からくる収入の違い以外の部分での扱いはほぼ同じである。

（4）居室は約三〇平方メートルのワンルームで、簡易キッチン、トイレシャワールーム、ダイニング兼リビングからなる。

どの居室も陽がたくさん差し込む造りになっている

15:00

午後のコーヒータイムの時間。昼寝をしている入居者たちを起こし、共用ダイニングに誘導する。私は、看護助手のガブリエラとともに、昼寝を終えたグレータ（Greta）のベッドから車椅子への移乗介助に向かう。移乗介助は看護助手二人で行い、床走行式リフトを使用する。

グレータは色白の上品な婦人である。診断名は、重度認知症、右片麻痺《かたまひ》、パーキンソン症候群[5]である。よって自発的な動きは少なく、全盲で、耳はかろうじて聞こえるが声をかけても答えが返ってこないことが多い。私が理学療法士ということで、ガブリエラからグレータの右の上下肢の関節可動域練習を頼まれる。上下肢ともに筋肉に硬さが感じられる。膝関節が完全には伸び切らないが、ひどい拘縮《こうしゅく》状態[6]にはなっていない。

移乗後、共用ダイニングスペースへ移動する。先ほどの女子学生がグレータの手をやさしく握りながらジュースを飲ませはじめた。ガブリエラと私も、グレータたち入居者とともにコーヒーを飲む。

## 五月五日（木）　ケア付き高齢者住宅と緩和ケア住宅での深夜勤帯の記録

21:15

ケア棟二階の緩和ケア住宅に着くと、二一時半まで勤務の準夜勤の看護助手二人とこれから引き継ぐ深夜勤の看護助手二人がロビーのソファでテレビを見ながら雑談をしていた。

私は、挨拶をしてさっそく合流した。どうやら雑談の内容は、右片麻痺のバッティル（Bertil）爺さんのことで、準夜勤の看護助手が深夜勤の看護助手であるマリア（Maria）とインガリル（Ingalill）へ申し送りをしている最中のようだ。

「いつもそんなことはないのに、なぜか今日にかぎってまだパジャマに着替えさせてもらえないの。手伝おうとすると嫌がるのよ」と、準夜勤の看護助手の一人が私に説明した。

21:15　頃合いを見計らってバッティルの部屋に向かう。二人の準夜勤の看護助手、マリア、インガリル、準夜勤の看護師、そして私の計六人で部屋に入る。私は、少し後ろから様子を眺めた。青と白のチェックのボタンダウンにカーキ色のスラックスという日中着のまま車椅子に座っているバッティルに、「とりあえず、着替えだけでもしましょう。手伝うから」と準夜勤の看護助手の一人が声をかけながら手を貸そうとするが、バッティルはそれを左手で払いのける。

---

（5）安静時に震える、筋が硬くなる、動作が緩慢になる、姿勢反射障害が出て倒れやすくなる、躓きやすくなるなどの症状を呈するパーキンソン病と類似の症状を示す病気全般を指す。その原因には、脳血管障害性、脳炎後、脳腫瘍、薬剤性、統合失調症に対する抗ドーパミン剤の過剰摂取、中毒性などがある。

（6）長い間、寝たきりなどによって身体を動かさずにいたために、筋肉や関節が固まってしまって動かなくなること（『完全図解　新しい介護』大田仁史監修、講談社、二〇〇三年を参照）。

（7）言語野のある大脳半球（右利きの成人では、左脳が一般的）の前方の損傷で起こるもので、語彙が乏しくたどたどしい話し方になる（『完全図解　新しい介護』大田仁史監修、講談社、二〇〇三年を参照）。

どうやら、興奮しているようである。ちなみに、バッティルにはブローカ失語(7)があり、スタッフの問いかけに対して「Ja《ヤー》（うん）」とか「Nej《ネイ》（いいや）」などの簡単な返事しかできない。

そのとき、隣の部屋のリッカッド（Richard）爺さんが大声で、「お金欲しいかい？」、「ちょっと来て！（Kom!《コム》）」などと大声で叫びはじめた。どうやら、看護助手を呼んでいるようだ。リッカッドはいつもこんな感じらしい。

バッティルを準夜勤の看護助手に任せ、私たち深夜勤組はリッカッドの部屋に入った。すると、リッカッドがインガリルに何やら要望をしてきた。リッカッドはステレオで音楽を聴きながらベッドに横になっていたが、どうやら曲をほかのものに替えて欲しいようだ。インガリルは、リッカッドの部屋のなかの戸棚からCDをいくつか取り出し、題名を読み上げながら「どれにする？」と尋ねた。五つほど読み上げたところでリッカッドが「それで結構（Ja, det går bra《ヤー デ ゴール ブロー》）」と言い、インガリルがプレーヤーにセットすると静かなジャズが流れ出した。個室だからこそステレオで、しかもイヤホンなしに、それなりの音量で好きなCDをかけながら寝られるのである。日本の療養病床では四人一部屋が一般的であり、イヤホンでラジオを聴きながら寝るのが精いっぱいである。

マリアが「おやすみ（God natt《グッド ナット》）リッカッド」と言ったが返事はなかった。私たちは、そのまま部屋を出た。

**21:30** 準夜勤の看護師から、マリア、インガリル、そして私に対して各入居者についての申し送りがされる。

看護師の主な仕事は、入居者の病状変化の観察、風邪薬のような特定の薬の処方、種類や量の臨時変更、インスリン以外の注射、看護・ケア全体の監督などである。そのほかの薬の処方や臨時変更した薬の継続是非については、医師の判断を仰いでいる。日本の看護師に比べると権限や職域が広く、ケアを受ける人のニーズに即応できてより柔軟に対応できる。ちなみに、毎週月曜日が医師のルーティーンの回診日だが、もちろん緊急時はそのかぎりではない。

**21:45** ここから、深夜勤帯の一回目のラウンド開始。まず、もう一度バッティルの部屋へ向かう。バッティルはまだ車椅子に座っている。マリアがいろいろと話しかけ、もう一度「まずは着替えだけでも」と説得を試みるが、やはり徒労に終わった。

**21:55** スィグリード（Sigrid）の部屋。アリアは室内の戸棚から痛み止めの薬を取り出し、スィグリードに飲ませる。室内に置いてあるケア記録簿に薬名、時間を書き込んでサインをする。さらに、紙オムツが濡れていないかどうかの確認もした。その後、スィグリードと二、三分間世間話をし、「おやすみなさい（God《グッド》 natt.《ナット》 Sov《ソーヴ》 gott《ゴット》）」と言って部屋を出る。

**22:05** ネリー（Nelly）の部屋。ネリーは、インガリルを相手に、ときおり笑い声を立てながら家族の話や昔話に花が咲いて楽しそうである（個室だからこそ、こんな夜中に声を立てて笑える！）。一〇分間ほど話し込んだところでマリアのポケベルが鳴る。ポケベルを確認すると、リッカッドからの連絡だった。今度は何のお願いだろう。ネリーとの話を切り上げ、「じゃあね、おやすみ(Dåså《ドーソー》, god natt《グッドナット》)」と言ってリッカッドの部屋へ向かう。

ここまでの数部屋を見て気づいたことだが、通常の薬および治療材料、紙オムツ、ケア記録簿などはすべて各居室に置いてあった。薬は、居室内の台所の鍵付きの戸棚のなかに入れるが、ケア記録簿は台所やテーブルなどに置いてあり、入居者はいつでもそれを見ることができる。仕事をしやすくするためだけでなく、本人および家族に対する情報開示という意味合いもあるのだろう。

22:20 リッカッドの部屋。リッカッドが、眠れずに身体を起こそうとしている。先ほどのジャズが流れている。「眠れないの?」とインガリルが尋ねると、「コニャックはないか?」という言葉が逆に返ってきたので思わず笑ってしまった。「コニャックはないわね。ほかの飲み物ならあるけど……何か飲む?」とインガリルが言うと、「いや、いい」という答えであった。その後、しばし雑談して「じゃーね、おやすみ」。

インガリルによると、リッカッドはいつもこんな調子だそうだ。なかなか眠れないようで、い

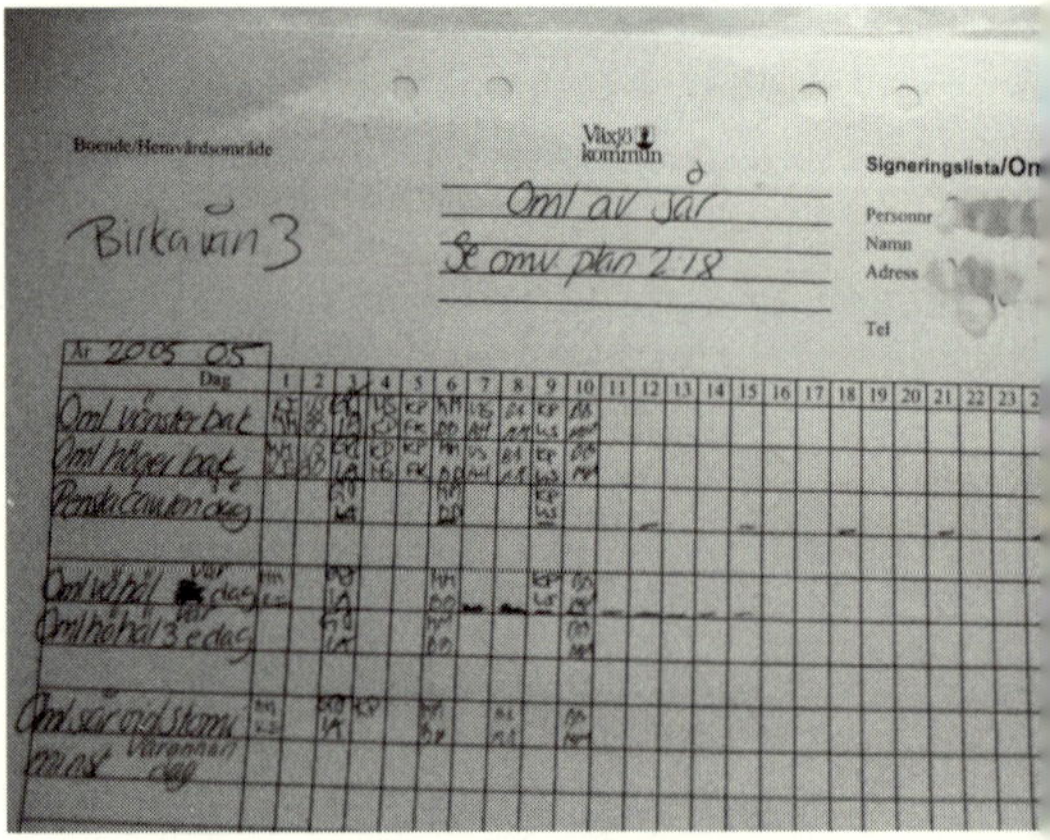

アンナのケア記録簿

ろいろな要求や昔話に花が咲くようだ。これも、個別部屋だからこそのメリットである。

22:25

今度はカイサ（Kajsa）の部屋。眠らずベッドに腰を掛けている。「眠れないの？」とインガリルが聞くと、「ええ、少しこうして起きていたいの」とカイサが答えた。そして、唐突に「白い靴下を履かせてちょうだい」とお願いしてきた。インガリルは「いいわよ」と言って、引き出しから長めの白い靴下を出して履かせてあげようとした。そのとき、カイサの脚全体と床が濡れていることにインガリルは気づいた。どうやら、ベッドに腰を掛けたままおしっこを漏らしてしまったらしい。インガリルはカイサの身体を拭き、新しい下着と寝巻きに着替えさせて、そのあとシーツを換えて最後に床を簡単に掃除した。

「床は、朝になったらもっときれいに掃除するからね。今日はもう遅いから、簡単に掃除をしておいたからね。おやすみ、カイサ」と言って部屋を出ようとしたところでまたポケベルが鳴った。偶然にも、隣の部屋のヴィーボリ（Viborg）からだ。ドアをそっと開けて覗く。

**KOLUMN 洗濯**

入居者の衣服はすべてビル内の洗濯ルームで洗濯される。洗濯ルームは、3階のケア付き高齢者住宅、2階の緩和ケア住宅のどちらにもある。入居者別に洗濯物を載せておくスペースもある。上と下を移動せずに、入居者の思い思いの服を全部洗濯できるので便利である。ただし、「なかが狭くて空気が悪いのが難点。目や鼻によくないし、気分が悪くなるときもある。是非、改修して欲しい」と、ある看護助手がミリアムに注文をつけていた。

22:40

ヴィーボリの部屋に入ると、彼はベッドに腰を掛けていた。「起きてるの？」、「ああ」、「またあとで様子を見に来るわね」と、インガリルが声をかける。

このヴィーボリ、介助してもらう際に看護助手たちの胸や腰周りにちょくちょく手が伸びるのだが、とてもお茶目で、スタッフから嫌われてはいないらしい。

私はここで、看護助手のポケベルが鳴る重要な仕組みの一つに気づいた。先ほど、インガリルのポケベルにはまちがいなくヴィーボリの部屋から合図が入っていたのだが、当のヴィーボリ本人が室内のアラームコールを押した気配はなかった。いったい、どうなっているのだろうと不思議に思いながらインガリルに尋ねると、その答えは次のようなものであった。

「実は、何人かのベッドの傍らには特別な電気マットが敷いてあって、入居者が起き上がってそこに足が乗るだけで自動的に看護助手のポケベルが鳴るという仕組みになっているの。ヴィーボリも、ベッドの縁に腰を掛けてそのマットの上に足を乗せただけなのよ」

22:45

アンナ（八〇歳女性・仮名）の部屋。体重一三〇キログラムもあるアンナは、長年にわたって糖尿病を患っている。糖尿病による神経炎で、数年前より腰部から下の運動機能と感覚が麻痺している。おしっこは導尿において、そして大便は人工肛門（左下腹部付近）で排泄をしている。

なかに入ると、大きな音でテレビをつけていた。「ちょっとの間テレビを消していい？　こんな音でうるさくないの？」と、インガリルが笑顔で問いかけた。

## 表1－4　重度の機能障害をもつ2人の障害評価とケア内容

| 項目＼名前 | | アンナ | ヨーン |
|---|---|---|---|
| 診断名 | | 腰部から下の完全対麻痺（糖尿病による神経炎のため） | 脳卒中後遺症による左片麻痺 |
| 障害評価（＊1） | 寝返り・起き上がり | 3 | 3 |
| | 排泄 | 3 | 3 |
| | 食事 | 2 | 2 |
| | 褥瘡 | 3 | 1 |
| | 拘縮 | 1 | 3 |
| 観察した褥瘡、実際に触れて確かめた拘縮や堅さの状態 | | 左右臀部と左右踵部に褥瘡があった。長年にわたって毎日治療しているが、治癒しないとのこと。拘縮はなし。 | ビルカで一番拘縮が重度の人。それでも、左手首・左手指・左膝に中等度の伸展制限のみというレベルで、手掌、指間も清潔。褥瘡はなし。 |
| ケア内容 | | 褥瘡治療（毎日）<br>清拭・シャワー<br>排泄ケア（オムツ交換、ベッド上の吸収シート交換）<br>体位変換<br>移乗介助 | 排泄ケア（オムツ交換、ベッド上の吸収シート交換）<br>清拭・シャワー<br>体位変換<br>移乗介助<br>食事介助 |

（＊1）資料1－1による。数字はレベルを表す。

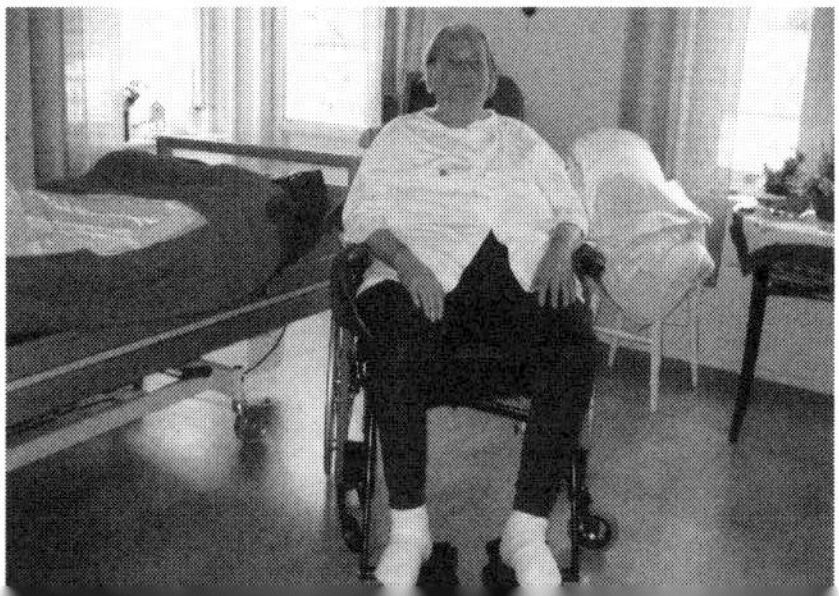

体重130kg のアンナ

「どうぞ消してちょうだい」とアンナが答えた。

マリアがテレビを消し、空気の入れ替えのためにベランダに通じるドアに隙間をつくる。ベッド上には、通常のシーツのほかに、アンナの身体から出る汗を適度に吸う「湿気吸収シート」と、スタッフによる体位変換を助けるための「体位変換シート」が敷かれている。また、マットレスは、自分一人では寝返りも打てないアンナの身体に下から加わる圧の位置が自動的に移動する褥《じょく》瘡《そう》予防タイプのものである(8)。

アンナのケア量は多い。まず、左下腹部にある人工肛門にかぶせてあるビニール袋の状態を確認し、次に導尿袋に溜まっているおしっこを抜く。さらに、オムツとその下に敷いてある湿気吸収シートが濡れていないかを確かめたが、どうやら大丈夫なようだ。最後に体位変換をするが、アンナは体重も重くケア量も多いので、必ず看護助手が二人でケアを行っている(9)。

22:50　再びヴィーボリの部屋へ行く。まだ起きている。「もう少ししたら寝てよ」とマリアが言うのを、少し悪戯《いたずら》っぽい表情を浮かべながら彼女の手を握り、「まだ、もう少し起きていようと思う」などと言っている。マリアは「おやすみ」を言って、とりあえず部屋を出た。

その後、とくに変わったこともなくラウンドを続けていると、またまたポケベルが鳴った。今度はスヴェア（女性、仮名）からだ。

部屋に行くと、スヴェアがベッドから起きて車椅子に座っている。

23:05

マリアが「どうしたの？　眠れないの？」と話しかけた。「スモーゴス(10)が食べたいの」と言うスヴェアに対して、マリアは笑顔で「オーケー！」と答えた。キッチンに行き、パンにマーガリンをぬってチーズを載せて戻ってきた。「ありがとう（Tack så mycket《タックソミユッケ》）」、「どういたしまして（Var så god!《ヴァーショグ》）」で一件落着。スヴェアは、すぐさまおいしそうにほおばりはじめた。

このとき、トイレを覗いたマリアが、トイレットペーパーが切れているのに気づいてその補充をした。「トイレットペーパーを入れておいたわよ。じゃあ、食べたら寝てね」とマリアが言って出ていく。その背中に向かって、スヴェアがもう一度「ありがとう」と言った。

こんなに夜の遅い時間に、「食べたい」という希望を実に当たり前にか

(8)　マットレスの製品名は「Nimbus3000-decubitus madrass」である。
(9)　体位変換介助や移乗介助などの介助量の多い入居者には、常に職員二人で介助を行っている。ミリアムによると、おそらくスウェーデン全体でそういう決まりになっているということだ。
(10)　マーガリンを塗り、チーズを載せた程度の簡単なオープンサンドイッチ。

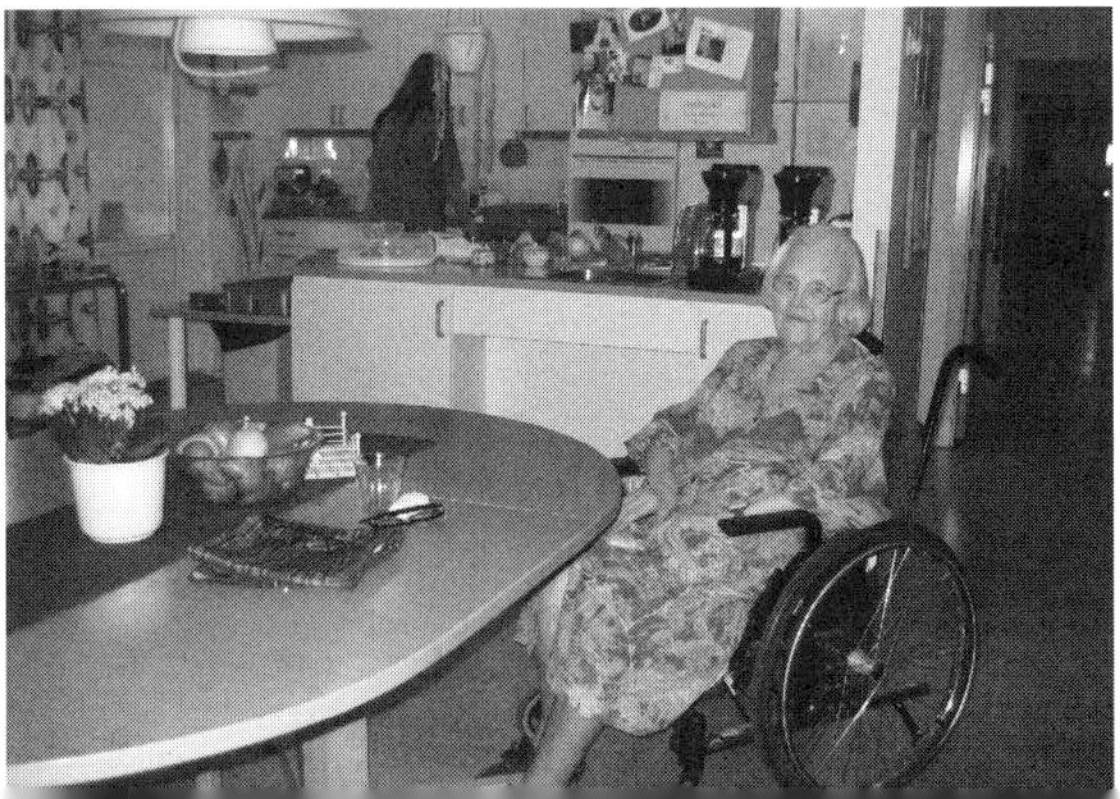

スヴェア。共用のダイニングスペースで

なえている。こういったケアの連続が、摂食能力を維持するための最大の予防策になっているのだろう。ちなみに、ビルカには鼻腔《びくう》経管栄養、胃瘻《いろう》経管栄養の入居者はいない。そのあたりのことについて看護師のスザンヌに尋ねてみた。

「栄養を与え続けるために、重度の障害を負っている維持期のお年寄りに鼻からチューブを入れ続けることは絶対にない。鼻腔チューブは非常に苦痛で、人間性を奪うことにつながるからである。経口摂取（口から食べること）がしにくくなってきたときは、その原因を考えながら、まずは食事形態を変えたり、介助や声かけをしたり、運動を促したりなど、食欲回復のための最大限の努力をする。また、場合によっては言語聴覚士や医師の評価・治療も仰ぐ。それでも駄目な場合は一時的に点滴で補う。そしてその間に、家族がおれば家族とも相談をする。この

スヴェアの部屋から見える保育園

ような総合的な判断により、どうしても摂食困難な場合には胃瘻《いろう》経管栄養を選択することになる。でも、鼻からチューブを入れるという選択肢は絶対にない。われわれも、自分で鼻からチューブを入れてみればそれがどんなに苦痛なことかが分かるはずだ」

一方、日本の療養病床(11)では、いまだに長期にわたって鼻腔《びくう》経管栄養を余儀なくされている患者が多い。その弊害としては、口腔機能を奪って口腔内が不潔になりやすいことや、無意識に管を抜く行為をする患者に対しては「ミトン」と呼ばれるグローブをはめて手指の自由を奪うこともあるため、その状態が長く続くと手指に拘縮《こうしゅく》を生じさせることもある。また、療養病床は四人一部屋が一般的であるために、たとえ経口摂取能力が保たれていたとしても居室での飲食環境は快適な状態にはなりにくい。隣のベッドとの仕切りはカーテン一枚でしかないため、横でポータブルトイレに排泄している音を聞きながらおやつを食べているという事態も起こり得るからだ。

(11) いわゆる維持期の障害をもつ患者が長期にわたって療養生活を送る病床群を指し、現在、医療保険適用の「医療型療養病床」と介護保険適用の「介護療養型医療施設」の二つの種類がある。二〇〇五年一二月二一日、厚生労働省は二〇一一年度末までに、現在全国に約一四万床ある介護療養型医療施設、すなわち介護保険型の長期療養病床を廃止するとともに、医療保険適用の療養病床も介護施設などへの転換を促す方針を打ち出した。ただし、現在のところ、その受け皿としての機能的な住宅の確保や重度の障害をもつ人々の在宅生活を支えるケア・看護・医療体制の整備などの青写真が充分に描かれているとは言いがたい。

**23:10** 再度バッティルの部屋。バッティルは、まだ車椅子に座っている。今日は、なぜか頑固に座り続けている。マリアが私に、「いつもはこんなことないのに……初めてよこんなの」と言って首を横に振った。「まだ寝ないのね。お腹でも減ってるの？」とマリアが尋ねたが、バッティルはマリアをじっと見つめているだけである。

「寝る準備をするなら手伝うんだけど……何で今日は眠れないんでしょうね……」

マリアは、ため息をつきながらバッティルの横に椅子を持っていって座った。そして、「何か話でもする？」と言って話しはじめた。それに対してバッティルは不快な表情はせずに、マリアの目を見ながら耳を傾けている。隣の部屋では、またリッカッドが目を覚ましたようで、「オイ、オイ、オイ（Oji! Oji! Oji!）[12]」と声を出しはじめていた。

**23:15** バッティルの部屋にインガリルも合流して、まだ座っているバッティルを説得しはじめた。「とりあえず着替えだけでもしない？」と言いながらインガリルがバッティルの靴を取ろうとすると、バッティルは左足で蹴ってその手を退けようとした。蹴る動作に力はないが、興奮気味である。やはり駄目だ。マリアとインガリルは顔を見合わせながらほとほと困った様子である。しばらく相談したあと、再びバッティルに話しかける。

「じゃあ分かった。着替えはやめましょう。今日は、このままの服で寝ましょう。とりあえず、ベッドに横にだけならない？」と言いつつ、インガリルはバッティルが座っているスリングシートのフックを床走行式リフトのフックに引っ掛けていった。どうやら、バッティルもこれには抵抗しないようである。ゆっくりと身体が宙に浮き、ベッド上へと運ばれていった。ベッドに横になり、多少興奮の収まったバッティルにインガリルが、「もし、また何かあったらボタンを押して知らせてよ。じゃあ、おやすみ」と言った。

深夜勤組で説得しはじめてから二時間一〇分後、ようやくバッティルを寝かせることができた。これで一回目のラウンド終了、二三時二五分であった。

ここで、深夜勤組のラウンドについて説明する。決まっている最低のラウンドは、夜一〇時前くらいからと夜中の一時過ぎくらいから、そして早朝六時くらいからの計三回である。一回目のラウンドがだいたいいつも一番長くかかり、およそ一時間三〇分ほどである。二回目のラウンドは

(12)「へえっ」、「おおっ」、「うわっ」、「痛いっ」などの意をもつ感嘆詞。驚いたときなどに、日常的に使われている言葉。

**KOLUMN　個人のための補助器具**

リフトをはじめ、その付属品である人をつり上げる布（スリングシート、スウェーデン語で lyftsele《リフトセーレ》）も、ベッドに寝ている人を頭側に引き上げたり寝返りさせたりする道具も、すべて個人用として用意されており使い回しはない。必要とするすべての入居者の部屋に置いてある理由を尋ねたら、「使いたいときに使えなければ意味がないから」という答えがミリアムから返ってきた。ちなみに、リフトだけでなく、すべての補助器具がごくわずかの個人負担で一生レンタルできる。日本ではあり得ない補助器具環境である（詳しくは、第２章の137ページを参照）。

それよりも多少短い場合が多くて一時間一五分ほど、そして最後の早朝のラウンドは一時間弱である。ちなみに、このラウンドはあくまで最低のルーティーンであって、その間も気になる入居者のところへは自主的に足を運んだり随時コールに答えることになるので、看護助手らは足載せのあるリクライニング椅子で休憩をしながらも完全に眠るということはない。

　このあと、私もうつらうつらとしはじめたが、完全に眠ることは避け、隣でマリアとインガリルが軽食をとりながら談笑しているのに耳をそばだてていた。

23:35　眠気のさしかけた私の頭にリッカッドの大声が響いた。「ねえ、ちょっと待ってよ(Halla《ハロー》! Vänta《ヴェンタ》!)」などと言っている。個室なので誰もほかにはいないのだが、夢でも見ているのだろうか。ちなみに、リッカッドの部屋はわれわれが休憩をとっているロビーの隣にあり、声を出すとすぐに分かるのである。インガリルが手にしていたコーヒーを置き、部屋を覗《のぞ》きに行った。私も、すぐその後を追いかけた。インガリルは二言三言リッカッドと言葉を交わし、「おやすみ」と言って出てきた。とくに変わったことはなかったようだ。

24:10　また、リッカッドが看護助手を呼んでいる。三人で部屋に向かう。どうやらおしっこがしたいとのことだ。インガリルがリッカッドの紙オムツをとり、トイレ介助用のスリングシートを尻の下にセットして床走行式リフトで持ち上げ、そのままトイレに座らせた。その間に、マリアがベッドに敷いてある湿気吸収シートとその周りが濡れていないかを確かめると同時に、シーツのよれを伸ばすなどしてベッドを整え直している。トイレシャワールームからは、リッカッドとインガリルの話し声が聞こえる。何やら、リッカッドはずっとインガリルに話しかけていた。

ようやくトイレを済ませてベッドに戻る。そして今度は、左の太腿周囲の痛みを訴える。痛み止めの薬を塗って欲しいとのことだ。マリアは、ベッド横の床頭台《しょうとうだい》の引き出しからチューブ入りの塗り薬を取り出し、使い捨てのビニール手袋を着けてその部分に塗った。「これでいい？（Är《エ》 det《デ》 bra?《ブロー》）」と尋ねると、リッカッドは満足そうに「いい（Bra）」と答えた。私たちは、これまでと同じように「おやすみなさい」と言って部屋を出たが、ふと時計を見ると二四時二五分であった。

真夜中であっても、入居者のいろいろな話に付き合いながら、トイレ介助をはじめとするさまざまな希望にこたえている。日本だと、「オムツをしてるんだから、そのなかに出しといて」と言われることがまだまだ多いし、真夜中に塗り薬の希望などに快く応じることは少ない。

**KOLUMN　オムツ**

日本の長期療養病床では、いまだに日常的に布オムツが使われているが、スウェーデンでは、湿気吸収用パッドの付いた使い捨ての紙オムツだけであり、しかも対象者の状態に応じて使い分けられるように数種類が用意されている。スウェーデンで布オムツが使われないのは、「湿気を含みやすく不潔であるため褥瘡の温床になる、活動を阻害し、股関節の拘縮などの原因になるなどの理由から。ここ2、30年を振り返ってみても布オムツは記憶にない」という話を看護師、看護助手、理学療法士などの複数のスタッフから聞いた。

01:10 二回目のラウンドがはじまる。まずは、ちょうどアラームの鳴ったヴィーボリの部屋に向かう。部屋に入ると、ヴィーボリはベッドの端に座っていた。マリアはヴィーボリと話しつつ、痛みなどの状態について確認をしていく。そして、必要に応じて与えるようにと指示されている医師処方の心臓の薬を与えた。

「オムツはどう？　替えなくていい？　オムツ見るわよ」と聞きながら、紙オムツに手を当てると濡れていたようだ。新しい紙オムツに替えて、「おやすみ」を言って部屋を出た。

01:25 アンナの部屋。先ほどと同じように、人工肛門の袋がきちんと装着されているかの確認をして、導尿袋から尿を抜き取り、オムツとシーツの確認、そして体位変換（今度は右へ向ける）をする。最後に、少し世間話をして部屋を出る。

01:30 ポケベルが鳴る。見ると、これから向かおうとしていたマリア・スヴェンソン（**Maria Svenson**）からだ。インガリルは私の顔を見て、グッドタイミングという表情をする。

「こんばんは、マリア。どう？」と話しかけながら部屋に入ると、彼女は「いつもより来るのが遅いんじゃない？」と言葉を返してきた。いつも、この二回目のラウンドの初めに胸の痛み止めの薬を飲ませてもらうことになっているからだ。マリアには胸部大動脈瘤[13]があるのだが、手術はできないそうだ。インガリルは、マリアが薬を飲むのを見届けてからケア記録簿に記入をした。そして、「目薬はどうする？」と尋ねると、「お願い、差してちょうだい」とマリアが言うので目薬を差し、再度記録して「おやすみ」を言って部屋を出る。

01:40　ルーネの部屋。そっと覗くと、ベッドで横になっているが目を覚ましているようだ。「気分はどう？（Hej《ヘイ》, hur《ヒュー》 mår《モール》 du《デュー》?）」と尋ねると、「いい（Bra《ブロー》）」との返事。身体がベッドの下のほうにずれている。身体を引き上げるための補助器具である赤いベルトをルーネの臀部《でんぶ》にあてがう。ルーネの両脚を膝を立たせた状態に保ち、ルーネに「上げるわよ」と声をかけてからマリアとインガリルが息を合わせてルーネの身体を上にずらす。ベッドの表面とルーネの身体の間には、湿気吸収シートのほかに身体とベッドの間の摩擦を減らす特別な布製シートも敷いてあるので、このような介助も楽に行えるのである。

　最後に、「痛みとかはない？　飲み物でも飲む？」と尋ねると、「少し飲み物が欲しい」という返事が返ってきた。インガリルは室内の冷蔵庫から栄養ドリンク(14)を取り出し、スプーンで少しずつルーネの口元へ運んだ。

01:45　マリアのポケベルが鳴る。イーダの部屋からだ。二つの部屋を飛ばしてイーダの部屋へ向かう。イーダはベッドに寝ている。「どうしたの？」とマリアが聞くと、おしっこがしたいとのことだった。座部に排泄するための穴の開いたグレーのトイレ介助用の特別椅子をベッ

(13)　胸部大動脈の壁が局部的に拡張した病気。主な原因は、動脈硬化症や高血圧症などである。直径が五～六センチ以上になると破裂の危険性が出てくるため手術を考慮するが、合併症の状態によっては手術困難な場合もある。

(14)　ビタミン、ミネラル、カロリーなどが含まれた栄養補給飲料（**näringsdryck**）。入居者の多くが飲んでいる。

ドサイドに持っていき、看護助手二人でいろいろな話をしながら服を脱がしてそこに座らせた。この椅子にはキャスターが付いているのでトイレまで転がしていくと、そのままスポッとトイレの便器の上に収まった。言わずもがなだが、トイレルームは各部屋にあるので、ほかの入居者にはまったく迷惑をかけずに介助ができるのである。

トイレ介助を終えてベッドに戻り、服を着替えさせたところで部屋の柱時計が「ボーン、ボーン」と二時を打った。

02:05 ヨーン（男性・仮名）の部屋。両片麻《かたま》痺《ひ》とパーキンソン症候群で、筋肉や関節も硬く、上肢、下肢も完全には伸ばせない（二五ページの**表1-4**参照）。声をかけながら、オムツ交換と体位変換を行う。「のどは渇いてない？　水飲む？」と問いかけると、軽く頷《うなず》い

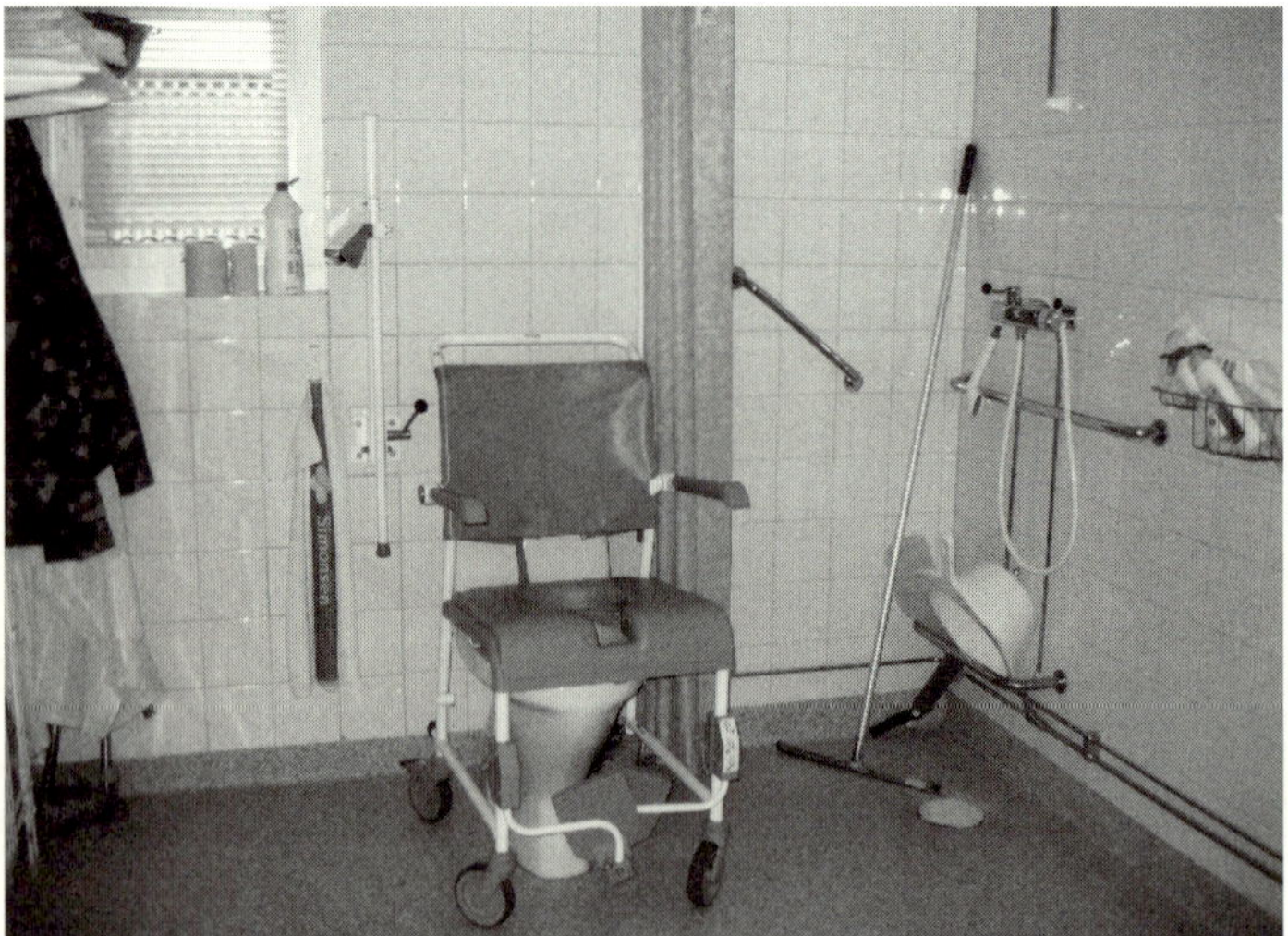


トイレ介助用の特別椅子

た。インガリルは、コップに入れた水をスプーンで少しずつすくってヨーンの口に運ぶ。何度目かの介助で、ヨーンは顔を背けて「もういい」の合図をした。

日本では、こういった障害レベルの人は、往々にして手脚の拘縮《こうしゅく》がつくられてしまう。そして、その拘縮した手脚に、付け焼刃のクッションを挟んだりしている。そんなものではもう治らないことを分かっていながらである。スウェーデンでは、拘縮をつくらないようにケアやリハビリで予防している。だから、ベッド上に「拘縮進行予防のためのクッション」などというものはない。

ヨーンは、このところ微熱が続いており、このときも体温は三七度を超えていた。そこでマリアは、夜間パトロールチームの看護師に携帯電話で連絡をとる。状態報告と与薬の

**KOLUMN　夜間パトロールチーム**

夜間パトロールチームは、コミューンで運営されている、重要な夜間の看護・ケア体制の一つである。看護師と看護助手が１人ずつで１チームをつくる。担当地区内の要看護・ケア高齢者宅を車で巡回するのと同時に、看護師は、サービスアパートやケア付き高齢者住宅勤務の看護助手からの指示（たとえば、発熱している入居者がいたらその症状を伝え、当座与えておく薬の種類と量について指示を受ける）にこたえる役割も担っている。

ヴェクショーでは、看護師と看護助手合わせて８人が巡回している。ビルカには深夜勤の看護助手はいるが看護師は常駐していないため、看護助手が通常の薬とは違う薬を与えるときなどは携帯電話で夜間パトロールの看護師の指示を仰ぐことになっている。もし、夜間パトロールの看護師の手に負えない事態となった場合は、救急車が出動して救急体制の整った病院に向かうことになる。

指示の確認のためだ。指示を確認したあと、与薬、そしてケア記録簿に記録をして「おやすみ」を言って部屋を出た。一〇分間ほどのケアだった。

　これで二度目のラウンドが終了……二時一五分だった。

02:25 また、リッカッドの部屋から「オー、オー、オー」という声が聞こえてきた。休憩していたマリアが覗《のぞ》きに行った。

　このあと、私は再び睡魔に襲われた。ただし、やはりできるだけ耳はそばだてていようと頑張った。この間も看護助手たちは、時折ポケベルの鳴った部屋に出掛けていったり、リッカッドのところへ足を運んだりしていた。戻ってきた看護助手にその内容を確認すると、トイレ介助や飲み物の補給が多かったということだった。

04:40 インガリルのポケベルが鳴る。イーダからだ。私も一緒についていくと、先ほどと同じトイレ介助だった。

05:00 また、リッカッドが呼んでいる。インガリルと様子を見に行く。少し会話をして部屋を出る。

05:10 外が白んできた。私は、またうつらうつらとする。

05:30 インガリルのポケベルが鳴り、彼女は入居者のところへ向かう。私は身体がついていかず、そのうしろ姿を長椅子から追うだけだった。戻ってきたインガリルに聞くと、誰だったかは聞き取れなかったが、トイレ介助だったらしい。

**06:05** 三度目の、最後のラウンド開始。まずは、リッカッドの確認からだ。早朝から元気である。また、いろいろと訴えてくる。しばらく話に付き合ったが埒《らち》が明かない。マリアは話題を変え、「音楽でも聴く？」と尋ねたが、「いや、いい」という返事だった。最後に、背中や脚の痛みを訴えてきて塗り薬をせがんだ。マリアとインガリルともにビニールの手袋を着けて塗布《とふ》してあげると、一応落ち着いたようだ。

**06:15** インガリルとともに、ヨーンの部屋を覗《のぞ》く。状態確認をして声をかける。次に、スヴェアの部屋へ向かうマリアに私も付いていく。スヴェアの所望《しょもう》は、朝のコーヒーとオープンサンドイッチ。マリアはキッチンに行ってコーヒーメーカーをセットし、サンドイッチをつくった。

**06:20** ルーネの部屋。マリアが「何か飲む？」と尋ねると頷《うなず》いてきた。マリアは水をスプーンで少しずつ口に運んで、ルーネに飲ませた。

**06:25** マリア・スヴェンソンの部屋。そーっと覗くと寝息を立てて寝ていた。インガリルは、マリアお気に入りの朝刊をそっとソファの前のテーブルに載せ、忍び足で出てきた。続いて、シャスティンの部屋。もう目覚めていて「トイレへ行きたい」と言う。トイレ介助をしたあと、戸棚から朝のお決まりの薬を取り出して飲ませる。ケア記録簿に記録して部屋を出た。

ヴィーボリの部屋を覗くと、ちょうどマリアがヴィーボリのトイレ介助をしている。インガリルと私が「私たちはドリスを見に行くわね」と声をかけてヴィーボリの部屋を出た

06:30

ちょうどそのとき、「助けて！（Hjälp!《イェルプ》）」という甲高い声が聞こえた。慌てて私たちが戻ると、ヴィーボリの脚が崩れかけており、それをマリアが一人で支えていた。転倒はしなかったようだ。インガリルがすかさず支え、ベッドへ座らせた。「ふーっ」とマリアたちが安堵《あんど》のため息をつく横で、ヴィーボリは涼しい顔で笑っていた。

ドリスの部屋。すでに目を覚ましていた。彼女は、長く農業に携わっていたために慢性

06:35

の腰痛も抱えている。いつもは日勤帯がはじまってまもなくの八時に飲む薬を、今日は「今、欲しい」と希望してきた。インガリルは、前回の与薬時間および看護師の指示書を確認して、早めの痛み止めを手渡した。薬を飲んだドリスはどうやら落ち着いたようだ。インガリルはそれを確認して、ケア記録簿に記録した。

「早めに薬をあげたことをこのあとの申し送りでも伝えなきゃいけないから、忘れないようにメモをしておかなきゃ」と、インガリルは私のほうを向きながら言った。

「よかったら、食堂に出てくる？　新聞も来てるし、コーヒーもあるわよ。サンドイッチでもつくろうか？」と、インガリルがドリスに尋ねる。「いいえ、結構。まだ部屋でゆっくりしているわ。ありがとう」

しばし世間話を続けていると、またポケベルが鳴った。ポケベルの主は隣のヴィーボリだ。ゆ

つくりとドリスとの話を切り上げ、「じゃあ、またあとでね」と言って部屋を出た。

06:45

ヴィーボリの部屋。ベッドに腰を掛けていたがとくに変わりはなし。声だけかけて部屋を出た。

06:50

アンナの部屋。「おはよう、アンナ。気分はどう?」と話しかけながら、これまでと同じようにマリアとインガリルの二人でケアをする。人工肛門の袋の状態を確認し、導尿袋のおしっこを抜く。さらに、オムツとその下の湿気吸収シートが汚れていないかを確かめ、最後に体位変換をした。今度は上向きだった。

「今日は雨かもね。でも、空気は悪くないわね。もうちょっとしたら朝ごはんね」とインガリルが言い、部屋を出た。

06:55

朝のラウンドの最後に、マリアが先ほどのヴィーボリの事故報告書をインガリルと相談しながら書きはじめる。これぐらいの時間になると日勤看護助手と看護師がすでに出勤してきており、二階のロビーのソファや椅子に腰を掛けて談笑をしている。

07:05

深夜勤組から日勤組への申し送りがはじまる。マリア、インガリルを含む一一人の看護助手と二人の看護師の計一三人が参加した。ヴィーボリが転びそうになったこと、ヨーンの熱のこと、ドリスに早目に薬を飲ませたこと、そしてバッティルの様子などを中心に伝えて終了した。

07:15

深夜勤組、解散。マリアとインガリルは、勤務終了と同時にすぐさま家路に就いた。

スウェーデンでは、どんな職種でも日本のように残業は多くないが、だからと言ってないわけではない。そういった場合は、残業時間分を時間で貯めておくことができる。八時間を一日分と換算し、後日、有給休暇として使うことができるわけだ。ビルカの職員も、もちろんこのシステムを採用している。

さて、一連のケアの内容を読者のみなさんはどのように感じられたであろうか。日本の現場を知る人にとっては、とくに深夜ケアのなかで想像すらできない内容が多かったに違いない。では、こういったケアサービスが二次障害の発生に何らかの影響を与えているのだろうか。改めて、**表1-1**（一一ページ）を見ていただきたい。

全二四人中、基本動作中の基本動作である寝返り・起き上がり動作に全介助を必要とする人は八人であり、常に、もしくはほとんど常にオムツを装着しているいわゆる排泄全介助レベルの人は一一人であった。これらの人々は、ケアスタッフから常時何らかの介助を得られなければそのまま寝たきりであり、ベッド上で身体を横に向けたりできないことはもちろん、排泄の処理もできないレベルということになる。

一方、このような基本動作や排泄行為が重度に障害されている人々も含めたなかで、いずれの入居者も口からの摂食能力が保たれていた。また、褥瘡《じょくそう》に関しては、明らかなものはわずかに一件で、重度の四肢拘縮《ししこうしゅく》は〇《ゼロ》件であった。要するに、「寝返り・起き上がり」および「排泄」能力から推察される機能障害の重度さに比べて、「経口以外の食事摂取」、「褥瘡」、「拘縮」といったいわゆる二次障害の発生頻度および程度が低く抑えられていると言えよう。やはり、先に示した中身の濃いケアサービスがこのような結果をもたらしているのであろう。

ところで、このようなケアサービスの中身はどのようにして決まり、その費用はどこから出るのだろうか。責任者のミリアムに聞いてみた。

「サービス内容の決定は、コミューン所属の支援管理者（bistandshandläggare《ビストンズハンドレッガレ》）という職種の仕事である（詳細は、一四四ページの「支援管理者インガリル・カールストレムへのインタビュー」を参照）。よって、ビルカ内の人間が決めるのではない。支援管理者の評価により、必要ケア時間数やケアスタッフの延べ人数などが決まり、その費用のほとんどがコミューンから下りてくるという仕組みである」

ケアに対する個人負担額は受給年金額によって算定され、どんなに重度のケアを必要とする場合でも、一か月当たりゼロから最大一五〇〇クローネ（約二万二五〇〇円）台までで設定されている（計算方法については二三七ページの「**巻末資料1**」を参照）。なお、財産額は算定に考慮されない。すなわち、まったくの貧乏であれば負担額はゼロ、どんなに裕福であっても上限額は一五〇〇クローネで、同じ内容の充分なケアを受けられる」

# ダルボの地域ケアとリハビリ
## ――サービスアパート・一般アパート・一戸建て

ビルカでの取材から一〇日が経ち、ヴェクショーの街にも夏の空気が漂ってきた。ヴェクショーの旧駅舎前からクングス通りを一〇〇メートルほど北に歩くと、「エリーテ・スタッツホテル（Elite Stadshotellet）」とクロノベリ（Kronoberg）地方行政区長の公邸とに挟まれた「大広場（Stortorget）」に出る。ここは、毎週水曜日と土曜日の午前中には朝市で賑わう場所だ。さらにそこから、ヴェクショーで一番の目抜き通りであるストール通りを西へと向かう。

ヴェステル通りを右に折れ、白壁にガラス張りの「ヴェクショーコンサートホール（Växjö Konserthus）」を左に見ながらさらに北へ上ると、道幅の広いノルエスプラナーデン通りに出る。この通りは国道25号線でもあり、ずっと東へ一〇〇キロメートルほど向かうとスウェーデンでもっとも古い都市の一つであるカルマル（Kalmar）に達するが、今日は逆に西へ向かう。芝生が広がるリングスベリス（Ringsbergs）公園を突き抜けてリードベリス通りをさらに北へ一キロメートルほど歩くと、その左手に、この辺りではもっとも高層の建物二つが目に入ってくる。高層と言っても八階建てでしかない。この二棟が、今日から一週間通うことになるダルボ（Dalbo）単位のサービスアパートである。

ダルボとは、ビルカの項で説明したヴェクショーの北西地区に属する高齢者単位で、サービスアパートと一般アパートおよび一戸建ての居住者を対象としている。私が行ったときで、単位内において何らかのケアを必要とする高齢者の数は一五〇人であった。単位内には、ビルカ同様、クリニック、薬局、スーパー、保育園などもある。

サービスアパートは北西棟と南東棟の二棟からなっており、ここには精神的サポートのみを含むごく簡単なケアを必要とする高齢者から重度のケアを必要とする高齢者（重度認知症者六人を含む）まで計六一人が住んでいた。そのうちの北西棟の二階には重度認知症者六人が住んでいる。また、北西棟と南東棟をつなぐ低い建物の一階部分には、事務所、スタッフ控え室、休憩室、デイスペース、レストランなどが入っている。重度認知症フロアを除く一般居室の広さは五〇平方メートルほどで、ほとんどが1LDKだが、夫婦用の2LDKもしくは3LDKの居室もいくつかある。そして、重度認知症者の居室は三〇平方メートルほどのワンルームとなっており、そのいずれにも簡易キッチンとシャワートイレルームが備わっている。

このサービスアパート内で、何らかの身体的ケアを必要とする高齢者の

ダルボの一戸建て住宅

ダルボのサービスアパート

数は約三〇人（重度認知症者六人を含む）であった。そして、単位内の一般アパートおよび一戸建てに住んでおり、何らかのケアを必要とする高齢者は八九人であった（ごく稀に、成人の「学習障害者（begåvningshandikappad《ベゴーヴニングスハンディカッパッド》）」が含まれることもある）。

七時五五分、高層の二棟をつなぐ低い建物の正面玄関からなかに入る。扉をいくつか開けながら、指示された通り進むと三人の女性の姿が見えた。私の友人であるイェーテから私のことを伝え聞いていた彼女たちは、すぐに私のほうに歩み寄ってきてくれた。例によって、ファーストネームで挨拶を交わしたが、彼女らの名前を覚えられぬまま朝のミーティングに加わった。

## 五月一六日（月）　アパート訪問とデイスペースでのアクティヴィティ

08:00

まず、改めて自己紹介をしあい、三人がそれぞれリハビリ助手のソルヴェイ（Solveig）、看護助手のウッラ=ブリット（Ulla-Britt）、そしてドイツからの移民でアクティヴィティ助手のリューロ（Lüilo）であることを知り、私も例によってスウェーデン滞在やダルボ訪問の目的などを伝えた。

ミーティングは、デイサービス（デイスペースを利用して行う行事）の一週間のスケジュール確認からはじまった。グループ体操やコーヒータイムの時間、そして金曜日に牧師の来る時間も確認した。また、サービスアパート居住のグレータ（Greta）へのマッサージは何曜日の何時に入るか、体操や金曜日の午後の行事には今のところ誰が参加する予定か、さらに誰を誘うかなどを確認し、ついでに職員同士の宴会の相談もした――パスタ、ポテトをどのくらい用意しようかなどである。そして、九時にミーティング終了。ゆったりと時間をかけ、慌ただしくない雰囲気でのミーティングであった。そして、このとき早くも、「九時半になったら職員のコーヒータイムだからね」とソルヴェイが私に伝えてくれた。

まずソルヴェイに、サービスアパート内の二階にある重度認知症者のフロアを案内してもらう。テーブルに三人の入居者が腰を掛け、二人の看護助手が対応していた。一人の入居者が飲み物を飲みながら軽く微笑み、会釈をしてくれた。もう一人の入居者は手にスプーンを握って椅子に腰掛けてテーブル上の一点を見つめ、規則的に頭を前後に振りながら「ウーン、ウーン」というような声を出していた。そしてその隣では、一人の看護助手が、頭支えや横ずれ防止クッションなどのさまざまな付属品の取り付けられたリクライニング車椅子に座っている女性の食事介助をしている。

このフロアの入居者は全部で六人。案内してくれたソルヴェイによると、日中から準夜勤までの時間帯は、二人の入居者に対して一人の職員という割合になるように、常に三、四人の看護助手が入っているとのことだった。フロアには、この階専用の洗濯場もあった。

09:30 コーヒータイム。看護師、看護助手、リハ助手など数人が参加。

このコーヒータイムを利用して、ウッラ＝ブリットに看護助手の仕事内容を尋ねた。同じことをビルカでも尋ねたが、同じような職域がダルボでも与えられているのかどうかを確認したかったのである。そして、その回答は次の通りであった。

❶血液検査のために通常の方法で静脈血を抜くこと。
❷指などに針を刺すなどして、血糖値検査をすること。
❸インスリン注射。
❹褥瘡《じょくそう》、潰瘍などの処置および手当て。
❺マッサージ、関節可動域練習などのルーティーンのリハビリ。
❻そのほか、身体ケア、基本動作および日常生活における介助などのあらゆるケア。

職員のコーヒータイム

10:10

ソルヴェイとともに、一般のアパートに住む慢性閉塞性肺疾患[15]（**kroniskt obstruktiv lungsjukdom:Kol**）のエーヴァ（八〇歳女性・仮名）のところへ徒歩で向かった。サービスアパートの一階にある職員の事務所から一〇分ほどである。

10:20

エーヴァのアパートに到着。二階にある、約八〇平方メートルの2LDKである。ソルヴェイが呼鈴を押すと、しばらくして鼻から長い管をぶら下げたエーヴァが顔を出した。玄関を入ってすぐ左の応接間に、大きな酸素濃縮器が置いてある。そこから出ている長い管が彼女の鼻につながっているのだが、その管は、彼女がこの広い室内のどの部屋にも歩いていけるほどの充分な長さがある。今日

（15）一般に、英語で「COPD（**Chronic Obstructive Pulmonary Disease**）」と呼ばれるもので、肺胞の病変によって正常な換気が行えず、息切れを起こしやすくなる病気。喫煙者に多いと言われている。

**KOLUMN コーヒータイム**

コーヒータイムはスウェーデン語で「フィーカ（fika）」と呼ばれ、スウェーデンの文化と言っても過言ではない習慣である。通常、どの職場でも、午前と午後に1回ずつとる。「カーカ（kaka）」、「ブッレ（bulle）」、「フラッラ（fralla）」などと呼ばれる甘パンをお供にするのが一般的である。「fika」という動詞には、「コーヒーを飲む」のほかに「渇望する」という意味もある。まさに、“コーヒータイムを渇望する”スウェーデン人にぴったりの単語である。友人の理学療法士によると、「フィーカは仕事のストレスを取るのが大きな目的なので、仕事の話をしないことが常識」ということであった。ちなみに、このフィーカも勤務時間に含まれている。

のソルヴェイの訪問は、週一回の定期的な散歩に誘うのが目的である。

　実は、もっと頻度を多くしたほうがよいということで頻繁に誘っているようだが、エーヴァはあまり散歩が好きではないらしく、週一回連れ出すのがやっとらしい。ソルヴェイは、エーヴァを決して急がせることなく、実にゆっくりと着替えや靴履きの様子を見守る。その当人も、呼吸を確かめながらゆっくりゆっくり時間をかけて準備をしている。その間、ソルヴェイは外出用のポータブルの酸素ボンベを用意し、階段昇降用の大きな車輪の付いた押し車に酸素ボンベを乗せた。

　ようやく準備完了。玄関を出て階下へ向かう。エーヴァは、途中の踊り場で休憩をしながらゆっくりと階段を下りていく。下り切ったところに小さな納戸があり、そのなかにはボンベを乗せるための付属品の付いた歩行車が入っている。それにボンベを乗せ換えて再び歩きだす。

　アパートは二つの中庭を囲むように己の字型に立てられており、その一つの中庭の外周が三〇〇メートルほどになっている。リンゴや桜の花などの草木を観察しながら、ゆっくりと散歩をする。

　約一五分間の散歩だったが、エーヴァはときどき立ち止まっては呼吸を整えていた。納戸の前で再度ボンベをアパート内の階段昇降用の押し車に乗せ換えて階段を上る。半分上って踊り場で

エーヴァのアパートのリビング

ひと休みして呼吸を整え、残りの半分を上り切ろうとしたところで階下のアパートのドアの開く音がした。

「マルギット？　買物に出掛けるの？」と、エーヴァが声をかける。

「そうよ。あなたは散歩してきたの？　今日は二人も連れているのね」

私たちスタッフを間に挟んで、声だけが飛び交う。

「あとでお茶しに来てよね、マルギット」

「オーケー、オーケー」

そんな会話のあとようやく室内へ戻る。ソルヴェイは、先ほどと同じようにゆっくりと見守りながら管をポータブルボンベから室内の大きな酸素濃縮器に付け替えた。そして、ゆっくりと腰を下ろして呼吸を整えた。次の訪問の日時を確認して、「さよなら（Hej《ヘイ》 då《ドー》!）」と言って別れた。

10:50　次は、同じ一般アパート内に入居しているインガブリット（Ingabritt）という女性のところだ。大腿骨を骨折して、その手術をしてから一か月が経過している。部屋に入るとタバコの臭いがした。

室内はとても豪華で、思わず調度品や絵画に目がいった。訪問前にソルヴェイから、「インガブリットは、ソファに横になってばかりで運動量が少ないから困っている」と説明を受けていたので、さぞかし自分では起きたりできず、術後の股関節も拘縮《こうしゅく》になりかけているのではないかと想像しつつ訪れた。しかし、ソルヴェイがソファに座っているインガブリットに歩行器を差し出すと、ゆっくりとした足取りではあるが、一人で上手に台所に置いてある室内トレーニング用の自転車のところまで歩いていった。ソルヴェイが見守るなか、まずは数分間自転車漕ぎをする。これは、コミューンの担当理学療法士が立てたメニューの一つである。

その後私たちは、白いテーブルと椅子の置いてあるテラスに出て、そこから見える花壇の花を楽しんだ。ソルヴェイは、インガブリットとはポケベルでいつでも連絡がとれるようになっていること、そして脚の痛みに対してはマッサージを受けていることなどを説明してくれた。

テラスからリビングのソファに戻ったインガブリットに対してソルヴェイは、もう少しトレーニングをしたほうがいいこと、そしてデイサービスにもいろんなメニューを用意してあるので近いうちにぜひ顔を出して欲しいことなどを説明した。そして最後に、ソルヴェイが両手でインガブリットの手を握って「またね（Vi《ヴィー》 ses《スィエス》 !）」と言って別れた。

余談だが、ソルヴェイがインガブリットにデイサービスをすすめているのは、あくまで利用者自身の心と身体のために、もう少し外への広がりをもった暮らしをしたほうがいいと思っているからだ。日本でしばしば見られるような、在宅訪問ケアの利用者に同系列の私法人が経営しているデイサービスに来てもらって売り上げを上げていこうとするものではまったくない。さらに、日本に対する批判めいた言葉が続くが、こういった高齢者ケアの分野でも私企業の多い日本のシステムでは、その前線で働くケアワーカーや療法士にも日常的に利潤追求への意識が要求される。

経営面を優先することが日常化しており、対象者の視点で充分なサービスを提供することがしばしば難しくなっているようにも思う。

インガブリットの家からダルボのデイスペースに戻る道すがら、ソルヴェイとスウェーデンのケアおよびリハビリのシステムの話になった。そのときの話からすると、障害をもった高齢者が受けるさまざまなケアやリハビリサービスは、裕福か貧乏かで差が出ることはほとんどないということだった。

13:00　ウッラ＝ブリットとともに、サービスアパート内の五階に住む八七歳のスティーナ（仮名）という女性（**表１－５参照**）のところへマッサージを施行するために向かう。スティーナは、脳卒中を発症してから数年経過している、いわゆる維持期の左片麻痺《かたまひ》者である。左上下肢の自動的な動きとしては、それぞれ肘と指、股と膝を軽く曲げられる程度であり、左足関節の背屈《はいくつ》(16)は得られていなかった。右側に麻痺はないが、筋力は弱い。このマッサージは、四年ほど前にストックホルムの看護師が開発したもので、強く押したり握ったりしないソフトなもので、さまざまな障害をもつ高齢者（認知症、抑鬱《よくうつ》症、脳の障害など）に有効とされている。早速、オイル（二種類のオイルを混ぜた特製）を手にとって右足部からマッサージを開始したが、ゆっくりとしたストロークであった。ちなみに、このマッサージも必要なケアに含まれているので、もち

---

(16)　足部を上に挙げること。

**表1－5　重度の機能障害をもつ4人の障害評価とケア内容**

| 項目＼名前 | | ウーヴェ(サービスアパート) | スティーナ(サービスアパート) | マリータ(サービスアパート内認知症フロア) | エーリック(一戸建て自宅) |
|---|---|---|---|---|---|
| 診断名、エピソード | | 小児麻痺 | 脳卒中後遺症による左片麻痺 | 重度認知症・脳卒中後遺症による左片麻痺 | 糖尿病による両下肢切断。妻との二人暮らし。 |
| 障害評価(＊1) | 寝返り・起き上がり | 3 | 3 | 3 | 3 |
| | 排泄 | 3 | 3 | 3 | 3 |
| | 食事 | 1 | 1 | 4 | 2 |
| | 褥瘡 | 1 | 1 | 1 | 1 |
| | 拘縮 | 1 | 2 | 1 | 1 |
| 観察した褥瘡、実際に触れて確かめた拘縮や筋の硬さの状態など | | 両上肢は使える。両下肢は自動運動はできない。端坐位は、ベッド柵を把持することで可。 | 拘縮は軽度で、左手首と手指の完全な可動域が得られないという程度。四肢の筋は、長年のこの障害レベルにしては、実に柔らかく保たれている。 | ダルボで唯一の経管栄養者。胃瘻経管栄養である。基本動作は全介助レベルだが、拘縮、褥瘡はなし。 | ダルボ内で基本動作能力、覚醒レベルが最も低い人の一人だが、毎日のケアで二次障害が予防されている。 |
| ケア内容 | | ・排泄ケア(オムツ交換、ベッド上の吸収シート交換、トイレへの移乗)<br>・清拭、シャワー<br>・ルーティーンのリハビリ<br>・体位変換<br>・移乗介助<br>・食事準備・片付け<br>・掃除・洗濯 | ・排泄ケア(オムツ交換、ベッド上の吸収シート交換、トイレへの移乗)<br>・清拭、シャワー<br>・ルーティーンのリハビリ・マッサージ<br>・体位変換<br>・移乗介助<br>・食事準備・片付け<br>・掃除・洗濯 | ・排泄ケア(オムツ交換、ベッド上の吸収シート交換、トイレへの移乗)<br>・清拭、シャワー<br>・ルーティーンのリハビリ<br>・体位変換<br>・移乗介助<br>・経管栄養投与、胃瘻部ケア<br>・掃除・洗濯 | ・排泄ケア(オムツ交換、ベッド上の吸収シート交換、トイレへの移乗)<br>・清拭、シャワー<br>・ルーティーンのリハビリ<br>・体位変換<br>・移乗介助 |

(＊1)　資料1－1による。数字はレベルを表す。

ろんただ（税金）である。

ウッラ＝ブリットは一気に布団を剥がさず、マッサージをするところだけを露わにする。足趾《そくし》の股の部分も、足趾一本一本もていねいにほぐしていく。足の裏全体から踵《かかと》へいく。爪を含め、麻痺した足先がとても綺麗な状態に保たれていることが印象に残った。そして、次にふくらはぎと太腿もていねいにマッサージをしていく。同じ手順で、左下肢、左上肢、右上肢と進んでいく。とくに、左の上下肢をマッサージする際は、拘縮《こうしゅく》になりやすい足首、膝、肘、手首、手指の関節を充分にやさしく伸ばすことを意識しているようだ。世間話をしながらの、たっぷり三〇分間のマッサージだった。

ちなみに、日本の長期療養施設で暮らす高齢者のほとんどは、足先、手先までの充分なマッサージを施されることがないため、指が拘縮で伸びないままの状態になったり、手のひらが不潔でただれていたり、爪が白癬や水虫で黄色く肥厚《ひこう》していたりする人が非常に多い。日本の現場では、時間的な制約とともにより「訓練的」なことを優先するせいか、他動的なこと、とくにこのようなマッサージを否定する傾向が見られる。対象者の精神的なケアになり、なおかつ拘縮や爪の病気などが予防できる効果のあるマッサージの意義を再考すべきであると感じた。

このほかのスティーナへのケアサービスは、ベッドと車椅子間の移乗介助、トイレ介助、毎日の清拭《せいしき》、一週間に一回のシャワーなどである。一週間に一回のシャワーというのは少ないように感じるが、これはスティーナの希望に基づくものらしい。どうやら、乾燥しやすい肌が気になるらしい。また、オムツをしているが、本人がトイレでの排泄を希望するときには随時介助に出向くことにしている。リビングルーム、ベッドルーム、ダイニングルームなど、どの部屋からも、いつでもアラームやインターフォンでサービスアパート内にいる職員と連絡がとれるようになっている。

13:40

午後のデイスペースでのアクティヴィティに合流。

みんな、思い思いのことをしている。ダルボ担当の作業療法士の知恵を借りつつも、ほとんどのメニューをアクティヴィティ助手のリューロが立てている。コーヒーを飲んでいる人もいれば、機織《はたお》りをしている人もいる。絵を描いている人もいれば、眉間にしわを寄せて刺繍をしている人もいる。何もせず、眺めたり、他人にちょっかいを出したりしている人もいるが、とにかく自分の部屋から出てみんなと集まって気分転換するのが目的であり、決してアクティヴィティの強要はしていないということだった。

ソルヴェイと一対一の頭脳ゲームをはじめたおじいさんと、それを周りで眺めて応援するおばあさんが五人いる。ふと外に目をやると、鮮やかな緑の葉と花壇の花に目が止まる。外も中も、どちらにも眺める景色があるという空間のつくり方がよい。

デイスペースでのアクティヴィティ

スタッフも、ときにはテーブルに腰掛けて利用者と話すなど、リラックスした雰囲気で時間を共有している。壁側を向いて、一人で熱心にジグソーパズルに取り組むおばあさんもいる。周りと話すのがあまり得意ではないということだ。でも、飽きたら視線をずらして窓の外に目をやればよいし、休んでもよいのだ。強要されることはなく、自由に空間と時間を共有すればよい。職員も、適当な距離感でそれを見守っている。

**14:30**　多くの職員が午後のコーヒータイムの時間だが、私は、作業療法士のカイサとソルヴェイとともに、サービスアパート内のイングリッド（Ingrid・九〇歳）のところへ向かった。ベッドからなかなか起きてくれないイングリッドに、座り心地のよさそうなリクライニング車椅子を試すためである。

両端に取っ手の付いた特殊な枕カバー補助用具を利用してベッド上の背臥位《はいがい》のイングリッドの上体を起こし、天井走行式リフトのスリングシート（身体をつり上げるための布）を背中に通す。そして、リフトでゆっくりと車椅子に移そうとするが、すぐに心細そうな表情で「寝かせて～」と言ってきた。ソルヴェイが、「試すだけだからね。すぐ終わるからね」と話しかけ、レッグレスト[17]を調節し、足全体を包むように保護する長靴型クッションを取り付けてひと段落。

イングリッドの表情にも多少やわらかさが出てきた。ここでダイニングに移動し、食事テーブ

（17）通常の車椅子に付属している下腿部を受ける部分。

ルの高さに車椅子の高さが合うかどうかを確認したが、座面をいくらか前傾させることで適合可能であることが分かった。結局、一〇分間ほど乗ったところでベッドへ戻りたいと再度訴えたためにベッドに戻った。

このあとソルヴェイは、一階の在宅ケア担当の看護助手の詰所へ立ち寄って、イングリッドを移乗させる際のポイントや注意点などを伝えた。それにしても、ほとんど自分では動けないイングリッドであるが、看護助手らによる日々のケアのおかげで褥瘡《じょくそう》も拘縮《こうしゅく》もなかった。

**五月一七日（火）　一戸建て住宅を訪問**

今日は、在宅ケア担当の看護助手に同行し、一般アパートおよび一戸建てに住む高齢者の

**KOLUMN 枕カバー**

この枕カバーは、両サイドに取っ手があり、片面がざらざらでもう片面がすべすべの生地でできている。重介護の人の上半身を起こしたり、背臥位で頭側へずらしたりする場合に使う補助用具の一種であり、RoMedic 社製の WendyLean という製品。

取っ手付きの特殊枕カバー

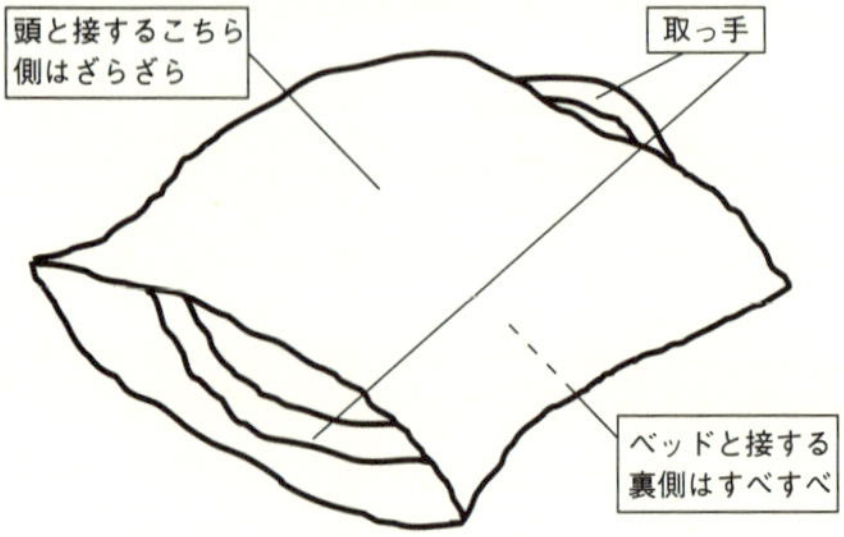

ケアの取材である。七時に、在宅訪問スタッフ専用の控え室に集合すると、日勤職員のほとんどはすでに顔をそろえていた。看護助手七人と看護師一人で、七時三〇分にミーティング開始。看護師が、対象者のケアの変更内容や注意点などを約三〇分間にわたって伝え、看護助手はそれぞれの担当対象者宅に向けて自転車や車で出発した。私は、看護助手のイレーネ（Irene）とともに自転車で、慢性心不全を患うシェル（Kjell）のアパートに向かった。

08:20　「おはよう、シェル」と言いながら、約七〇平方メートルの１ＬＤＫのアパートに入っていく。玄関を開けるやいなやタバコ臭さが鼻をつく。イレーネが広いリビングのベッドに寝ながらテレビを見ているシェルを軽介助で起こし、端坐位《たんざい》[18]にする。どうやら端坐位の保持は自力で行えるようだ。グレーの顎鬚《あごひげ》をたくわえた風貌は、一見すると芸術家のようでもある。

まずは与薬をし、次に尿袋に溜まっているおしっこを抜く。イレーネは、「何を食べる？　何か飲む？」などと尋ねていく。シェルは座るのが好きなようではないが、話している間はずっと自力で端坐位をとり続けている。

イレーネはブルーベリージュースとコカコーラをコップに注いで、ベッド脇の小さなテーブルの上に置きながら「2dl blåbär, 3dl cocakola-nutrical（ブルーベリージュース二〇〇ミリリットルとコカコーラ三〇〇ミリリットル―栄養）」と記録もしっかりとっている。ケア記録簿は、ビル

(18)　たとえば、ベッドから脚を下ろして背もたれなしで座ること。

カでの場合と同様にアパート内に置いてある。薬の記録用紙も、ビルカで使用していたものと同じものだったから、おそらくコミューン共通のものなのだろう。

次に、シェルの顔を清拭《せいしき》用ペーパーで清拭する。ひと通りのケアが終わって、八時四〇分にシェルはやれやれと自力で横になる。イレーネによると、室内に歩行車があるがほとんど歩かないとのこと。イレーネは私に、「彼はとにかく寝てるのが好きだから……それが問題ね」と言いながら溜まっている洗い物をし、台所周りをきれいにして訪問終了。

08:50

二人目はアーテュール（男性・仮名）である。「おはよう！（God morgon!《グッモロン》）」と声をかけながら玄関を開けると、アーテュールは台所で高さの低い台（fotpall）に足を乗せて座っていた。私たちの顔を見ると、すぐさま立ち上がって屈託のない笑顔で迎えてくれた。部屋のなかはというと、いろいろな収集物（？）で溢れている。とくに、古ぼけた柱時計や置時計が数え切れないほどある。

彼に対しては、糖尿病によって赤く大きく腫れ上がった両足にあるいくつもの潰瘍の治療がメインである。一五年前から徐々に悪くなってきたとのことだ。両方の膝下全体が包帯で巻かれている。そして、その包帯の下は薄いシート状の白い綿（製品名：BSN medical Soffban syn-

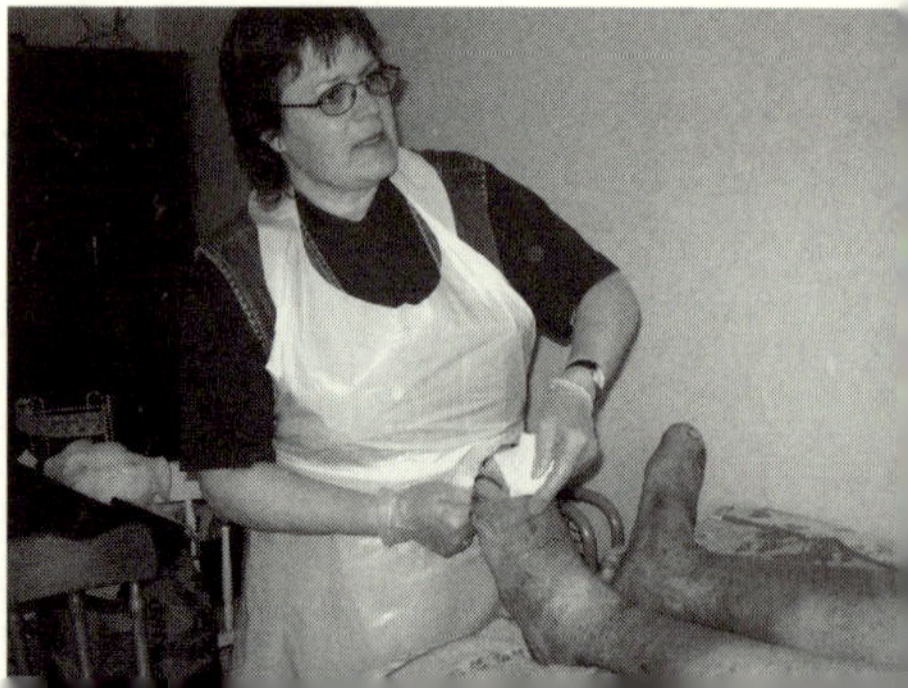

アーテュールの足を治療する看護助手のイレーネ

thetic）が巻かれており、さらにその下にまた包帯があって、それをとると肌が現れた。下腿の中間から足先にかけて赤く巨大に腫れ上がっているし、足趾の間も爛《ただ》れている。触れると痛みが走るとのことだ。さまざまな薬品や材料を使って治療を進めていくが、日本でなら看護師しかできない治療をスウェーデンでは看護助手も行えるのである。コルチゾン系を含めて二種類の軟膏を使用して行うこの治療は、なんと毎日である。両足で、たっぷり一時間以上かかった。そのあと、ケア記録簿の「傷の手当（sår omläggningar）」と書かれた欄にサインをした。

このほかのケアとしては、垂れた腹の下やペニスの下も爛《ただ》れることもあるので、その治療も随時行っているようだ。また、軽介助でシャワー浴も行っているとのことだが、月、水、金の三回なのでこの日はなかった。ケア記録簿、治療材料、薬は、例によってアパート内に置いてある。すべて記録を終えてアパートを出たのが一〇時二〇分だった。

10:35

三軒目は、天井走行式リフトでベッドと車椅子間の移乗をしているエーリック（男性・仮名）の家である。エーリックは糖尿病により、左脚は大腿から、右脚は下腿で切断している（五四ページの**表1-5**を参照）。広い庭付きの一戸建てに、奥さんと二人暮らしをしている。

ここで私は、一四年前にオーストリアから移民してきたという看

エーリック宅の天井走行式リフト

護助手と合流した。彼女は、スウェーデン人の男性と結婚し、ダーラナ（Dalarna）地方、ドイツ、ストックホルムなどに住んだあと、彼の故郷に近いヴェクショーへ来たということだった。政権政党である社会民主労働党（社民党）の最近の政治はよくないことや、オーストリアには日本と同様、スウェーデンのようなコーヒータイムの習慣がないことなどの話をしたあと、天井走行式リフトを用いてベッドから車椅子への移乗を私と二人で行った。このような要重介助者に対しては、一人で介助をしてはいけない規則がある。

12:50 イレーネとともに再びエーリックの家に戻った。筋力や関節可動域を衰えさせないためのリハビリをするためだ。エーリックはベッドに寝ていた。高齢者担当のコミューン所属の理学療法士が作成したトレーニングメニューを見ながら、イレーネが寝続けているエーリックに声をかけてやらせようとするがまったく目が覚めない。とりあえず、天井走行式リフトで車椅子に移乗させる。これでいくらか目が開いたが、結局は他動的な可動域練習をしただけでトレーニングは行えなかった。ちなみに、車椅子はさまざまな付属品のついたリクライニング式である。

13:30 デイスペースに戻り、しばしグループリハビリに合流した。サービスアパート内の高齢者六～七人が、歩行車もしくは車椅子を使って自操（自力で漕ぐこと）や介助などで降りてきて、リハビリ助手のソルヴェイと音楽体操や棒倒しゲーム（日本のお手玉を大きく平べったくしたような玉で、立てた棒を倒すゲーム）などを楽しんだ。

14:40　また、在宅訪問。今度は、普通のアパートに住むクリステル（男性・仮名）宅である。彼の診断名は多発性硬化症(19)である。「こんにちは！（Halla!《ハロー》）」と言いながら玄関を入ると、車椅子で出迎えてくれた。

イレーネとともにベッドルームへ向かう。まずは、イレーネの介助で、車椅子から有酸素運動用の自転車漕ぎマシーンに跨る。時折、回転に乱れが出たり身体が傾きそうになるが、その都度イレーネが手を添えていた。これは一〇分ほどで終了。

次に、同じくイレーネの介助で車椅子、さらにベッドへと移乗する。ベッド上で、まずは腹這いで脚の伸展運動、次に仰向けで同じく脚の外転運動、臀部挙上運動(20)、腹筋運動などを充分に時間をかけて行う。そして、イレーネがストレッチングを手伝う。最後に足首の背屈ストレッチングをじっくり行ったが、全部で四〇分間のメニューであった。これらのメニューもコミューン所

---

(19)　英語で「Multiple Sclerosis」といい、一般に「MS《エムエス》」と略して呼ばれる。中枢神経系の脱髄疾患で、一五～五〇歳に多く発症する。通常、急性または亜急性に発症し、初発症状は、視神経炎・球後視神経炎による一眼または両眼の視力障害が最も多く、以下、歩行障害、しびれ感、運動麻痺、感覚障害、複視、言語障害の順である。多発性硬化症は、これらの神経症候が空間的多発性・時間的多発性を示し、ある部位に病巣が起き、寛解はするが、他の時期に別の部位に新しい病巣が起きて再燃するのが特徴である（『脳神経疾患のみかたABC』日本医師会編、医学書院、一九九三年）。

(20)　脚の伸展運動は、脚全体を後ろのほうへ引く運動。脚の外転運動とは、脚全体を外に開く運動。臀部挙上運動は、仰向けに寝て、両膝を立てた状態でお尻を上げる運動。

属の理学療法士がつくったもので、その書類は家のなかに置いてある。蛇足かもしれないが、これらの練習は対象者のためのものであって、決して（日本のように）点数（診療報酬）を稼ぐためのものではない。五〇分間の訪問であった。

リハビリを終え、少し火照ったクリステルの顔を眺めながらふと思う。もし、彼が日本に住んでいたら、こんな環境で独り暮らしができるのだろうか、と。

## 五月一八日（水）　アパート訪問と認知症フロアでの一場面

07:30　リハビリ助手のアンナ（Anna）とともに、サービスアパートの八階に住むインゲル（女性・仮名）宅を訪問した。彼女の障害は、「生まれつき左脚が短い」ことと、軽い左片《かた》麻痺《まひ》を患っていることである。

アンナが、ベッド脇に据えた夜間用のポータブルトイレの尿を捨てたあとにインゲルを軽介助で端坐位《たんざい》へと起こし、ストッキングを履かせた。左足首が長年の障害により内側へ向いているが、歩行車で何とか自力歩行が可能である。彼女がゆっくりとトイレシャワールームへ向かっている間にアンナはベッドメーキングを行う。その際、ベッドに付いている起き上がり用の短い柵を例に示しながら「とにかく可能なかぎり、その人にあった環境調節が大切」と私に説明してから、

アクティヴィティ助手のリューロ（左）とリハビリ助手のアンナ

インゲルの着替えを手伝うためにトイレシャワールームへ向かった。

インゲルをトイレシャワールームに残し、アンナだけが出てきた。今度は朝食の準備だ。調理レンジには「安全装置（spisvaktare）」が付いている。インゲルがレンジを消し忘れても、三〇分後には自動的にスイッチが切れる仕組みになっている。キッチン内で使用している椅子は、インゲルが台所仕事をしやすいようにローラーが付いていて、座ったまま台所内を自由に動くことができるものだ。もちろん、ブレーキ付きである。

インゲルが、きれいな茶系のストライプ柄のワンピース姿でトイレから出てきた。ちょっと立ち止まり、片手で歩行車のハンドルを持ちながらもう片方の手で髪をといている。手首には、いざというときのためのアラームも取り付けた。この時点で七時五〇分、キッチンのテーブルには、すでにアンナが用意したママレードとチーズの載ったパンとリンゴンジャム入りの「オート麦粥（Havre gryn）」が用意されていた。インゲルは、それに牛乳をかけて食べはじめた。

08:00

次は、左片麻痺のスティーナのところだ。アンナと、すでに先に来ていた看護助手のカイサの二人でベッドから車椅子への移乗介助と食事の準備を行う。移乗介助には、床走行式リフトを使った。スティーナは、右上下肢に麻痺はないが、協調動作[21]が困難で車椅子での移動にも介助が必要だ。

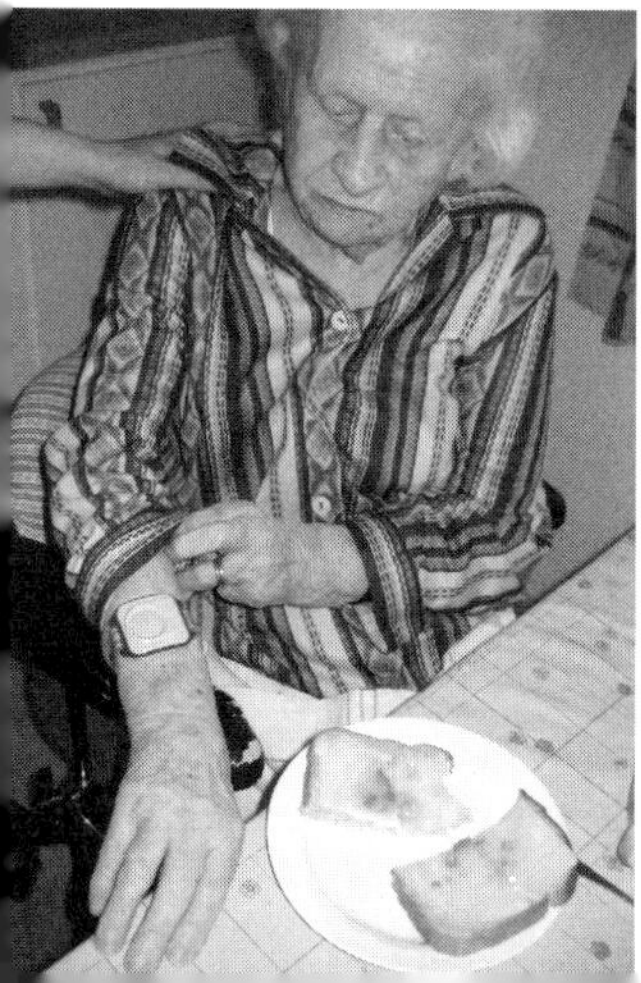

インゲルの手首に取り付けた押しボタン式アラーム

（21）関与する筋の調和のとれた働きによるスムーズな動作。

カイサが食堂のテーブルまで誘導する。カイサの用意した朝食を食べはじめたのを確認して、私はアンナとともに次のウーヴェ（男性・仮名）のアパートへ向かおうとしたが、その前にアンナは、昨日、八〇歳の誕生日を迎えたウーヴェのために用意した野菜や海老の載った調理パイをスタッフ休憩室の冷蔵庫に取りに行った。

08:20

ウーヴェは、小児麻痺により、子どものころから下半身に障害をもっている（五四ページの**表1－5**参照）。「おはよう！」とあいさつをしながらベッドルームへ入る。アンナがウーヴェに声をかけながら布団をとると、上は薄手の半袖のパジャマを着ていたが、下は何も着けずに寝ていた（六八ページの**コラム**参照）。

まずは陰部周辺の清拭《せいしき》をし、新しい白いパンツを履かせる。次に、補助器具を使って靴下を履かせる。補助器具というのは、スタッフの手首が腱鞘炎にかかるのを予防するためのものである。その後、腰から足の先まで拘縮《こうしゅく》予防の関節可動域練習および筋ストレッチングを行う。ベッド上でスラックスと靴を履かせ、中等度の介助で端坐位《たんざい》にする。ウーヴェは、自分でベッドの柵を持って端坐位を保っている。その状態で上半身の湿疹に軟膏を塗り、長袖のチェックのボタンダウンを着せる。次に、スライドボードを用いて車椅子へ移乗させ、深紅のベストを着せて補聴器を付ける。ベッドルームから、ゆっくりと車椅子を自ら操って洗面台に向かう。ウーヴェが洗面をしている間にアンナはキッチンで朝食と薬の準備をした。ケア記録簿や薬は、台所の戸棚のなかにある。

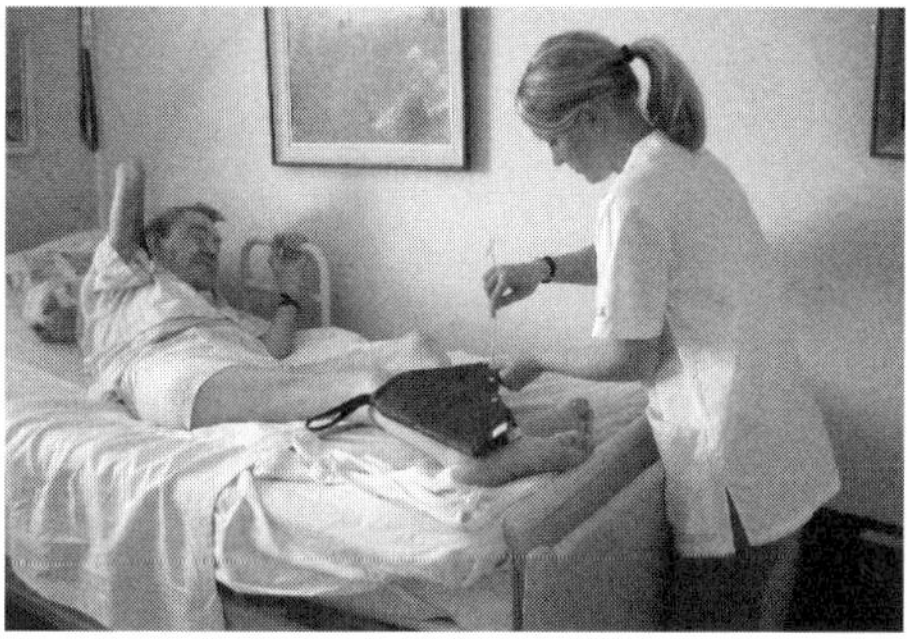

補助器具を使ってウーヴェに靴下を履かせるアンナ

床走行式リフトを用いてのベッドから車椅子への移乗介助のシーン

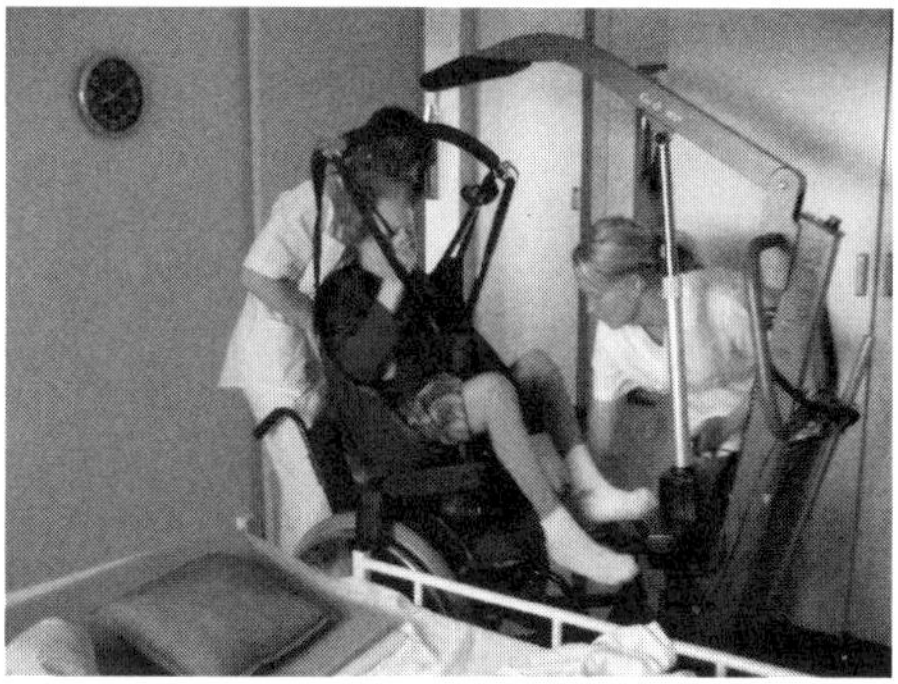

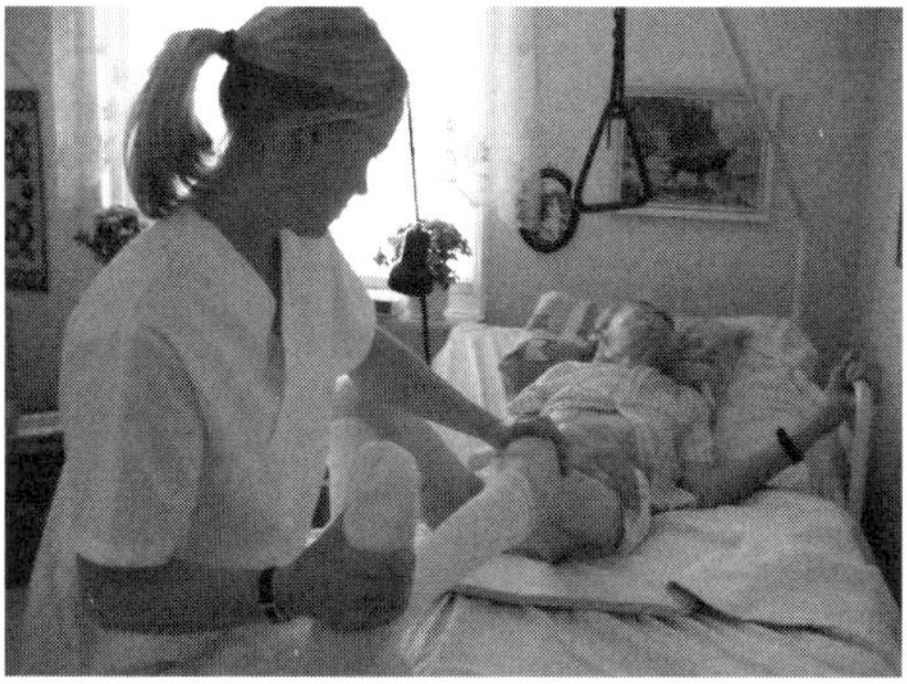

ウーヴェの脚の関節可動域練習をするアンナ

ウーヴェのアパートからの景色

## KOLUMN 裸で寝る

ウーヴェが下半身に何も着けずに寝ていることの意味と、それで寒くないのかということについてアンナに尋ねてみた。

「まず、何も着けないほうがムレの点からみてよい。彼の場合、夜中に催してもアラームで知らせることができるので、オネショの心配がほとんどない。もし、オネショをしたとしても、ベッドには万一の場合に備えて防水シートや『湿気吸収シート（hygien unclerlägg）』が敷いてある。さらに、外の気温が低いときでも、部屋のなかはセントラルヒーティングシステムで常に程よい室温に保たれているので決して寒くはない。こういった理由と条件で、ウーヴェのような寝方が可能になっているのである。もちろん、本人がパンツやオムツを着けて寝ることを望むなら着けて寝ることもできる」という回答だった。

私はこの間、リビングを見せてもらった。ピアノ、ソファ、観葉植物で整えられた室内と、そこから見える外の景色にしばし心を奪われた。ふと、ソファの上にある黒くて薄い布シートが目に入った。その一端からはコードが出ており、コンセントにつながっている。さて、何に使うものかと思案しているうちに朝食の用意ができたようだ。のちに聞いたところによると、ソファに敷いてある黒いシートは耳についている補聴器と連動しており、ここに座ることでテレビの音がよりよく聞こえるというバイブレーションシートというものであった。これも、補助器具の一つである。

一〇分ほどして、ウーヴェがトイレシャワールームから出てきた。ゆっくりとダイニンググルームへ車椅子を進めていく。朝の陽が差し込むダイニングで食事を開始したところで、「じゃーまたね、ウーヴェ」と声をかけて部屋を出た。ちょうど九時であった。

10:20　これからアンナは、インゲルスタッド（Ingelstad）の老夫婦の自宅へ向かうと言う。インゲルスタッドは、ヴェクショーの中心部のダルボから南東約二〇キロメートルのところにある小さな集落である。その老夫婦は、今日から

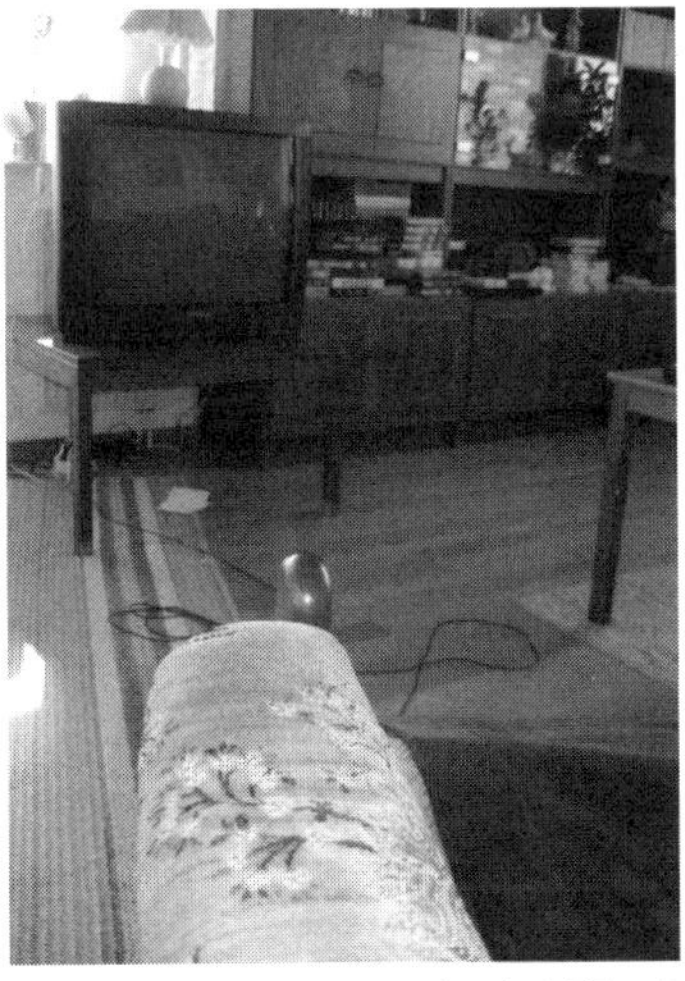

補聴器と連動してテレビの音を聞こえやすくするバイブレーションシート

インゲルスタッド内にある「インゲルスホーヴ（Ingelshov）」という名称の短期滞在型の施設を利用する予定になっていた。障害の重い夫と二人暮らしの妻がしばらくの間リラックスできるように、インゲルスホーヴが夫を二週間ほど預かるのである。そこで、アンナがそこの職員に対して、その期間中にどのようなケアやリハビリを行えばよいのかをアドバイスしに行くのだ。このようなことに関してもコミューンが責任をもっている。

11:00　チリからの移民の看護師グラディス（Gladis）とともに、スペイン移民のカルメラ（Carmela）のところへ向かう。彼女は、ダルボ近くの普通のアパートに住んでいる。約八〇平方メートルの3ＬＤＫだ。カルメラはスペイン語しか話せないため、同じくスペイン語を母国語とするグラディスに仕事が回ってくる。

カルメラは、閉塞性動脈硬化症により左足に三つの潰瘍ができている。二つは古い潰瘍でいくらかよくなってきているが、一つは新しくできたものだ。その新しい傷を毎日治療している。その手当てと、いくつかのリハビリが主なケア内容である。治療道具、材料、薬、ケア記録簿[22]などは、例によってすべて自宅に置いてある。材料、薬などは、なくなったらその都度、訪問看護師が補充しておくことになっている。

カルメラは、傷口に触られるとかなり痛むようで、治療の間中、顔をしかめながらぐっとこらえていた。消毒後、足趾《そくし》の間も含めて足全体にコルチゾン軟膏を塗る。そして、外からの衝撃を和らげるためのスポンジを当てて包帯を巻き、最後に血行促進用の圧迫長靴下を履かせて傷の手当は終了した。

次は足関節のリハビリだ。拘縮《こうしゅく》予防を目的とする足関節運動の練習は毎日行っている。このほかのリハビリメニューとしては、週三回の屋外散歩（一キロメートル）と、さらに自主トレーニングとして、アパートの階段を利用しての階段昇降練習がある。

訪問の最後に、グラディスから潰瘍ができたときの基本的なベッド上の管理方法について説明を受けた。ごく初期の段階では、まずは「ソールプラッタ（sår platta）」と呼ばれる潰瘍などの進行を予防する小さな免荷《めんか》マットの上に足を乗せて寝るようにしてもらい、できるだけ早い段階で進行を止めるように予防する。もし、潰瘍が広がり、ソールプラッタでは足りないということになったら、さらに広い範囲を覆う大きなマットに換えるとのことだった。

一一時三〇分、カルメラの「グラーシアス！（ありがとう）」の言葉でアパートを後にした。

午後、サービスアパート内のデイスペースに行ったとき、北西棟に居住しているグレータがマッサージを受けるために下りてきた。グレータの右脚はリンパ浮腫で腫れている。

看護助手のウッラ＝ブリットが、デイスペース内にある個室の明かりを白熱灯の薄明かりに換えて、静かな音楽をかけた。グレータはグループに入るのをあまり好まず、こういう雰囲気のな

---

(22)　看護師のグラディスによると、ケア記録簿を含むカルテの保存期間は一〇年ということだった。

かでマッサージ受けたり休憩したりするのが好きなのである。

14:30 重度認知症者が住む二階のフロアにお邪魔する。ちょうど、昼寝からみんなを起こす時間である。この時間は、一九九二年に戦火のボスニアから移民としてやって来たというメリマ（Merima）とスウェーデン人のエドナ（Edna・ともに看護助手）、そして学生のハタリの三人でケアを行っている。

認知症フロアにかぎらず、ダルボ内の職員は動きやすいジーパンやスラックスなどで仕事をしている。機能的なものであればなんでもよく、自分で選ぶとのことだ。もちろん、仕事時以外の普段でも着ることができるし、その費用はコミューン持ちである。ちなみに、靴は自分持ちとのことであった。

まずは、エドナとハタリとともに八二歳の女性ギュドゥルン（Gudrun）の部屋に向かう。ギュドゥルンは、パーキンソン病と重度の痴呆で一人では寝返りも打てず、じっとベッドに寝ていることが多い。ギュドゥルンの部屋は小さめで、三〇平方メートルほどのワンルームである。部屋には、足を接地させ、立位の格好をとらせるタイプのリフトが用意されている。

エドナとハタリが、二人介助でギュドゥルンを端坐位《たんざい》まで起こしていく。そして、ハタリがギュドゥルンの正面にリフトをつける。両足をリフトの足台に乗せ、背中にスリングシートを回す。ギュドゥルンにはリフトのアームをしっかり握ってもらい、電動で引き上げていく。膝や足首の関節に拘縮《こうしゅく》はなく、比較的しっかりと立っていることができる。ここで、ハタリがギュドゥルンのオムツが濡れていることに気がついた。ギユドゥルンにリフトで立位をとってもらったまま清拭《せいしき》とオムツ交換を行い、そのあと車椅子に座らせた。

14:45

メリマの仕事がひと段落したところで、ダルボ単位内の唯一の経管栄養者であるマリータ（Marita）の部屋を案内してもらった。マリータの障害は、重度の認知症とともに脳卒中の後遺症による重度の左片麻痺《かたまひ》である（五四ページの**表1－5**参照）。

部屋を覗《のぞ》くと、やさしい陽がマリータのベッドを照らしていた。部屋にはいくつもの花や観葉植物が飾られ、自然の香りが漂っている。私はベッドに近づき、「こんにちは（Hej!）」と声をかけた。マリータはとても可愛らしい表情で私に視線を向け、小さな声で「こんにちは」と答えながら右手を差し出してくれた。グレーの

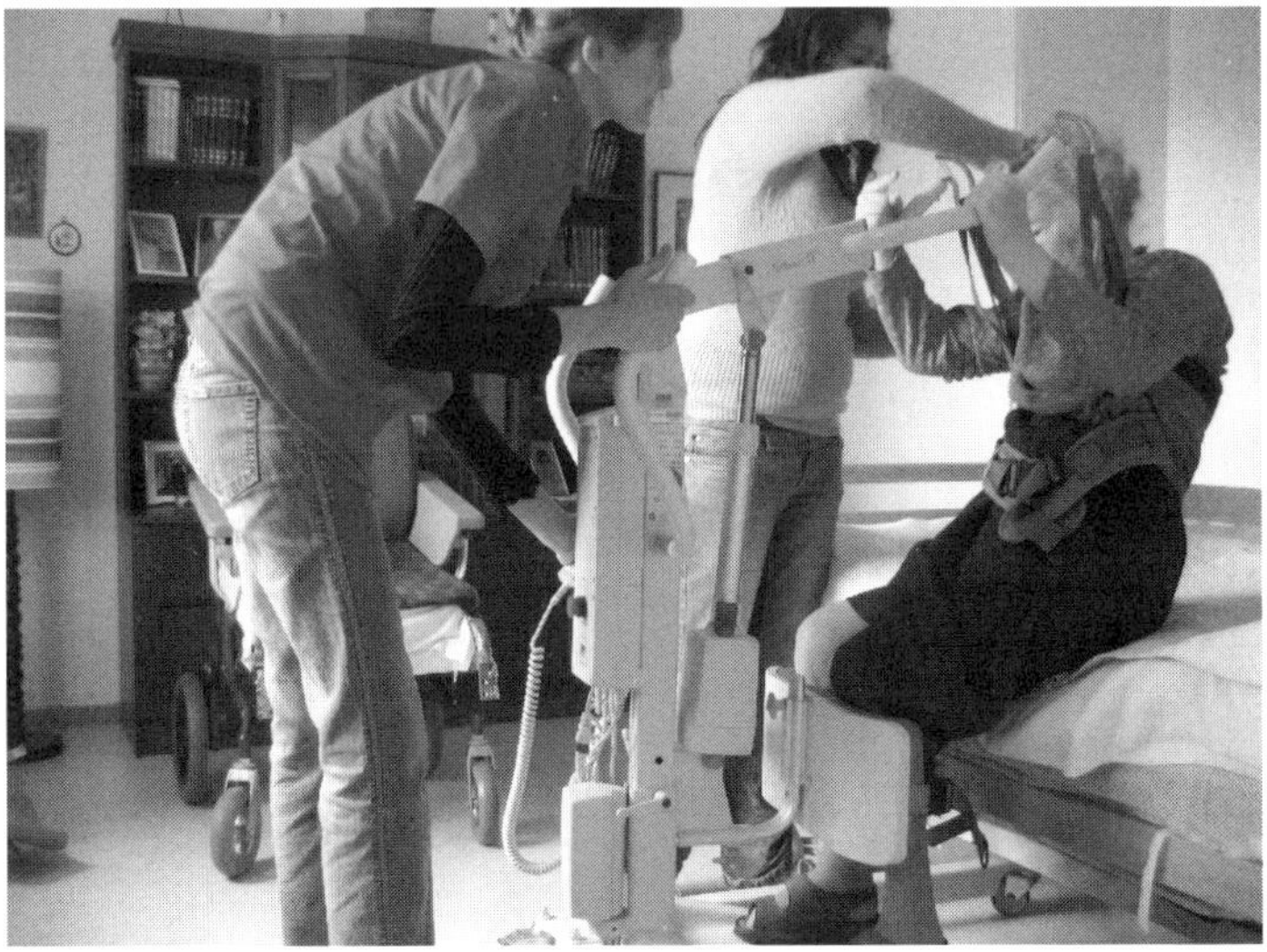

エドナ（左）とハタリによる立位式リフトを用いての移乗介助のシーン

髪に、色白な顔が映えている。

　私はふと、日本の長期療養施設でこれまでに出会った経管栄養患者のことを思い出した。長期にわたって臥《が》床《しょう》を余儀なくされている彼らのなかには、身体からは糞尿の臭いがし、褥瘡《じょくそう》や重度の四肢《しし》拘縮《こうしゅく》を生じ、ものを食べたり飲んだりしない口は乾いて悪臭を放ち、その乾き切った口のなかが切れて出血し、その血が唇の両隅で固まってこびりついているという姿さえあった。

「これが経管栄養の装置よ。写真を撮りたかったらどうぞ」と言うメリマの声で我に返った。ベッドの脇には胃瘻《いろう》経管栄養の装置があり、布団に隠れたお腹のほうに管がつながっている。一リットルの量を、約一〇時間かけて流すとのことだ。今はベッドに寝ているが、もちろん、栄養を摂りながら特別あつらえの車椅子（背部、座部の角度が自在に調整可）で離床することもできる。

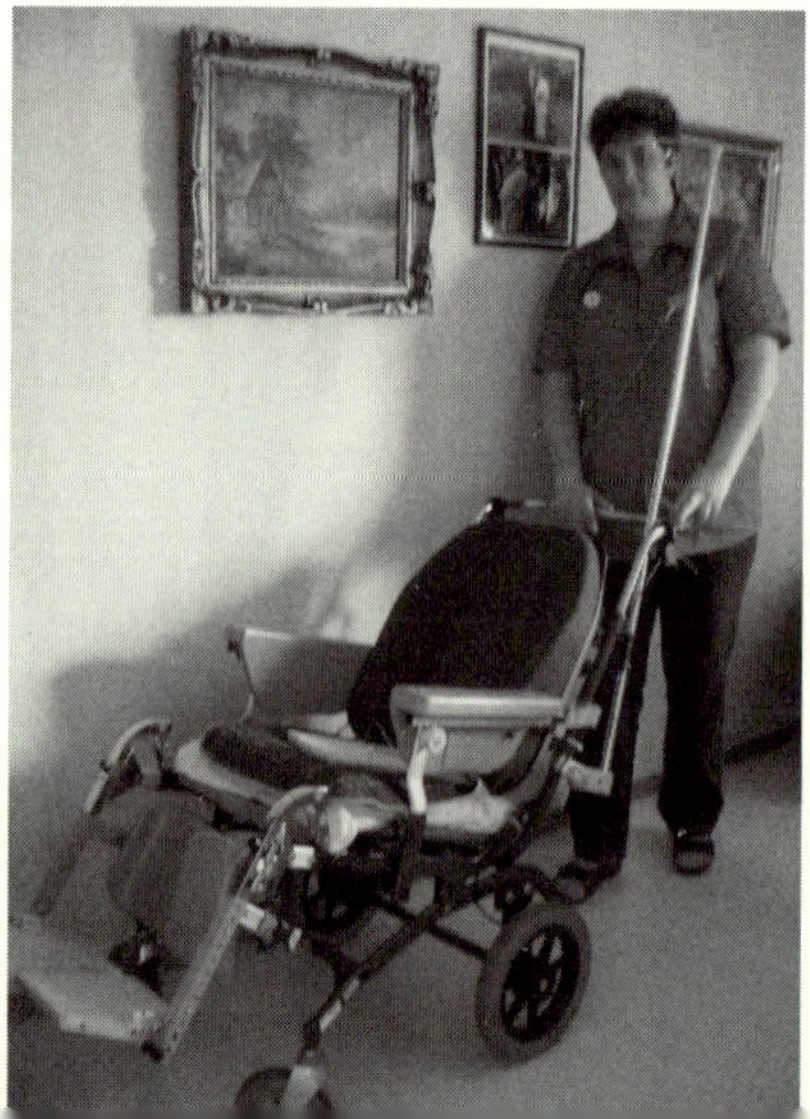

特別あつらえの車椅子を示す看護助手のメリマ

　マリータの部屋を出ると、すぐコーヒータイムとなった。少し世間話をしたのち、私は今見たばかりのマリータの様子とはあまりにも対照的な、日本の長期療養施設で暮らす重度障害の高齢者（四人部屋で、布オムツと鼻腔《びくう》経管栄養を余儀なくされ、重度の拘縮を起こした姿）の写真をメリマら看護助手に見せて日本の現場の実情を伝えた。それまで、椅子にもたれながらリラックスした雰囲気でコーヒーを飲んでいたメリマが身を乗り出して、写真を見つめながら身震いをせんばかりの表情になって「なんてこった！（Oj!）」と叫んだ。そして、次のように言葉を続けた。

「日本はとてもお金持ちで、技術もあり、高齢者に対してもやさしい国と聞いていたのに……信じられない！」

15:30

　アンナと作業療法士のカイサとともに、サービスアパート南東棟の二階に住むパーキンソン病のエステル（Estell）の部屋に向かう。新しい車椅子の試乗評価が目的である。

　エステルは、頭部や上下肢の不随意運動[23]の症状が比較的強く現れるため、立位での移動には歩行車を使用したうえで側方からの中等度《ちゅうとうど》の介助を必要とする。そのため、普段は車椅子で移動している。エステルに腰を掛けてもらった状態で、車椅子の座面、レッグレスト、フットレストなどをチェックした。どうやら問題はなさそうだ。

　エステル宅からの帰り道、エレベーターを降りるとデイスペースから戻るウーヴェに遭遇した。アンナが声をかけると、ウーヴェは胸の調子がよくないと訴えはじめた。膝を折り、視線を低く

（23）意志によらない運動。自分では動かすつもりはないのに手が震えたりすること。

してひとしきりの訴えを聞いたアンナは、「今度、お医者さんや看護師さんに聞いておくわね」と伝え、エレベーターに乗るウーヴェを見送った。一六時ちょうどであった。

## 五月一九日（木）　再び、エーリックとエーヴァを訪ねる

09:00

二日前に訪れた、糖尿病で両下肢を失ったエーリックの家に向かう。今日は、男性看護助手のハセトラともう一人の看護助手ルシア（Lucia）に同行した。

「おはよう！」とあいさつをしながら入ると、奥さんは台所で新聞を読んでいた。後ろのラジオからはカントリーが流れている。私たち三人はエーリックの寝室に向かった。今回も、エーリックは声をかけてもなかなか目が覚めず、目を閉じたまま「ウーン」とだけ答えた。ハセトラとルシアは、室内に掛けてある黄色い防水エプロンをお互いに着せあって仕事を開始した。まずは、尿袋に溜まった尿を捨て、次に陰部を中心に身体全体を清拭《せいしき》した。

ベッド上には、もうずいぶん見慣れたさまざまなシートが敷かれている。日本のように、防水用ビニールシートとシーツだけではない。そのほかにも、寝返り介助用シート[24]、オムツからの漏れや汗を吸収する湿気吸収シートなどが敷かれてあるのだ。

「痛みはある？　どんな感じ？」とルシアが清拭しながら尋ねるが、エーリックからの返事はない。まだ夢うつつのようだ。もう一度「痛みはある？」と尋ねると、「いや……」とようやく返

答があった。

股間の清拭を終え、ハセトラとルシアは手袋を換える。そして、導尿袋から出ているチューブにつながるサックを新しいものに取り換えてペニスに被せた。膀胱留置カテーテル(25)ではなく、ペニスに被せるタイプのものだ（一二五ページおよび一七四ページを参照）。股間に軟膏を塗り、湿気で爛《ただ》れやすい陰嚢《いんのう》と左右の太腿との間に湿気吸収用のスポンジを挟み、そして紙オムツ、パンツと履かせ、ベッドの電動背上げ機能を利用してベッド上で長《ちょう》坐《ざ》位《い》へと起こした。長坐位であるが、両下肢とも切断されているので坐位を保つためには柵を持たねばならない。この状態で、背《はい》臥《が》位《い》では充分にきれいにできなかった残りの部分を清拭する。最後に、天井走行式リフトを使用して車椅子へ移乗させ、そして洗面所へ連れていった。

ケアの際に使用する黄色いエプロン、さまざまな道具、材料、薬、ケア記録簿などは、例によってすべて自宅に置いてある。九時四五分、訪問終了。

(24) 一面が摩擦抵抗値が高く、もう片面は逆に摩擦フリーになっているシート。

(25) 排尿障害（尿閉、尿失禁など）のために自力排尿ができない患者に対し、尿道から挿入したカテーテルを膀胱内で固定する方法。

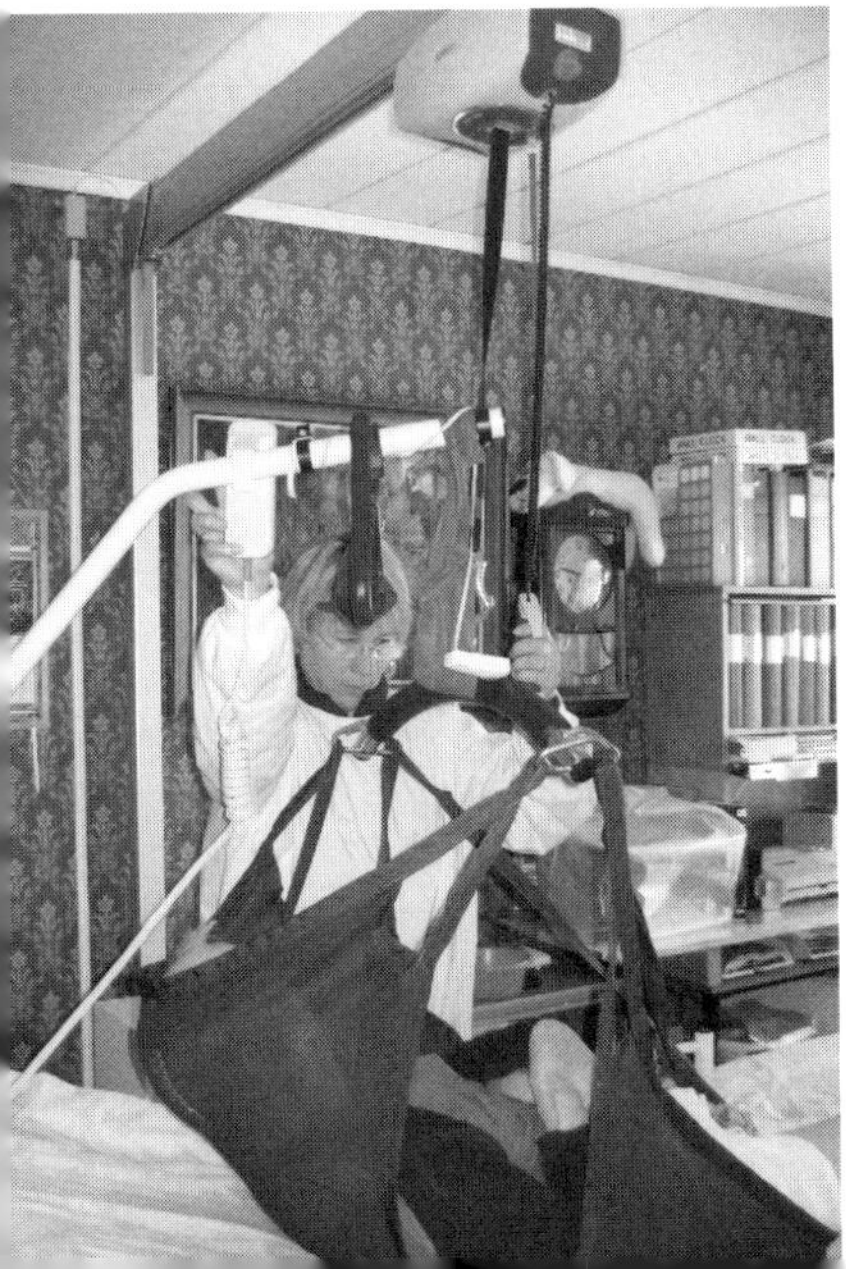

天井走行式リフトを操作してエーリックを移乗させるルシア

09:50

月曜日にも訪れた、慢性閉塞性肺疾患のエーヴァのアパートに向かう。今日は、ハセトラが様子をうかがいに立ち寄った。

身体の具合や酸素濃縮器などについての話題はそそくさと切り上げられ、そのあとはほとんど格闘技観戦の話に終始した。エーヴァは八〇歳の女性だがテレビでの格闘技観戦が大好きで、とくにボクシングと日本の相撲が最近のお気に入りである。スウェーデンでも、相撲、さらには最近流行の「K《ケイ》‐1《ワン》」もケーブルテレビで見られるとのことだ。K‐1はハセトラが好きでよく見ているらしいが、エーヴァはまだその存在を知らなかったようで、ハセトラが話すのを興味深げに聞いていた。およそ三〇分間ほど会話をして訪問終了。

## 五月二〇日（金）　再び、シェルとアーテュールを訪ねる

07:30

昨日に続き、在宅訪問に同行する。まずは、在宅訪問スタッフ専用の控え室でのミーティングに合流した。すでに、看護師一人と看護助手四人の話し合いがはじまっており、看護師の申し送りが終わったあと、看護助手のリリアーナ（Ljiljana）を中心に今日回る家々とそのケア内容の確認をしていった。移乗介助、食事介助、清拭《せいしき》、シャワー介助、採血、治療など、さまざまである。私は、三日前と同じ看護助手であるイレーネに同行することにした。

向かった先はサハ（Saha）という名の糖尿病の女性宅であった。言葉、顔からして、

08:00　どこか中東からの移民であろう。訪問の目的は血糖値チェックであった。イレーネがサハの中指に針を刺し、携帯用の血糖値検査器具で測定する。検査はすぐに終わり、コーヒーをいただきながら少し世間話をする。サハがもう少し私たちと話をしていたい様子に後ろ髪を引かれながらも、すぐ近くのシェルの家に向かった。

08:15　玄関を開けると、先日の火曜日と同様にテレビをつけながらベッドに寝ていた。アンテナへの接続コードの具合が悪いらしく、テレビ画面にたくさんの横縞が入っていて非常に見にくいものであった。

イレーネが起こして薬をすすめるが、前回同様なかなか飲もうとしない。「病識がないので、薬を飲もうとしないのよね」とイレーネが言う。

シェルは、このうえなく不機嫌そうな表情だ。イレーネが何を尋ねても、「嫌だ」とか「違う」（いずれもNej!《ネイ》）という返答が多く、薬だけでなくトイレに行くのも、そして清拭されるのも嫌がっている。それでも数分後、イレーネの粘り強いやり取りにようやく諦めたのか、シェルは歩行車を使用して軽介助でゆっくりとトイレへ向かった。そのトイレ内でオムツも換える。

シェルの室内はいたって殺風景だ。スウェーデンではほとんどの家で目にする、思い出の写真や家族を想起させる写真などが一切飾っていない。「こちらでは老人はみんな孤独よ。日本では家族が面倒を見てくれるから、日本のほうがいいでしょ?」と、ときどきスタッフから言われた

ことを思い出した。ただ、シェルにかぎっては、孤独というより単にマイペースな暮らしにも見えるが……。

オムツを換えたシェルは、再びイレーネの手を借りてリビングのソファへ戻った。最後に、次の訪問の際に買ってくる品物のメモをしてから部屋を出た。

「あんたは、次いつ来るんだ？」

すべてに億劫そうに答えていたシェルが、帰り際にこの言葉だけははっきりとした声で言った。

「明日よ。明日の夕方来るわ、私は」

一応、イレーネの来訪を心待ちにしているようである。

09:10

アーテュールの家に向かう。糖尿病で、両下肢が赤く腫れあがっているあの男性だ。

今日は、両下肢のいつもの手当てのほかに、バクテリアを消毒するための治療[26]とシャワー介助浴も行う。これらすべてを、看護助手一人で行うのだ。

台所にはハドマー[27]と足乗せ台が置いてある。アーテュールは、日中は自分でその台に足を乗せ、ハドマーをかけてケアしている。

イレーネによれば、こういったさまざまなケアにより、長年の糖尿病にも関わらずインスリン

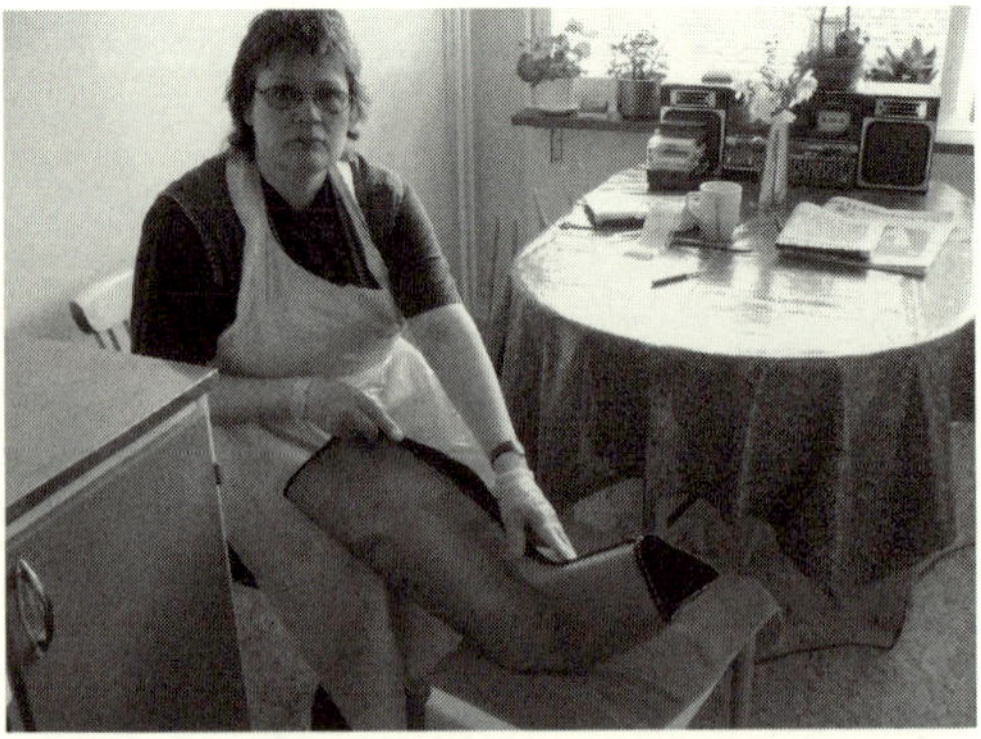

アーテュール宅の台所でハドマーを示すイレーネ

を使わずにすみ、ほかの薬もほとんど飲んでいないそうである。この日は、前回よりも二〇分長い、一時間五〇分の訪問であった。

以上がダルボでのケアの様子であったが、読者のみなさんはどのように感じられたであろうか。前節のビルカでは、若干施設色の濃いケア付き高齢者住宅（それでも、日本の同様のものに比べれば、より自宅に近い生活空間としての機能・雰囲気があると思うが……）での様子を記したが、今回のダルボでは、かぎりなく自宅に近い生活空間を提供しているサービスアパートと、まさに自宅である一般アパートと一戸建てに住む障害者を対象としてそのケア風景を描いた。

サービスアパートとは、常時さまざまなケアを必要とする要重度ケア者からほとんどケアを必要としない要支援者までが入居する集合住宅である。ごく近くにケアスタッフ（主に看護助手）が常駐しており、二四時間中、必要なケアを受けることができる。各戸内は普通のアパートのような造りで、リビング、ベッドルーム、トイレシャワールーム、ダイニングルームなどから成っている場合が多く、ダルボ内のサービスアパートもそのような造りであった。

(26)「カリウム過マンガン酸三パーセント希釈液（kaliumpermanganat 3% ATL, 500ml badtillsats）」大さじ一杯を湯に溶かした溶液中に、足を一〇分間浸す治療。頻度は週一回。

(27) 空気圧を用いて腕や脚に圧迫と解放を繰り返すことにより、血液やリンパ液の循環を促進する器械。筋肉痛やコリの解消、疲労の回復などにも効果があるとされている。

**表1－6　ダルボ単位内居住者の障害評価**　　（単位：人）

| 項目 | | | サービスアパート（認知症フロア以外）居住者（55人） | サービスアパート内重度認知症フロア居住者（6人） | 一般アパートおよび一戸建居住者（89人） |
|---|---|---|---|---|---|
| 診断名 | | | 脳卒中後遺症、心呼吸器系疾患、パーキンソン症候群、多発性硬化症、慢性関節リウマチ、認知症、不安神経症、糖尿病、糖尿病による両下肢切断、大腿骨骨折術後、各種癌など。 | | |
| 障害評価（＊1） | 寝返り・起き上がり | 1 | 26 | 2 | 54 |
| | | 2 | 10 | 1 | 27 |
| | | 3 | 19 | 3 | 8 |
| | 排泄 | 1 | 35 | 1 | 74 |
| | | 2 | 10 | 2 | 10 |
| | | 3 | 10 | 3 | 5 |
| | 食事[＊6] | 1 | 52 | 3 | 88 |
| | | 2 | 3 | 2 | 1 |
| | | 3 | 0 | 0 | 0 |
| | | 4 | 0 | 1[＊2] | 0 |
| | 褥瘡 | 1 | 54 | 6 | 89 |
| | | 2 | 1[＊3] | 0 | 0 |
| | | 3 | 0 | 0 | 0 |
| | 拘縮[＊6] | 1 | 45 | 4 | 60 |
| | | 2 | 3[＊4] | 2[＊4] | 17[＊4] |
| | | 3 | 5[＊4] | 0 | 8[＊4] |
| | | 4 | 2[＊5] | 0 | 3[＊5] |

（＊1）　資料1－1による。

（＊2）　この1名は、脳卒中後遺症および重度痴呆の維持期重障者で、胃瘻経管栄養。

（＊3）　いわゆる圧迫褥瘡はこの一件のみで、仙骨部の皮膚表面の発赤であった。このほかに、褥瘡ではないが、糖尿病もしくは閉塞性動脈硬化症による潰瘍が足部にできている人は数人いた。

（＊4）　脳血管障害、筋・神経系難病の長期罹患、老化（廃用性）による手関節、手指、膝関節、足関節の限局性制限や、糖尿病もしくは閉塞性動脈硬化症によって足関節・足趾の可動性が限局性にいくらか制限されたものなど。

（＊5）　先天性奇形による足関節の内転偏位や、過去の外傷、糖尿病もしくは閉塞性動脈硬化症による関節周囲浮腫などによって足関節もしくは足趾の可動性が重度に限局性に制限されたもの。

（＊6）　日本の長期療養病床などで見られるような四肢重度拘縮、鼻腔経管栄養者は一人もいない。

では、ビルカ同様、ダルボの対象者の障害について改めて振り返ってみたい。**表1−6**を眺めてまず印象に残るのは、ダルボ単位内全体（対象者一五〇人）で見て、「食事」で経管栄養を使用しているのはサービスアパート内の認知症フロアの胃瘻《いろう》経管栄養者一人のみであるということと、「褥瘡《じょくそう》」に関しても、仙骨部の皮膚表面の発赤というごく初期段階の褥瘡がサービスアパート内にわずか一人しかいなかったということであろう。

ダルボ内の全対象者中、「寝返り・起き上がり」がいわゆる全介助レベルであるのは三〇人（二〇パーセント）、「排泄」がほぼ常時オムツ使用で全介助レベルであるのは一八人（一二パーセント）であり、身体機能的な障害が重度である人もそれなりにいる（要重度ケア者の比率は、ビルカのケア付き高齢者住宅よりは低い）なかでのこの数字は、前節のビルカ同様、かなりのレベルで重度の二次障害に陥ることが予防されていると言える。

「拘縮《こうしゅく》」に関しては、一五〇人中、四〇人に何らかの拘縮が存在した。ただ、**表1−6**の註にも示したように、いずれの場合も特定の部位に限局した拘縮であり、日本で多く見られるような、両手、両脚（足）の複数の関節が重度に固く曲がり切ってしまっている、いわゆる「重度四肢拘縮」の状態に陥っている人は一人も存在しなかった。

このような二次障害の予防を可能にしている大きな要因が職員構成とその仕事内容だが、それらについては次ページの**表1−7**に整理してみた。やはり、ダルボでも重要な役割を担っているのは看護助手である。その職域は、ビルカの看護助手同様、医療的ケア（褥瘡治療、インスリン

## 表1－7　ダルボ単位内高齢者150人に対する職員の基本的体制

全職員73人中、常勤看護師は４人、看護助手、リハビリ助手、アクティヴィティ助手（常勤・非常勤）合わせて約50人。残りは管理職、事務職など。

| | 職種 | 同時に働く人数 | | | 主な仕事内容 |
|---|---|---|---|---|---|
| | | 日勤 | 準夜 | 深夜 | |
| サービスアパート内（重度認知症フロアを除く） | 看護助手 | 8 | 4 | 2[(*1)] | 医療的ケア（褥瘡治療、インスリン注射、常薬の投薬、採血、検温、血圧測定など）、その他身体的精神的ケア（移乗、食事、シャワー介助、リハビリ施行、マッサージ、話し相手など）、雑務（掃除、洗濯など） |
| | リハビリ助手･アクティヴィティ助手 | 3 | 0 | 0 | デイスペースでの集団体操、個別練習などさまざまな行事を担当。ときに、一般アパートや一戸建て居住の高齢者の散歩介助も行う。 |
| | 掃除人（知的障害者） | 1 | 0 | 0 | 週あたり2.5日勤務で、デイスペースと中庭の掃除 |
| 重度認知症フロア | 看護助手 | 3 | 3 | 2[(*1)] | 医療的ケア（褥瘡治療、インスリン注射、常薬の投薬、検温、血圧など）、身体的ケア（移乗、食事、シャワー介助など）、雑務（掃除、洗濯など） |
| 単位内一般アパートおよび一戸建て | 看護助手 | 7～8 | 3～4 | 1[*2] | 医療的ケア（褥瘡治療、インスリン注射、常薬の投薬、検温、血圧など）、その他の身体的ケア（移乗、食事、シャワー介助など）、雑務（掃除、洗濯など） |
| 単位内全体に対して | 看護師 | 4 | 2 | 1[(*2)] | 特定の薬の処方や変更、ケア方針への責任、看護助手のまとめ役 |
| | 療法士（PT、OT、ST） | 数名 | 0 | 0 | トレーニングプログラム作成、治療、練習、環境調整、補助器具選定など |
| | 家族ケア者（anhörigvårdare） | 7[(*3)] | 0 | 0 | コミューンから給料を得て、自分の親もしくは親戚にあたる高齢者をケアしている |

（＊１）　夜間専門職員による。日勤、準夜との掛け持ちはしない。夜勤は、全サービスアパート内（重度痴呆フロア含む）で２人。

（＊２）　夜間パトロールチーム（看護師、看護助手一人ずつ）が対応。

（＊３）　同時に働く数ではなく、単位内での総数である。

注射、常薬の投薬、採血、検温、血圧測定など）から、そのほかの身体的精神的ケア（移乗、食事、シャワー介助、リハビリ施行、マッサージ、話し相手など）、さらには雑務（掃除、洗濯など）までと非常に多岐にわたっており、機動性に優れている。そして、こういった広い職域をもつ看護助手が、たとえば認知症フロアを除くサービスアパート内に居住する五五人に対して日勤帯で同時に八人が働いている。そのうえ、認知症フロアに居住している六人に対しては、日勤帯で三人の看護助手が同時に働いているのだ。

前述通りの居住者五五人中、「寝返り・起き上がり」に全介助を要する人は一九人、「排泄」においてはほぼ常時オムツ使用で全介助レベルである人が一〇人であること、また認知症フロア居住の六人中、「寝返り・起き上がり」の全介助が三人、「排泄」においては常時オムツ使用で全介助レベルが三人であることを考えると、看護助手の人数はかなり充実していると言えよう。日本の現場をよくご存知の読者は、スウェーデンの看護助手のような医療的ケアを施すことは許されておらず、そのほかのケアや雑務しか行えない日本のケアスタッフの数を思い浮かべてみると、その充実ぶりがより実感できるかもしれない。

これら看護助手のほかにも、集団体操やさまざまなレクリエーションを担当するリハビリ助手やアクティヴィティ助手、デイスペースと中庭の掃除を担当する知的障害者、さらには「家族ケア者（anhörigvårdare《アンヘーリグヴォーダレ》）」と呼ばれる有給の家族職員がいることなども特徴として挙げられることを付記しておく。そして最後に、ビルカの場合と同様、経済的な面について触れておく。

サービスアパートおよび一般アパートともに、その家賃は年金から支払っている。ケアサービスの自己負担額には上限額が定められており、最高額でも月額一五〇〇クローネ（約二万二五〇〇円）台である（年金収入額に応じて異なる）。また、家賃、ケアサービス代ともに、年金収入額が不充分な人にはコミューンからの補助金が下りるので、貧乏だからといってアパートに入居できなかったり、ケアサービスの内容が削られるということはない（計算方法については**巻末資料1**を参照）。

ダルボのサービスアパートから眺めたリードベリス通り

### KOLUMN セントラルヒーティングによる暖房システム

スウェーデンでは、公共建造物はもちろん、個人の持ち家や普通の賃貸アパートも含め、あらゆる建物において暖房システムが完備されている。これは、コミューン内のエリアのほとんどが、中央のヒーティング施設から地下に張り巡らされたパイプラインによるセントラルヒーティングシステムでカバーされているからである。市街地から遠く離れた田舎の一軒屋ではそのシステムが届かないところもあるが、その場合は独自のシステムにより同様の暖房を可能にしている。

よって、真冬であっても家のなかは至って快適である。昼も夜も、外出しているときでさえ、常にどの部屋も床暖房と温熱板で適温に暖められているのである。ゆえに、寝るときも、朝起きたときも、外から帰ってきた直後でも快適である。また、灯油やガスを燃やしたり、エアコンで暖めたりする必要がないので暖かさに偏りが出ず、空気が濁って眠くなるということもない。それに、床上ストーブやヒーターを使用しないので認知症などの人による火の消し忘れの心配もないし、身体的な障害をもつ人々も室内での移動がしやすい。このようなことも、スウェーデンで障害をもつ人々が普通の家で暮らし続けられる理由かもしれない。

床暖房と温熱板で、室内はいつも暖か

# 「予防が一番」
## ——ヴェクショー中央病院の急性期と回復期のケアとリハビリ——

障害を負った人がより良い状態で維持期を迎えるためには、発症直後の初期治療とともに急性期からの優れたケアとリハビリが非常に重要となるが、その部分を受け持っているのが病院である。病院は、スウェーデン語で「lasarett《ラサレット》」とか「sjukhus《ヒュークヒュース》」などと呼ばれている。スウェーデンの病院は急性期もしくは回復期の患者を扱うところであり、日本の「長期療養病院」にあたるものは存在しない[28]。それでは、スウェーデンの病院はどのような機能を果たしているのだろうか。

急性期の入院患者や回復期の外来患者の理学療法現場を垣間見るとともに、嚥下《えんげ》障害[29]のケアとリハビリについて言語聴覚士から情報を得るために、ヴェクショー駅の南側にあるヴェクショー湖のほとりに位置する「中央病院（Centrallasarettet）」を訪ねた。ここは、クロノベリレーン（Kronobergs län）内にある二つの病院のうちの一つである。

ヴェクショー駅前のノラヤーンヴェクス通りからストランド通りを右に折れて、スウェーデンの国営鉄道であるＳＪ（Statens Järnvägar）の高架下をくぐると左前方にヴェクショー湖が広がっている。そのまま並木道を南へ一〇〇メートルほど進むと、約五万平方メートルの病院の敷地のなかでもっとも湖畔側にあるレンガ造りの建物が目に入ってくる。そして、その北側の壁には「Centrallasarettet Huvudentré（中央病院　正面入り口）」と大きく書かれてあった。

正面玄関を入り、まずは案内所で理学療法セクションの場所を尋ねた。比較的年配の、落ち着いた雰囲気の女性がとてもていねいに説明してくれる。案内によると、理学療法セクションは地下ということだった。

案内所に向かって左の階段を下りて案内板に従って歩いていくと、「Sjukgymnastik（理学療法）」と書かれた扉が見えた。扉を開け、受付の女性に今日案内していただく予定の二人の名前を告げて待合所で待つこと数分、朝のミーティングを終えた療法士たちが奥の控え室からすでに数人の外来患者たちが待つ待合所に出てきた。みんな、私に「Hej!《ヘイ》」と声をかけながら、それぞれの持ち場へと向かっていった。そして、そのうちの二人が私のほうに歩み寄ってきた。握手を交わし、例によってファーストネームで

(28) スウェーデンでも一九七〇年代までは、四人が一部屋で長期間暮らす、いわゆる長期療養病棟というものが存在した（『クリッパンの老人たち　スウェーデンの高齢者ケア』外山義著、ドメス出版、一九九〇年を参照）。

(29) 疾病や老化などによって飲食物の咀嚼や飲み込みが困難になること。

ヴェクショー中央病院

自己紹介をしあう。

この二人の理学療法士は、ネンネ（Nenne）という女性とペール＝ウーラ（Per-Ola）という男性で、ネンネはこの理学療法セクションの責任者でペール＝ウーラは脳神経疾患病棟が担当ということだった。ネンネはまず、私の見たいこと、知りたいことは何かを尋ねてくれた。私は、とくに成人と高齢者の実際の理学療法場面を見たいこと、さらに日本との比較という観点から、これまでのビルカやダルボの取材のなかでもさらに興味を深くした中枢神経系疾患患者の嚥下《えんげ》機能の維持もしくは回復のためのケアやリハビリのあり方、さらには経管栄養についての考え方などについて言語聴覚士（logoped）にもインタビューしたいこと、また病院の役割や経済的な側面などについてもいくつか知りたい情報があることを伝えた。

ちょっと考えてネンネは、まずはペール＝ウーラとともに脳神経疾患フロアで、次に整形外科病棟担当のアンナ＝カーリン（Anna-Karin）とともに整形外科フロアでそれぞれ理学療法場面を研修したのち、ネンネが病院の敷地内の地下に入っている義肢装具会社を案内してくれること、そして最後に、フリーダ（Frida）、アン＝クリスティン（Ann-Christin）とともに心臓疾患外来患者の理学療法を研修するというおおよその流れを説明してくれた。そして、言語聴覚士へのインタビューに関しては、本日は嚥下障害に詳しいマリア（Maria）の都合がつかないということで、明日の朝一番に予約を入れてくれることになった。

## 五月二六日（木）　入院および外来患者の臨床場面

まずは、ペール＝ウーラとともに脳神経疾患のフロアの詰所（ナースステーション）に向かった。この日担当する患者の状態を確認するためだ。詰所には数人の看護師と看護助手がいて、私たちに向かって「Hej!」とあいさつをしてくれた。もちろん、スウェーデン語にも「おはよう（God morgon!）」という言葉はあるが、「Hej!」はいつでも、誰に対しても用いることができる短くて便利な言葉である。相手の目を見て、少し微笑みながら「Hej!」と言うのがコツである。

一人の看護師から患者についての情報を得たあと、ペール＝ウーラが「片麻痺《かたまひ》の障害をもつ女性なんだけど、マコトが見学してもよいかを本人に確認してみるね。おそらく大丈夫だと思うけど」と私に伝えてくれた。

詰所を出て、その女性の病室へと向かう途中の廊下では、病棟看護師が一人の男性患者を横からの介助で歩かせながら、一言二言、足の運び方について助言を与えている。ペール＝ウーラによると、彼はパーキンソン症候群で最近とみに足がもつれるようになってきたとのことだった。

09:50　クモ膜下出血により右片麻痺の後遺症をもつブリット＝マリー（Britt-Marie・四五歳）の部屋である。すでに離床して車椅子に座っているブリット＝マリーにペール＝ウーラが私のことについて説明する間、私は廊下からその様子を眺めていた。しばらくして、ペール＝ウーラが私に向かって手招きをした。どうやら、見学が許されたようだ。私は、ブリット＝マリーと握手を交わしながら自己紹介をした。そして、早速、三人でこのフロア専用の理学療法室に向かった。

ブリット＝マリーはリハビリをはじめたのは発症した次の日からで、すでに一週間になる。概して障害受容は良好だが、それでも時に涙が出るなど感情が乱れることがあるらしい。ふと見ると、彼女の麻痺した右上肢を支えるアームスリングが黒色でなかなかオシャレである。担当のペール＝ウーラは、好んでこのタイプを使用しているということだった。

少し補足をしておこう。スウェーデンでは、片麻痺で痙性《けいせい》[30]が強く、いわゆる連合反応[31]によって麻痺手首と手指が屈曲しやすい人には、アームスリングのほかに手関節固定装具（Otto Bock社製）と特殊手袋を装着して、立ち上がり練習や歩行練習などをする場合が多い。その理由は、手首や手指が屈曲位で拘縮《こうしゅく》してしまうのを予防するためである。一方、日本ではこのような装具はあまり使用されず、療法士が自分の手で、患者の手首や手指を伸展位《しんてんい》に固定しながらそれらの練習

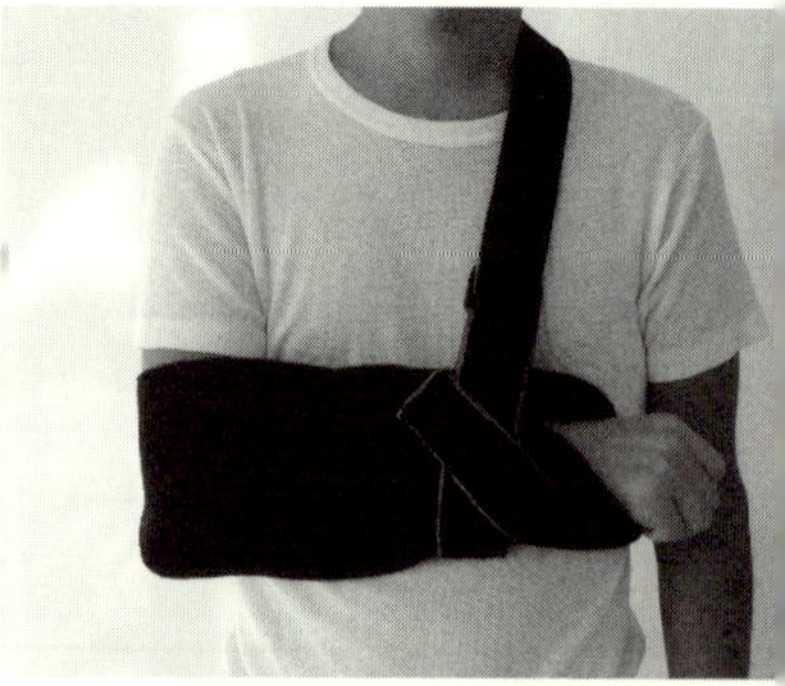

黒色のアームスリング

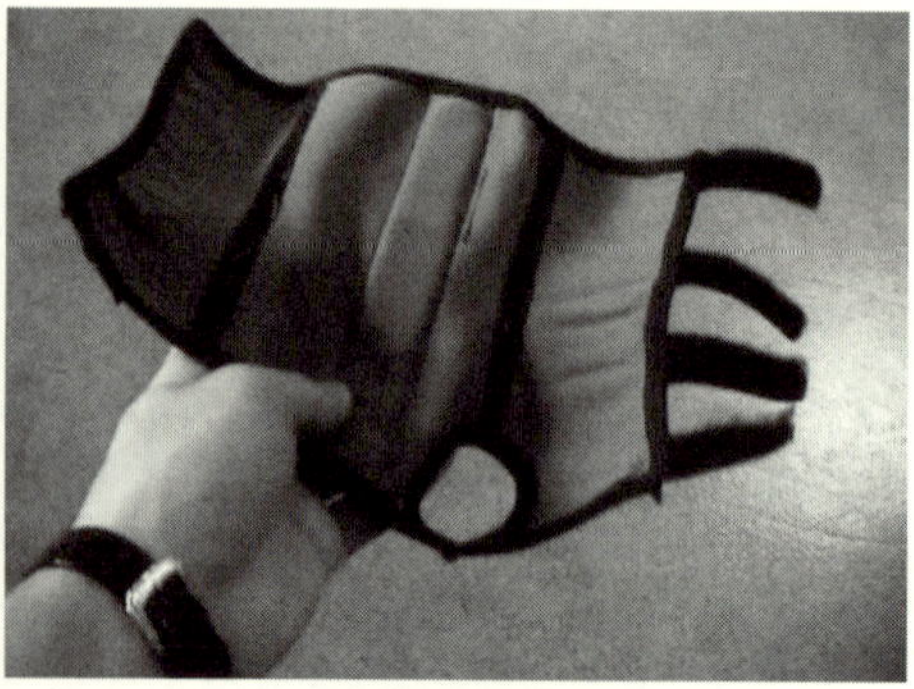

手関節固定装具

をする場合が多い。

まず、プラットフォームに端坐位で腰を掛けて、右脚の大腿四頭筋を働かせる練習からはじめる。ペール＝ウーラは、ブリット＝マリーの上体が後方へ反らないように注意しながら膝を伸ばすように指導する。続いて、大腿二頭筋の練習である。「昨日より上手になってるよ」、「昨日は上体が反ってたけど、今日は反ってないよ」などと褒めながら練習を促していく。

次は、背臥位《はいがい》での右下肢のコントロールだ。背臥位で右膝を立て、外に開かぬように保持する練習である。続いて臀部挙上。両膝を立てて両脚の力でお尻を持ち上げるのだが、比較的簡単に上げることができた。「上手い！　素晴らしい！（Snygg!Bra !《スニッグ！ブロー！》）」と言うペール＝ウーラは、次に左下肢は伸ばし、右下肢だけでお尻を上げることを要求

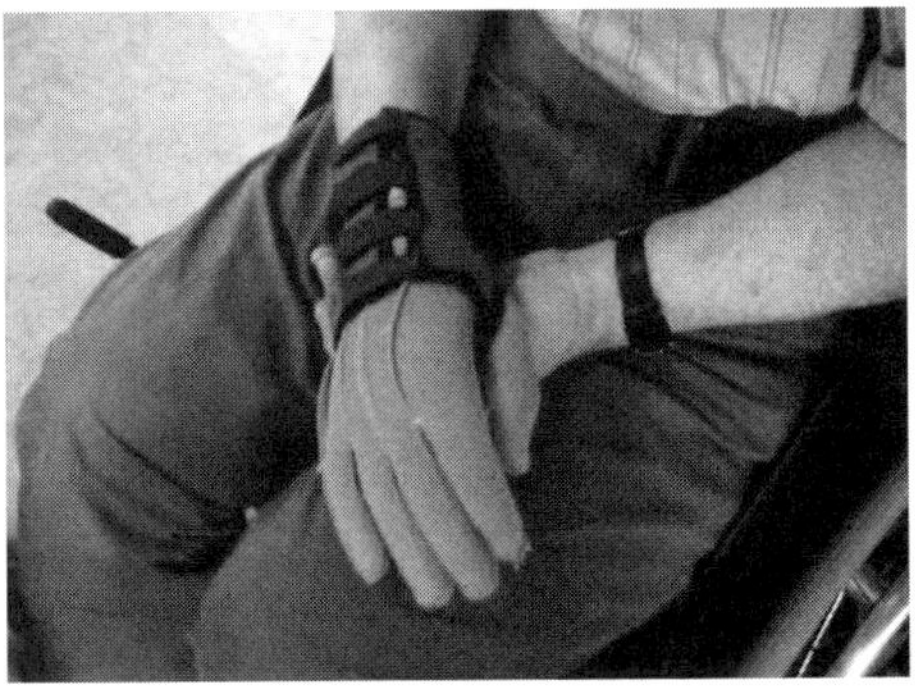

手関節固定装具と特殊手袋を装着した右片麻痺の男性患者

(30) 片麻痺患者などに見られる筋の異常な緊張状態で、意志に反して手脚が曲がったり、突っ張ったりする原因になる。

(31) 片麻痺患者などに見られる緊張性反射活動で、たとえば、座っていて脚を組もうとする動作に誘発されて麻痺している手が勝手に曲がったりする症状。

する。「できないわ……」と呟くブリット＝マリーに、「いや、大丈夫。できるよ」と励ましながら何とか頑張って二回ほど行った。そして、右上肢のリハビリだ。随意的な動きはほとんどなく、指、手首、肘、肩と関節可動域練習を行った。肩関節屈曲の際に大胸筋の停止部付近[32]に痛みが出ないかを尋ねたが、大丈夫なようだった。

車椅子へ移乗して、次はろく木[33]に手を添えての立位保持の練習である。両足を閉じた状態で、右下肢への荷重を促していく。まだ支持力が弱いために膝過伸展《ひざかしんてん》[34]での支持になりがちである。下肢全体の筋を働かせつつ支持する能力を促すために、ペール＝ウーラがブリット＝マリーの膝を意図的に軽度屈曲位（軽く曲げた状態）に崩した。ブリット＝マリーは、時に充分に支持することができずに膝の屈曲が深くなるが、それをペール＝ウーラが支えながらさらに何度か繰り返し行った。

ブリット＝マリーにとってはかなりしんどい練習である。ペール＝ウーラは、常にやさしく、それでいてしっかりと指導していく。ひと通り終えたところで、ペール＝ウーラはブリット＝マリーに対して練習内容と成果についていくつかフィードバックを行う。足が開き気味になりがちなのと、右膝が後方に引けて反張《はんちょう》ぎみ[35]になるのを指摘すると同時に、昨日に比べて進歩していることも伝えた。そして、やさしく次のように語りかけた。

「このほかに作業療法もあって毎日いろいろとメニューが多いけれど、それぞれ大事なものばかりだから頑張って続けていこうね。まちがいなく、日に日によくなっているからね。もし、何か思うことや希望などがあったら、何でもいいからいつでも気兼ねなく言ってね」

最後に、「部屋に戻ったらベッドに寝てる？　それとも車椅子に座ったままでいる？」と尋ねた。それに対して、ブリット＝マリーは「車椅子のままでいる」と答えた。

このあと、入院費、治療費の自己負担額についてペール＝ウーラに尋ねてみたところ、次のような回答をもらった。「入院費は、一日八〇クローネ（約一二〇〇円）くらいの自己負担。外来治療費は、たとえば心疾患患者が個別理学療法を受ける場合は、一回一〇〇クローネ（約一五〇〇円）、グループ療法は五〇クローネ（約七五〇円）となっ

---

(32)　大胸筋は胸の前面から上腕骨に付いているが、その上腕骨に近い部分。
(33)　立ち上がり練習やバランス練習をする際などに使用するリハビリテーションの器具。
(34)　膝関節が反るほどに伸びきること。
(35)　膝過伸展とほぼ同義で、膝が反りすぎること。

**KOLUMN　超急性期からのリハビリ開始と電子カルテ**

ペール＝ウーラとアンナ＝カーリンによると、療法士が急性期の患者と関わるのは、脳神経疾患、整形外科疾患、心疾患、いずれの場合も24時間以内が原則とのことだ。整形外科の計画的手術（股関節、膝関節など）の場合は術前からはじまる。

カルテが見当たらなかったので、施行内容はどこに記録しているのかをペール＝ウーラに尋ねたところ、「脳神経フロアでは、3か月前からすべてコンピュータ上になった。すべての職種の情報をコンピュータで見ることができるので、非常に便利である。ソフトはCambio Cosmicを使用している」とのことだった。

ている。ただし、年間九〇〇クローネ（約一万三五〇〇円）を超えると高額医療費としてそれ以後は無料となる」（詳しくは**巻末資料3**を参照）

**10:30** 次に、整形外科フロアに入院している右大腿骨の軟骨が磨り減った七〇歳の老婦人の計画的大腿骨置換手術後の理学療法に同行した。術後二日目ということである。電動昇降式の歩行器で数メートルの歩行練習を行うのだが、理学療法助手と病棟看護助手も帯同した。この計画的術後の場合、通常、六日後には退院となる。

ネンネに、病院全体の平均入院期間および入院患者数について尋ねたところ、「正確な数字を言うのは難しいが、入院期間は、ほとんどの患者が数日から二週間くらいだと思う。また、入院患者数は、平均して四五〇人くらいだろう」ということだった。

**10:50** 五四歳男性、左脛骨《けいこつ》（すねの骨）の伸張術施行中の患者。長年の労作（仕事、スポーツ）で内側の軟骨が磨り減って内側への荷重ができなくなったため、外側へ荷重を促すべく脛骨を伸ばすための器具を脛骨内側に設置中であった。脛骨を外側へ

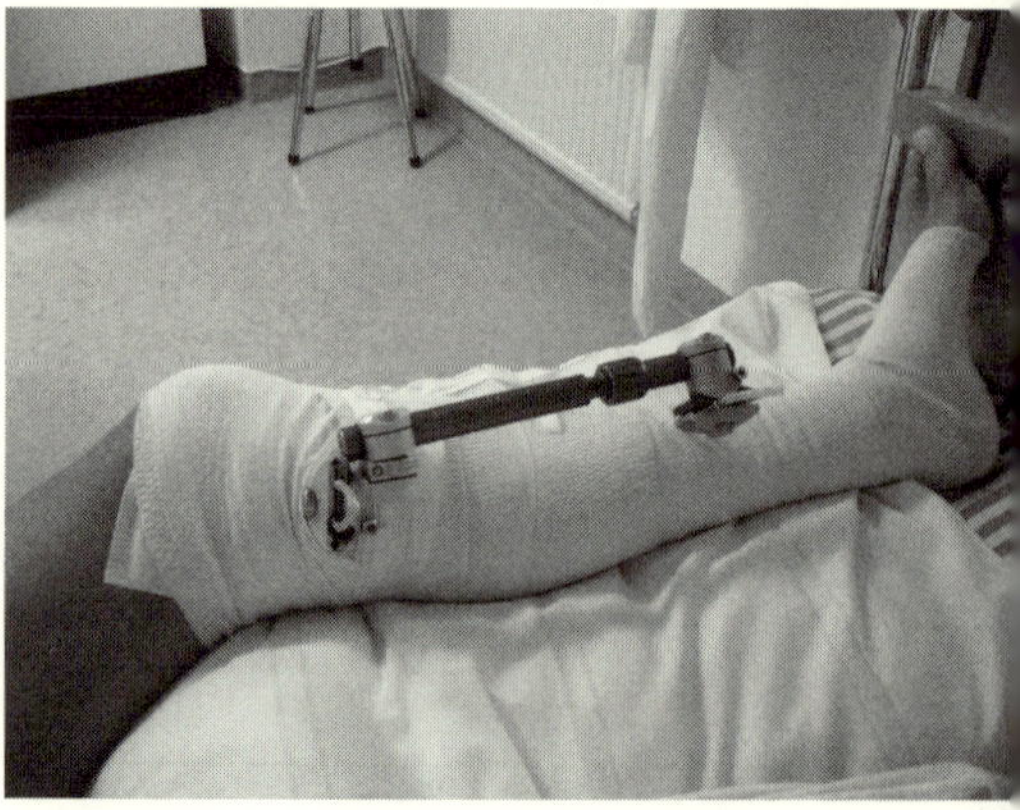

脛骨を伸張するための器具を取り付けた男性患者の左脚

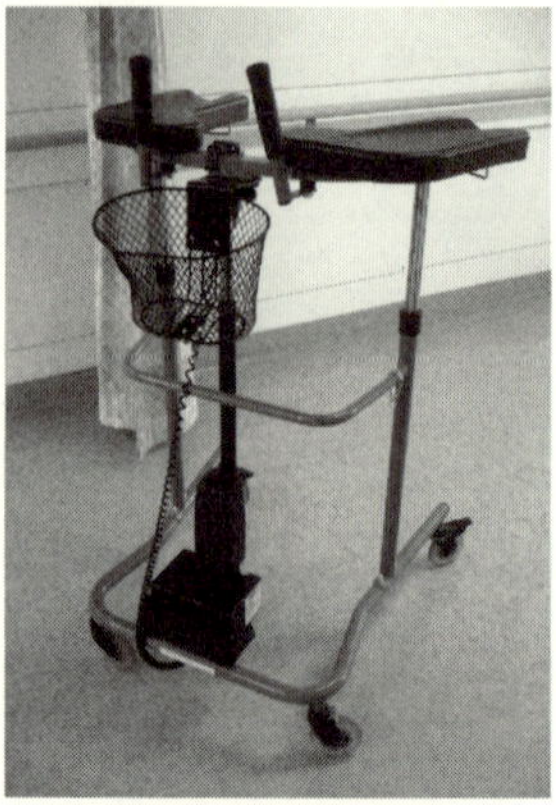

電動昇降式の歩行器

伸張するための支柱を、脛骨内側の上端と下端にボルトで留めてある。毎日、ほんの少しずつスクリューを回して伸張させていくのである。このまま三～四か月にわたって留置するとのことだ。
理学療法としては、ベッド上での大腿四頭筋トレーニング、電動昇降式歩行器を使用しての歩行練習、そしてベッド端坐位での足関節可動域練習（端坐位で足底を床上に添えるように接地して、足関節の背屈を促すように膝関節を屈曲させる運動）などを行っている。荷重に関しては、現在は部分加重、つまり全体重をかけずにいくらか体重をかけることのみ可能である。

ここで、ここまで病院内を歩きながら気づいた特筆事項を四つ挙げておくことにしよう。
❶病室の天井には、重介助を必要とする患者がいつでも入院できるように、ベッドから車椅子への移乗介助のための天井走行式リフト用レールが敷設されている。リフトそのものは取り外しが可能なポータブルタイプなので、いつでも必要なときに取り付けることができる。
❷入院患者がわざわざ各病棟から地下の理学療法室まで行く手間を省くために、地下の理学療法室とは別に、それぞれの病棟に簡易のリハビリ室が用意されている。高齢者専門病棟のリハビリ室には練習用キッチンも備わっている。
❸病棟で使っている歩行器は、手動昇降式ではなくすべて電動昇降式である。ワンタッチで調節できるので、患者、職員双方にとって非常に使いやすい。
❹病院内での備品などの荷物運びには動力車が使われている（日本のように、ケアワーカーが台

車を手押しするようなシーンにはほとんど出くわさない)。さすが、労働環境の先進国である。

午後になって、地下にある義肢装具の製作会社を取材した。病院はもちろん公立(ランスティングの運営)だが、ここの地下には「チーム・オートペードテクニーク(team Ortope-doteknik)」という義肢装具の製作会社が入っている。このため、上階の療法士や入院患者はダイレクトに希望を言うことができるので非常に便利である。整形外科靴から義肢義足、コルセット、さらには特殊ブラジャーまで、あらゆる義肢装具をここでは製作している。

三〇分ほどの取材であったが得るものは大きかった。このような発想で病院を造るというところに、この国の人々の哲学を感じる。つまり、

病院の地下にある義肢装具製作会社の作業場

何であれ、必要としている人の身近に存在することで最大限のサービスができるということである。

同じ地下の理学療法セクションに戻ると、ちょうど心筋梗塞の外来患者がやって来ていた。あと数か月で年金生活に入る六四歳の男性である。二〇〇五年二月二一日に心筋梗塞を発症したが、現在は順調に回復中ということであった。今日は、理学療法士のフリーダによる三か月後の評価である。

問診（日常生活のなかでの疲労感や胸の絞扼感《こうやくかん》はないかといった心臓の具合から、運動、食事およびストレス状態などの改善の様子まで）ののちに「六分間歩行テスト」を行い、ボルグ指数(36)および脈診などで現在の運動能力を発症後間もないころのものと比較する。その結果、発症前に比べて定期的な運動を行っていること、肉中心の食生活から野菜中心の食生活に変えたことなど日常生活面での改善が見られるとともに、運動能力指標でも比較的順調な回復状態にあることが示された。

フリーダに、心筋梗塞患者の発症から回復までの流れについて尋ねた。ちょっと義務的であったが、次のように答えてくれた。

---

(36)　運動時に感じる疲労度を、被験者自身が「非常に楽である」から「非常にきつい」までの数段階に分けた言葉で評価し、それをスコア化する運動強度の評価方法の一つ。

「ＰＣＩバルーン[37]、冠動脈バイパス術[38]などの手術が必要な場合は、カールスクローナ（Karlskrona）にあるスウェーデン南部の基幹病院で行う。その後、それぞれの居住地に近い病院に移ってリハビリを続けることになる。大きな手術を行うことになる基幹病院は、スモーランドやスコーネなどのスウェーデンの南部にはカールスクローナのほかに一〇か所ほどある。なかでも大きい病院はルンドとヨーテボリである」

このあと、病院内の体育館で心筋梗塞後の回復期の患者を対象にしたグループエクササイズに参加した。患者は一〇人で、二人の女性理学療法士の指導のもとにストレッチング、エアロビクス、スウェーデン版の室内ホッケーであるインネバンディ（innebandy）など、盛りだくさんのメニューが用意されていた。先ほどの男性も、無理をせずにマーペースでこなしていた。そして終了後は、女性理学療法士が患者（全員男性）と抱擁しつつ健闘を称えていた。

心筋梗塞後の患者のためのグループエクササイズの内容が非常に充実していたので、担当の理学療法士であるアン＝クリスティンにポイントを解説してもらった。

**アン＝クリスティン**　基本的な内容は、ストレッチング、エアロビクス、レクリエーション（インネバンディなど）、リラクセーションで、二人の理学療法士がリーダーとなっての約一時間のメニューを用意しています。心筋梗塞後の患者は、どのくらい身体を動かしてよいのかということに不安があります。グループエクササイズの目的は、患者に、他の同様の疾患をもつ患者と時間を共有しながら、実際にどのくらいの運動が可能なのかを体感してもらって自信をつけてもらうことです。そして、今回のように、患者が男性で理学療法士が女性といった場合は、最後にお互いに抱擁をしあって締めくくるのも大切なことです。男性患者にとっては、女性と身体的に触れあうことでよいホルモンが出てくる

(37) 経皮的冠動脈形成術（Percutaneous Coronary Intervention）の略で、動脈硬化で狭窄もしくは閉塞した冠状動脈（心臓の血管）を、体外から挿入したカテーテルでバルーンを用いて開く治療法。

(38) 英語で「Coronary Arterial Bipass Graft（CABG）」。大腿の静脈を取り、胸郭を開いて、冠動脈のバイパスを造る手術。胸郭がくっつき、発症前のように充分な重さの物を持つことができるようになるまで六八週かかる。この手術は侵襲《しんしゅう》が大きいため、最近は少なくなってきている。

インネバンディで汗を流す心筋梗塞後の患者たち

し、今後も生活を頑張っていこうという気持ちになれるからです。この習慣、日本にも持ち込んだらどうでしょう?

これで、ひと通り臨床現場の見学を終えた。このあとは、午後のフィーカをご馳走になりながら、ネンネと作業療法士のエーヴァが病院に関する私の質問に答えてくれることになっていた。その内容を以下に記しておく。それに引き続き、別の日に行った言語聴覚士であるマリア・マルムステン(Maria Malmsten)へのインタビューの内容も紹介しておく。

**質問**　病院に入院から退院(リハセンターへ、サービスアパートへ、自宅復帰など)までの患者の流れはどうなっていますか。

**回答**　病院はランスティングの経営ですが、退院後の患者の生活に対して責任を負うコミューンの職員(支援管理者)、看護師、理学療法士、作業療法士など)が患者の入院中から必要に応じて病院を訪れて、病院職員とともに退院後の生活について計画を立てています。リハビリセンターを経由したとしても、できるかぎり自宅復帰できるように支援するのがコミューンの役目です(ヴェクショーだけでなく、多くのコミューンとも同じ)。ヴェクショーでの自宅復帰率は、正確な数字は分かりませんが八〇~九〇パーセントと言われています。時には、一人は不安だからサービスアパートなどに住みたいと希望するお年寄りに対しても自宅復帰をすすめ、孤独感を抱えながら自宅復帰をするという場合もあります。でも、補助器具および二四時間の在宅ヘルプサービス体制などが充実しているため、最初は不安を抱えていても徐々に慣れていく人が多いです。それに、コミューンから自宅暮らしをすすめられてとりあえず自宅復帰をしたあとも、患者の状態の変化に応じていつでも変更ができます。（ネンネとエーヴァ）

**質問**　ここ数年間での病院の変化や問題点などはいかがですか？

**回答**　以前は薬の問題が大きかったです。具体的には、医者にかかるたびにいろいろな薬をもらい、数種類、数十粒の錠剤を飲んでいる高齢者も少なくなく、その副作用が一番の問題でした。最近は、入院時や診療時に医師が薬を整理し、必要最小限の薬しか与えなくなりました。これによって、症状がよくなるケースが多くなったのです。理学療法士や作業療法士、看護師などのコメディカルスタッフ(39)も、リハビリやケアのなかで薬が多過ぎると感じたときには医師に伝えるようにしています。

もう一つの変化として、先ほども言いましたように、必要に応じてコミューンの各スタッフが患者の退院前に病院を訪れて、病院スタッフとともに患者およびその家族の退院後の生

(39)　医師、歯科医師を除く医療従事者。

活を支援していく体制ができるようになったのは非常によいことです。また最近では、医師、看護師、理学療法士、作業療法士などが一緒になって病院から在宅へ往診に行くようにもなってきています。（ネンネとエーヴァ）

問題点に入るかどうかは分かりませんが、スウェーデンの病院では、なぜか理学療法室が地下に造られる場合が多いのです。窓から外の景色が見えないので、理学療法士にとっては嫌なことです。（ネンネ）

**質問**　中枢神経系疾患の患者の嚥下《えんげ》機能の回復および維持について、とくに大切なことは何ですか？　また、日本では長期にわたって鼻腔《びくう》経管で栄養を摂り続ける患者がいまだに多いのですが、経管栄養についてのスウェーデンでの事情はいかがですか？

**マリア**　食欲回復・増進のためには、まず日中は可能なかぎり起きて（離床して）過ごしてもらうようにケアすることが大切です。その際、ただ起こせばよいというのではなく、安全で快適でなければなりません。介助の重い人には、各種リフトを使用して安全かつ快適に移乗させること、そして車椅子も、必要に応じて付属品で整え、よい姿勢や快適な座り心地を保証するものでないといけません。その付属品を含むあらゆる補助器具は、補助器具センターか

マリア・マルムステン

らレンタルできます。スウェーデンでは、介助の重い患者の移乗介助において、ズボンのベルトを把持《はじ》して抱えたり、二人の介助者が患者の前後で上半身と下肢を持ち抱えて移乗させるというような方法はまずあり得ません。必ずと言ってよいほど、さまざまな補助器具を使用しています。そのほかの基本的なケアとしては、口腔《こうくう》内を清潔かつ渇かないように保つ、口の周りの運動を日常的に行う、一口の量を少なくして少しずつ飲み込めるようにするなどがあります。もちろん、このほかにもさまざまなケアやリハビリがありますが、重要なのはその患者に合わせてメニューを考えることです。

次に、経管栄養についてですが、やむを得ず鼻腔《びくう》経管栄養を選択することもあるが、救急患者などに対する急場をしのぐ一時的な手段として用いる場合がほとんどです。そして、遅くとも三週間以内には嚥下《えんげ》機能を再評価します。その結果、やはり嚥下は困難であるとの判断に至った場合は、患者・家族と相談のうえで胃瘻《いろう》経管栄養となる場合が多いです。日本のように、数か月以上も鼻腔経管栄養というのはあり得ません。また、いくらかの嚥下能力が保たれている場合には、食べる楽しみと栄養摂取の両方を満足させるために経口摂取と胃瘻経管栄養を組み合わせる方法もあります。

（以上は、マリアが資料や器具を用いながら約一時間半を割いて私に説明してくれた嚥下障害（dysfagi）のケアとリハビリに関する講義からの抜粋である。その他の内容は**巻末資料2**を参照されたい）

後日談ではあるが、スウェーデンからの帰国後、高齢障害者の口腔ケアや嚥下障害のリハビリに日々携わっている同僚の言語聴覚士（彼も数年前、短期間ではあるがスウェーデンのケアとリハビリの現場を見ている）から、その分野に関する日本とスウェーデンの臨床現場の差について若干のコメントを得たのでここで紹介しておく。

「言語聴覚士が養成校などで習う嚥下障害に対するケアやリハビリテーションの基本的な事柄は、スウェーデンも日本もあまり違いはないだろう。しかし、日本のケア現場では、嚥下障害に対する専門的なリハビリを開始する以前に、ベースとして確保されていなければならない口腔内の清潔の保持が甚だ不充分と感じる。日本のケア現場では、口腔内の汚れがより重篤《じゅうとく》化し、誰の目から見てもひどい状態であることが分かるようになってから対症療法としてようやく口腔ケアがはじまるという感が強い。時には、現場は気づいているにもかかわらず、人員的な問題からなかなか先手を打った予防まで手が回らないのが現状なのかもしれない。また、余談だが、スウェーデンでは、おそらく日本の高齢者よりも自分の歯が残っている人が多いと思われるが、その場合、入れ歯の人よりも口腔《こうくう》内を清潔に保つためにはより質の高いケアが必要となるはずである。それにもかかわらず、スウェーデンでは日本よりも高いレベルで口腔内の健康が保たれているということは、そのケアの手厚さにいっそうの開きがあると言えるかもしれない」

# 第2章

# エステシュンド

## ヤムトランドレーン唯一の都市
## (Jämtlands län)

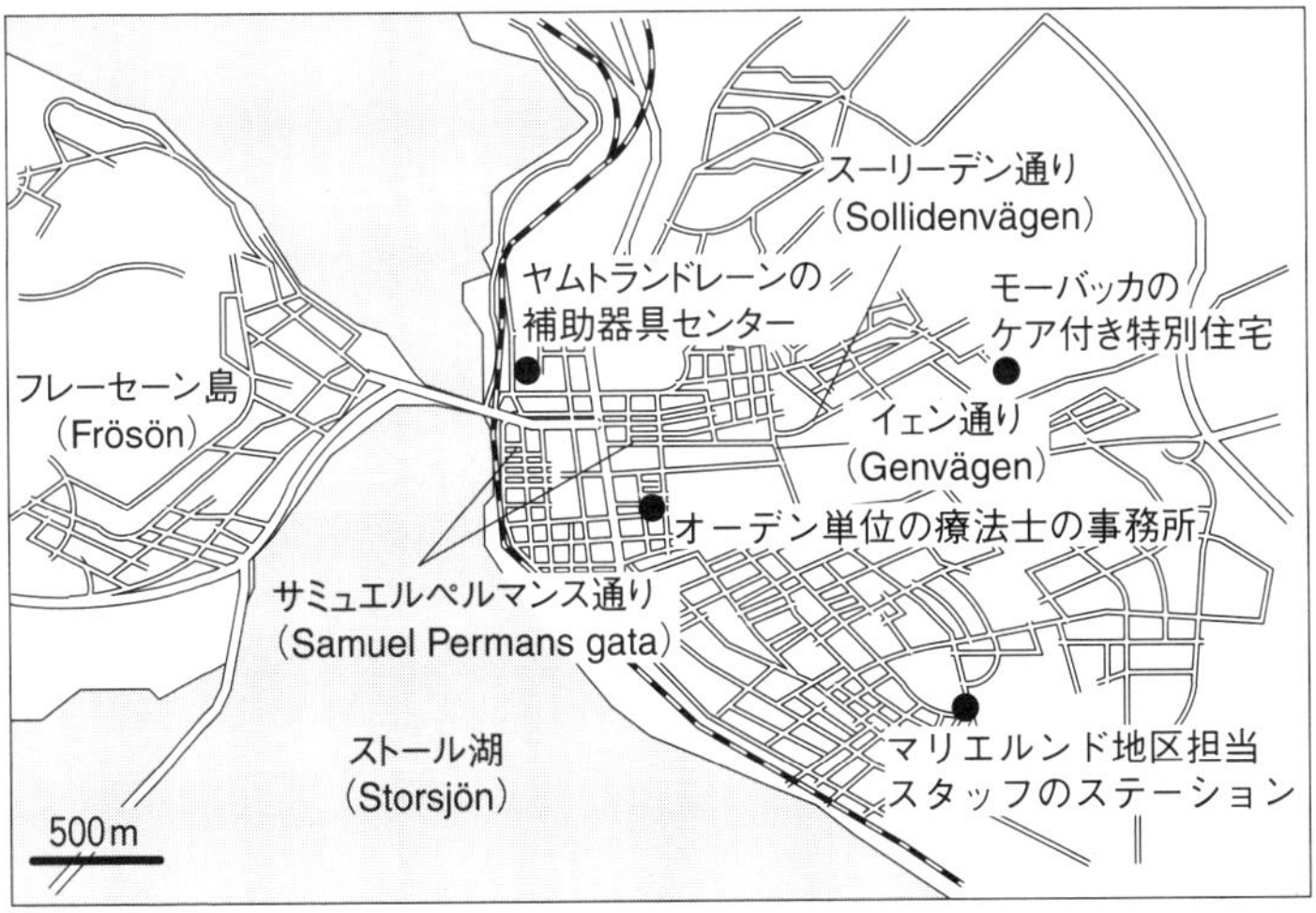


エステシュンド（Östersund）地図

エステシュンドは、ストックホルムからX2000とトーグコンパニエット（Tågkompaniet）の中央線（mittlinjen）を乗り継いで北へおよそ六時間半、南北に長いスウェーデン国土のほぼ中央に位置する人口約六万人のコミューンである。ヴェクショーからだと、ストックホルムとボスニア湾沿いの中堅都市であるスンズヴァル（Sundsvall）での乗り換え時間を含めて約一二時間の長旅となる。

X2000がストックホルム市街を抜け、ヤヴレ（Gävle）を過ぎるころになると、右はボスニア湾、左はダーラナ地方（Dalarna）の山々を遠くに望む景色が広がってくる。これまでの内陸の旅とは異なり、海岸線と連山の風景がとても新鮮に感じられる。

このまま海岸線を北上し続け、スンズヴァルで中央線に乗り換える。電車は、それまで左に見ていた西方の山々のなかへと入っていく。そして、オンゲ（Ånge）で北西へと進路を変えて二〇分ほど進むと、西に遠く連なるヤムトランドの山々を背景にして、このあたりでもっとも魚の豊富な湖として知られているレーヴスンズ湖（Revsundssjö）が目に飛び込んできた。その圧倒的な美しさに見惚れながら揺られることさらに一時間、電車はエステシュンド中央駅に到着した。六月一三日の夕方七時過ぎ、西の空には、まったく沈む気配のない北の国の太陽が眩しいほどに輝いている。

エステシュンドは、ヘルスィングランド（Hälsingland）、ハリエダーレン（Härjedalen）、ヤムトランド（Jämtland）、オンゲマンランド（Ångermanland）の四つの地方からなるヤムトランドドレーン内にある唯一の都市で、スウェーデンで五番目に大きいストール湖とそこに浮かぶフレーセーン島とを間近に望んでいる。

街側からストール湖を挟んでフレーセーン島を眺めると、その水辺に立ち並ぶスウェーデン特有の赤屋根の家々と、その後ろの小高い緑とが絶妙の色合いを奏でている。さらに、エステシュンド西駅からサミュエルペルマンス通りを少し上った大広場（Stortorget）から、街とそれら湖と島とが織り成す風景を見下ろしてみた。夏の真っ青な空を背景にしたその景色は、まさに息をのむほどの美しさである。

大広場から見下ろすストール湖とフレーセーン島

# モーバッカのケア付き特別住宅

大広場の周辺を歩くと、歴史を感じさせるいくつもの細い通りが独特のいわゆる「四角い地区（quadrangular quarters）」を造りだしているのに気づく。この造りは、およそ二〇〇年前の、最初の街づくり計画にまで遡るとのことだ。大広場から、右手にガムラ教会（Gamla Kyrkan）を見ながら、サミュエルペルマンス通りを東へと上っていく。イェン通りを越えると、今から下見に向かう「モーバッカ（Mobacka）」へと続くスーリーデン通りに出る。

モーバッカは、エステシュンドの中心街から東に約二キロメートルのところにある「スーリーデン（Solliden）」という高齢者単位内の三つのケア付き特別住宅（särskilt boende）のうちの一つの名称である（**図2－1**を参照）。ほかの二つは、「タルバッカ（Tallbacka）」、「スールソンゲン（Solsången）」と呼ばれている。ケア付き特別住宅は重度の障害をもつ人々が入居するところであり、いわゆる終《つい》の棲家になり得る場所である。主に六五歳以上の高齢者が入居しているが、それ以下の成人も対象となっている。また、スーリーデン単位には「短期滞在施設（Korttidsboende）」も含まれている。

図2－1 エステシュンドコミューンのケア行政の地域と高齢者単位

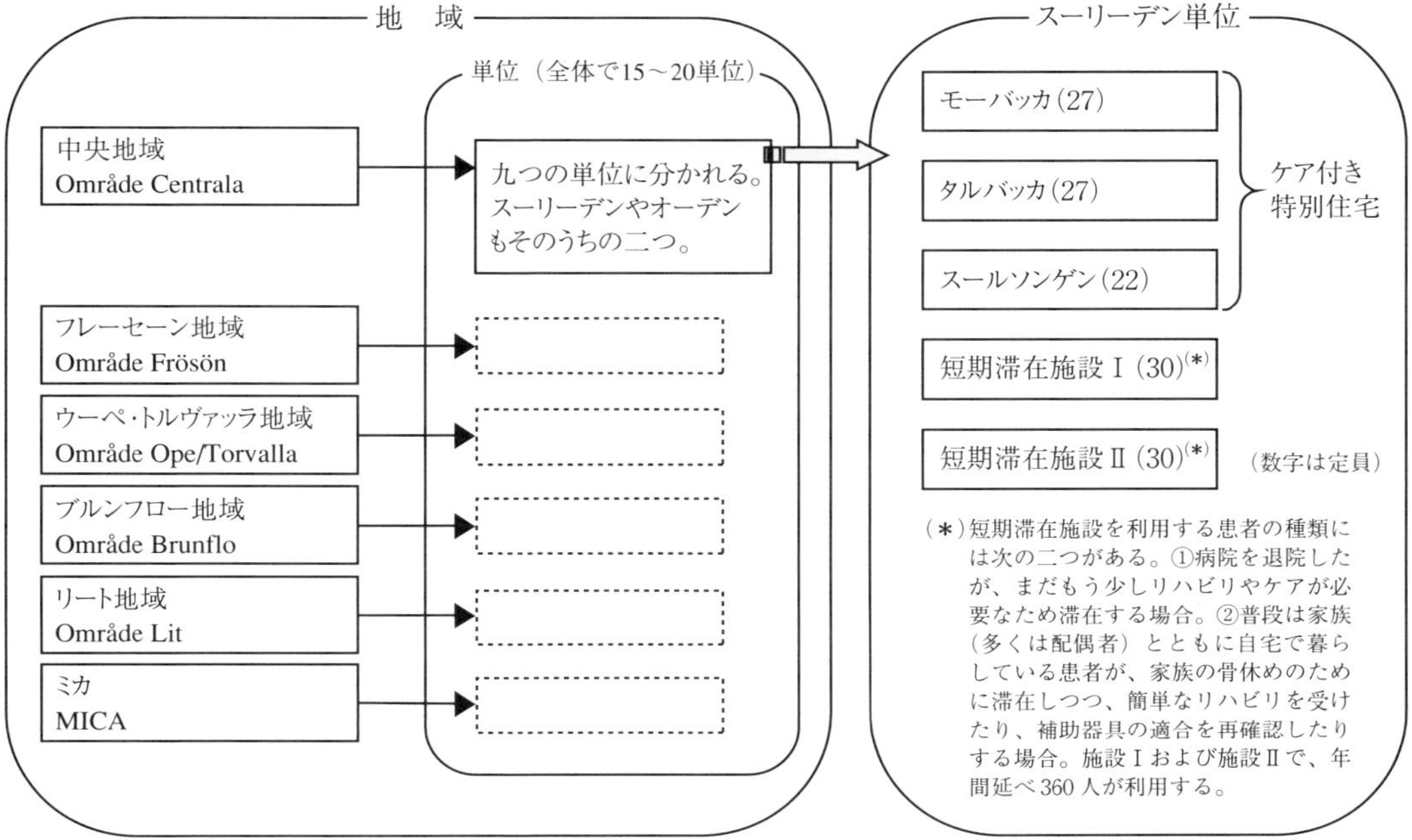


出典：トーマス・パウルソン氏へのインタビューによる。

エステシュンドはケア行政上六つの「地域（område）」に分かれており、それらは複数の「単位（enhet）」から成っている。単位には、高齢者を対象とする単位や、そのほかの障害成人や子どもを対象とする単位がある。モーバッカの属するスーリーデンや次節で登場するマリエルンドは、「中央地域（Område Centrala）」内のコミューン直営の九つの高齢者単位のうちの一つである。この高齢者単位は、エステシュンド全体ではコミューンの直営のものだけで一五〜二〇ほどあり、ほかにわずかだが民間委託のものもある。

モーバッカのケア付き特別住宅には、現在二六人の障害のある高齢者と四〇歳になる身体障害者（交通事故による頭部外傷）が一人暮らしている。それぞれ九人ずつから成る三つのグループに分かれていて、うち一つは認知症グループである。グループの名称は「北（Norr）」、「中央（Centrum）」、「南（Söder）」で、南が認知症グループである。

主な職員構成は、看護師四人、看護助手三〇人、作業療法士〇・五人（タルバッカを兼任）、責任者一人で、明日から三日間にわたって私を案内してくれるのは、元看護師で現在は責任者のトーマス・パウルソン（Tomas Paulsson）である。

モーバッカの責任者、トーマス・パウルソン

居室は四〇平方メートルもしくは四八平方メートルのワンルームで、簡易キッチンとトイレシ

ャワールームが備わっている。家賃は、広い部屋のほうが月にして一〇〇クローネ（約一五〇〇円）高くなっている。

明日からの視察に備えて、今日はホテルでエステシュンド西駅からモーバッカまでの道順を再調査するとともに、トーマスなどから聴取する情報について再確認をした。

朝八時、約束の時間にモーバッカに着いた。ケア付き特別住宅と短期滞在施設をつないでいる渡り廊下の途中にある玄関の横にダイヤルロックがあり、事前にトーマスから聞いていた暗証番号を入力してなかに入る。所々に絵や置物などが飾ってある廊下を一、二度曲がって、トーマスの事務部屋へと向かった。

部屋のドアは開いていた。彼は、デスクの向こうの黒い大きな椅子に座って電話をしていた。私の顔を見ると、軽く微笑んで、デスクの前にある来客用の椅子に座るように手招きをしてくれた。遠慮せずに腰掛け、トーマスの後ろに掛かっているシンプルでいておしゃれなブルーのカーテンと、窓越しに広がる緑の芝生を眺めながら電話の終わるのを待った。どこに行ってもそうだが、何とも落ち着くスウェーデンの職場環境である。

数分後、トーマスの電話が終わり、私たちは改めてあいさつを交わした。せっかくの晴れわたった天気を無駄にしないようにと、私たちは外を散歩しながら簡単な打ち合わせを行うことにした。

　ダイニングスペースから芝生と花壇のある庭に出て、まずはもう一度、朝の新鮮な空気を吸い込んだ。ふと目をやると、敷地内と外とを区切る塀に気づいた。とても感じのよい、木を編んだような造りのものであった。トーマスによると、これは「ヤッチゴード（gärdsgård）」と呼ばれる塀で、スウェーデンには古くからあるらしい。金網などと違い、敷地全体がやわらかい雰囲気になる。

　私はトーマスに、これまでのヴェクショーでの視察の内容とそこでの感想を、日本におけるケア現場の様子や重度の障害をもつ高齢者の現状との比較を交えながら伝えた。そしてここでも、ヴェクショーと同様の研修を行いたいこと、ケア内容や制度などに関する質問もしたいことなどを伝えた。彼はじっくりと私の話に耳を傾けてくれて、「可能なかぎり望みにこたえる」と答えてくれた。この言葉に安堵し、早速研修のはじまりとなった。

　八時三〇分、看護助手のマルガレータ（Margareta）とともに七一歳のカーリン（Karin）の部屋に起床の介助に向かった。彼女は、糖尿病、脳卒中後遺症による軽度の左片麻痺《かたまひ》、そして腰部および大腿痛を患っていて、痛み止めの飲み薬とインスリン注射が欠かせない。寝返りから起き上がりまでの基本動作、更衣動作などには軽介助から中等度の介助を必要とする。マルガレータ

木を編んだ造りの「ヤッチゴード」と呼ばれる塀

は、ある場面では手を貸し、ある場面では見守りながらカーリンの朝の支度を手伝っていく。そして最後に、軽介助で車椅子へ移乗させた。カーリンは車椅子を漕ぐのが得意なようで、食堂まで自力で進んでいった。

八時四〇分、七〇歳代のエリザベス（Elizabeth）の部屋に行った。ブラジャーとパンティーという、下着だけの格好で寝ていた。看護助手のマルガレータが声をかけ、軽く手を添える程度の介助で身体を起こした。腕を抱える介助でトイレシャワールームまでの歩行が可能で、着くと同時に便器に座った。パーキンソン症候群のために、すくみ足、小刻み歩行が見られるが、表情はとても豊かである。初めて顔を合わせる私に、大げさにおどけた表情をしてみせた。

窓には、外からの光に淡く透ける紫色のカーテンが掛かっている。ソファはゆったりとしたL字型で、大人が五、六人は腰掛けられるほどの大きさだ。ベッドの上には天井走行式リフトのレールが敷設されているが、もちろん彼女には不要のものである。リフトを必要とする人が入居したらすぐ使える状態になっているわけだ。

マルガレータがエリザベスの整容《せいよう》を手伝う。髪をとかし、口紅をつけ、黄色いワンピースと濃紺のジャケットを着せる。胸にブローチをつけ、最後にお気に入りの黒のローヒールパンプスを履いて一丁上がり。再度、腕

カーテンとソファが印象的なエリザベスの部屋

を抱えられながら食堂まで歩いていく。ローヒールパンプスと小刻み歩行が何とも微笑ましいミスマッチである。

食堂で、「なぜ下着だけで寝ていたの？」と聞くと、「室内が暖かいので、そのほうが気持ちがよい」ということだった。

八時五五分、食事が開始される。食堂に出てきているのは女性三人、男性二人の計五人だけだった。残りの人は、自室で食べていたり、まだ準備中ということであった。

「居室で食べはじめている人もいれば、まだもう少し部屋にいてあとから出てくる人もいる。言わずもがなかもしれないが、同じ時間に食事をすることは強制しない」と言うトーマスの言葉に、思わず頷《うなず》いてしまった。

食堂に出てきてはいるがずっと目を閉じてうつむいているラーシュ（Lars）に対して、マルガレータが食事介助をはじめた。イチゴジャムと牛乳で味を調えた「オート麦粥（Havre gryn）」をラーシュの口元まで運ぶと、目は閉じたままだったが口を開けて食べている。結局、大皿たっぷりの粥をすべて平らげた。さらにデザートとして、ライ麦製の乾パンのクネッケブレード（knäckebröd）とコーヒーまで目を閉じたまま食べ切った。

翌日、二週間に一度のスタッフミーティングが一〇時から一時間にわたって行われた。このミーティングは、トーマスが中心となってコミューンからの新しい情報を伝えたり、この二週間に

あった モーバッカ内での出来事、問題点などについて議論する時間である。日勤の看護師一人と七～八人の看護助手が参加している。人数に比べて部屋が狭いため、トーマスと看護師、そして三人の看護助手は椅子に座っているが、残りはソファの肘載せに腰掛けたり、立ったまま机や壁にもたれ掛かったりして耳を傾けている。私は、部屋の入り口付近から覗《のぞ》き込むようにして参加した。

今日のメインテーマは、最近、モーバッカ内で起こった事故についてであった。数日前に、一人の看護助手が車椅子に乗った女性を共同スペースのテーブルに着かせる際に、誤って彼女の左前腕をテーブルの下と車椅子の肘載せの間に挟んで内出血を生じさせてしまったのだが、その事故の経緯および今後の対策、そして倫理事項についての話し合いである。

トーマスは、まずは事故を起こした本人の話をじっくりと聞いていたが、その間、決して批判したり責めたりするような言葉は差し挟まなかった。本人によると、いつもは気をつけているのだが、そのときは一瞬上の空になっていたということだった。

ひと通りの経緯がみんなに伝わったところで、それぞれの職員の意見を聞くことになった。何か物理的に解決する方法はないかということについても意見交換がなされたが、車椅子の高さは人によって異なるので、やはりその都度しっかりと気をつけるしかないという結論に落ち着いた。そして、このことにかぎらず、普段もゆっくりと落ち着いて仕事をしていくことを改めてみんなで確認しあった。

次の日、二年前にオートバイの交通事故で重症の頭部外傷となり、ほぼ植物状態の四〇歳の男性であるマッツ（仮名）のケアに同行した。目は開いているが、声をかけても注視《ちゅうし》は得られない。手脚ともに、いわゆる屈曲《くっきょく》方向への痙性《けいせい》（九二ページ参照）の強い状態で、他動的に伸ばさなければ手も脚も屈曲拘縮《こうしゅく》がすぐ起こってしまうというレベルの麻痺である。足首が完全に背屈《はいくつ》（五三ページ参照）できず、膝と両上肢も完全には伸ばせないが重度の拘縮はない。食事は、胃瘻《いろう》経管での摂取となっている。

部屋のテーブルには、理学療法士および言語聴覚士が記した居室担当スタッフ（看護師と看護助手）のためのケア・リハビリプログラムが置いてある。そこには、理学療法士に対しては関節拘縮、圧迫褥瘡《じょくそう》、疼痛《とうつう》などを予防するための管理方法が、そして言語聴覚士に対しては歯磨きケアをしやすくする顔面マッサージの方法（**資料2－1**）が記されてある。

マッツの状態を見てもっとも印象に残ったことは、ほとんどの部位にも自動的な動きを得られないという、その機能障害の重度さに比べて二次障害の度合いが非常に小さいということである。拘縮は軽度のレベルであり、褥瘡に至ってはまったくない。日々の看護助手によるケアとリハビリがそれらを実現しているのであろう。

モーバッカの入居者全体の主な診断名と障害評価、また比較的障害の重い人のなかから協力の得られた二人の高齢者（インゲマルとカール＝オロフ）と成人の障害者であるマッツの障害評価

## 資料2－1　言語聴覚士によるマッツへの顔面マッサージの方法

ケアスタッフの皆様へ　～マッツの顔の刺激の方法に関して～

手順の①～③は掌（手のひら）全体で、④は人差し指で、マッツにはっきりと分かるように、押すように触れて下さい。でも決して強すぎないように。一回の施行につき、2～3回繰り返して触れて下さい。この顔へのセラピーを始めてから、マッツの歯を磨きやすくなってきていることがレモントハーゲン（筆者註：場所の固有名詞）での評価で確認されています。

（手順）
①額の髪の生え際から始めて下さい。
②眉毛のほうに向かって続けて下さい。
③さらに、一方の頬、もう一方の頬、両方の頬を同時に、の順で触れていって下さい。
④口の周り、一方の口角、もう一方の口角、上唇の上、下唇の下は、人差し指を使って順に触れていきます。

④は、歯磨きを始める前の準備として行って下さい。そうすることで、マッツにこれから歯磨きを始めるという合図になります。

顔を拭く際には、できるだけ口から遠い部分、たとえば喉の下のほうから拭き始めるようにして下さい。

電動歯ブラシを使用する場合に考慮しなければならないことは次のようなことです。
- マッツは、刺激による反射によりとても強く噛んでしまうことがあるので、電動歯ブラシが有効かどうかは分かりません。
- 私が試みにマッツの頬に手を置き、振動を起こしてみた際、マッツはとても否定的な反応を示したので、おそらく電動歯ブラシの振動も好まないのではないかと思います。

スタッフの皆さんがマッツに口から食物を与えたときに、マッツの呼吸音にゴロゴロ音がしたという経験をして以来、私たちも口からの食事は与えていません。呼吸の際に聞こえるゴロゴロ音は、誤嚥の可能性を示す危険な兆候です。

上記に関して、何かありましたらご連絡下さい。
2003.4.24　エステシュンドコミューン
登録言語聴覚士　エヴァ・アーヴィッドソン
電話　×××－××××××

を表2－1と表2－2に示した。やはりここでも、ヴェクショーと同様、機能障害の重度さに対する二次障害の程度の小ささに注目していただきたい。

そして、職員構成は表2－3の通りである。ケアの最前線で働いているのはやはり看護助手で、その仕事の内容も、ヴェクショーと同様、医療的ケア（褥瘡《じょくそう》治療、インスリン注射、常薬の投薬、採血、検温、血圧測定など）からそのほかの身体的精神的ケア（移乗、食事、シャワー介助、話し相手など）、さらに雑務（掃除、洗濯など）と多岐にわたっていた。それ以外にも、モーバッカの施設内を歩いていると、ヴェクショーのケア付き高齢者住宅やサービスアパートとの共通点を数多く見いだすことができた。

本章では現場観察シーンの記述を少なくしたわけだが、それは、ケアの流れや中身もヴェクショーのケア付き高齢者住宅やサービスアパートなどのものと似ていたためである。言うまでもなく、ケア内容の大枠は、自治体を越えてスウェーデン全土で同等のレベルが確保されているということなのだろう。

物品や書類などの管理の方法も似ていた。たとえば、入居者個人の薬は、それぞれの居室の鍵付きの「薬棚（medicinskåpet）」のなかにしまってあったし、ケア記録簿も居室に置きっぱなしで、スタッフの仕事がしやすいのと同時に入居者や家族がいつでも見れるようになっていた。もう何度か目にした光景ではあるが、毎回印象に残ってしまう。そして、やはり今回も鼻腔《びくう》経管栄

### 表2－1　モーバッカ入居者（27人）の障害評価

<table>
<tr><td>診断名</td><td colspan="3">障害評価(*1)</td></tr>
<tr><td rowspan="7">脳卒中後遺症による片麻痺、パーキンソン症候群、多発性硬化症、頭部外傷による脳損傷、糖尿病、認知症、アルツハイマー型認知症、不安神経症、失語症、難聴、めまい、心血管攣縮、感情失禁、肝硬変など</td><td>項目</td><td>レベル</td><td>人数</td></tr>
<tr><td rowspan="3">寝返り・起き上がり</td><td>1</td><td>9</td></tr>
<tr><td>2</td><td>7</td></tr>
<tr><td>3</td><td>11</td></tr>
<tr><td rowspan="3">排泄</td><td>1</td><td>4</td></tr>
<tr><td>2</td><td>17</td></tr>
<tr><td>3</td><td>6</td></tr>
<tr><td rowspan="11">（＊1）　資料1－1による。<br>（＊2）　頭部外傷による重度四肢麻痺患者（マッツ）<br>（＊3）　頭部外傷による脳損傷、脳卒中後片麻痺、パーキンソン症候群、重度認知症などの障害で、足関節、膝関節、手関節もしくは手指関節に軽度から中等度の可動域制限。<br>（＊4）　日本の長期療養病床などで見られるような四肢重度拘縮、鼻腔経管栄養、圧迫褥瘡患者は一人もいない。</td><td rowspan="4">食事(*4)</td><td>1</td><td>19</td></tr>
<tr><td>2</td><td>7</td></tr>
<tr><td>3</td><td>0</td></tr>
<tr><td>4</td><td>1(*2)</td></tr>
<tr><td rowspan="3">褥瘡(*4)</td><td>1</td><td>27</td></tr>
<tr><td>2</td><td>0</td></tr>
<tr><td>3</td><td>0</td></tr>
<tr><td rowspan="4">拘縮(*4)</td><td>1</td><td>6</td></tr>
<tr><td>2</td><td>7(*3)</td></tr>
<tr><td>3</td><td>14(*3)</td></tr>
<tr><td>4</td><td>0</td></tr>
</table>

奥さんに食事介助をしてもらうカール＝オロフ

## 表２－２　重度の機能障害をもつ３人の障害評価とケア内容

<table>
<tr><th colspan="2">名前<br>項目</th><th>カール＝オロフ<br>（仮名・80歳代）</th><th>インゲマル<br>（仮名・75歳）</th><th>マッツ<br>（仮名・40歳）</th></tr>
<tr><td colspan="2">診断名、エピソード</td><td>パーキンソン症候群（1996年）、認知症（2003年）<br>家族：妻、娘３人</td><td>脳梗塞後遺症による右片麻痺、失語症（発症は2002年２月）<br>家族：妻、息子２人（各々ギリシャ、ストックホルム在住）</td><td>頭部外傷による重度四肢麻痺（2003年のオートバイ事故で受傷）で、ほぼ植物状態<br>家族：妻、娘２人</td></tr>
<tr><td rowspan="5">障害評価（＊1）</td><td>寝返り・起き上がり</td><td>2</td><td>3</td><td>3</td></tr>
<tr><td>排泄</td><td>2</td><td>3</td><td>3</td></tr>
<tr><td>食事</td><td>2</td><td>2</td><td>4</td></tr>
<tr><td>褥瘡</td><td>1</td><td>1</td><td>1</td></tr>
<tr><td>拘縮</td><td>1</td><td>1</td><td>3</td></tr>
<tr><td colspan="2">観察した褥瘡、実際に触れて確かめた拘縮や筋の硬さの状態など</td><td>若干の筋の硬さ（rigidity）はあるが、他動的ROMでは可動域が保たれており、拘縮はない。</td><td>右上下肢のブルンストロームステージはⅡ～Ⅲレベルで、当然筋の硬さ（spasticity）を感じるが、他動的ROMでは可動域が保たれており、拘縮はない。</td><td>膝および足関節に中等度拘縮（膝は伸展制限－20°～－30°、足首は中間位までの背屈可）、両上肢に軽度の拘縮。褥瘡はない。</td></tr>
<tr><td colspan="2" rowspan="2">ケア内容</td><td>・排泄ケア<br>・清拭・シャワー<br>・体位変換<br>・移乗介助<br>・食事介助<br>・ルーティーンのリハビリ<br>など</td><td>・排泄ケア<br>・清拭・シャワー<br>・体位変換<br>・移乗介助<br>・食事介助<br>・ルーティーンのリハビリ<br>など</td><td>・排泄ケア<br>・清拭・シャワー<br>・胃瘻経管栄養の日常的管理<br>・移乗介助<br>・体位調節：股関節・足関節の拘縮と疼痛予防、全身の褥瘡予防</td></tr>
<tr><td colspan="3">目的で理学療法士が作成した方法に従って行う。褥瘡予防用マットレスを使用。頻度は数回／日。<br>・ルーティーンのリハビリ：四肢の関節可動域練習、歯磨きを容易にする目的の顔面マッサージなどを適当回数／日。（以上は、すべて看護助手が行う）</td></tr>
</table>

（＊1）　資料１－１による。数字はレベルを表す。

**表２－３　モーバッカの入居者27人に対する職員体制**

| | 同時に働く人数 | | | 主な仕事内容 |
|---|---|---|---|---|
| | 日勤 | 準夜 | 深夜 | |
| 看護助手 | 6～7 | 5 | 2（*1） | 医療的ケア（褥瘡治療、インスリン注射、常薬の投薬、採血、検温、血圧測定など）、その他身体的精神的ケア（移乗、食事、シャワー介助、話し相手など）、雑務（掃除、洗濯など） |
| 看護師 | 1～2 | 1（*2） | 1（*2） | 特定の薬の処方や変更、ケア方針への責任、看護助手のまとめ役 |
| 療法士 | 0.5（OT）（*3） | 0 | 0 | トレーニングプログラム作成、治療、練習、環境調整、補助器具選定など |
| 責任者 | 1 | 0 | 0 | モーバッカ全体の管理業務 |

全職員数：看護師４人、看護助手30人、作業療法士0.5人（タルバッカを兼任）、責任者１人（元看護師のトーマス・パウルソン）

（＊１）　夜間専門職員による。日勤、準夜との掛け持ちはしない。

（＊２）　夜間パトロールの看護師が対応。

（＊３）　必要に応じてPT、STも加わる。

養の人は一人もいなかった。トーマスによれば、やはり経管栄養が必要な場合は胃瘻《いろう》経管栄養になるとのことだった。

ところで、職員にしては若すぎる男女三人が働いていたのでトーマスに尋ねてみたところ、彼らは高校生であり、夏休みの課題（sommarlov《ソンマローヴ》）として数週間の予定で働いているとのことだった。ちなみに彼らは、知識や技術をあまり必要としない散歩の同伴やトイレ介助などのケアを担当しているとのことだった。スウェーデンの高校では最近このような課題が一般的になってきており、ケア現場だけでなく、いくつかある公共の職場のなかから自分で研修先を選べるとのことだった。

ケア現場を案内してもらいながら、トーマスに排泄に関するいくつかの質問をした。まずはお決まりの質問で、「布オムツを使っているのか」である。ヴェクショーでも二度尋ねたし、返ってくる答えはおそらく同じだろうと思いつつも、確かめる意味であえて聞いてみた。さらに、失禁の対処方法と、導尿が必要な場合にはどういう方法（器具）を用いるのかということについても尋ねてみた。いまだに膀胱留置カテーテルを使用することの多い日本との比較の意味での質問である。

**トーマス**　まずはオムツについてだが、スウェーデンでは布オムツは使わず紙オムツのみである。それも、各人の失禁の量に合わせて小さいのから大きいのまで数種類を使い分けている。また、身体清拭《せいしき》に用いるタオルも布製ではなく、特殊な「紙タオル」（水を含ませると布のような触感になる使い捨ての紙）を使っている。

次に失禁の対処と導尿についてだが、まず男性の場合は、通常の失禁に対しては、頻回のトイレ誘導と紙オムツという組み合わせで対処する。ただし、本人がどうしても望む場合、たとえば糖尿病などにより両下肢を切断していて、もよおすたびに便器に移乗させてもらうのが億劫《おっくう》な場合には「ユリドム（uridom）（商品名：conveen）」というコンドームのようにペニスに被せる器具（カテーテルではない）を用いての導尿を行っている。原則として、留置カテーテルを使用するのは、「前立腺肥大症（prostata-förstoring）」によって尿管が圧迫されて尿管に管を通さないと機能的に排尿が困難という場合などにかぎられている。

次に女性の場合だが、重度の器質的障害や本人が留置カテーテルを強く望む以外は、頻回のトイレ誘導と紙オムツという組み合わせで対処している。紙オムツには、小さいものから大きいものまで多種類あるので、それらを失禁量に合わせて選択すればほとんどの場合は事足りている。

排泄についての基本的な考え方は、「まず、トイレ誘導ありで、次に可能なかぎり小さい、短時間のオムツ装着」である。留置カテーテルを極力使わない理由は、言うまでもなく害が大きいからである。なかでも、「感染症を引き起こしやすいこと」、「膀胱の萎縮を加速させ、さらなる頻尿を起こすこと（膀胱の膨らむ機能が使われないため廃用が加速される）」という二つの害が大きい。

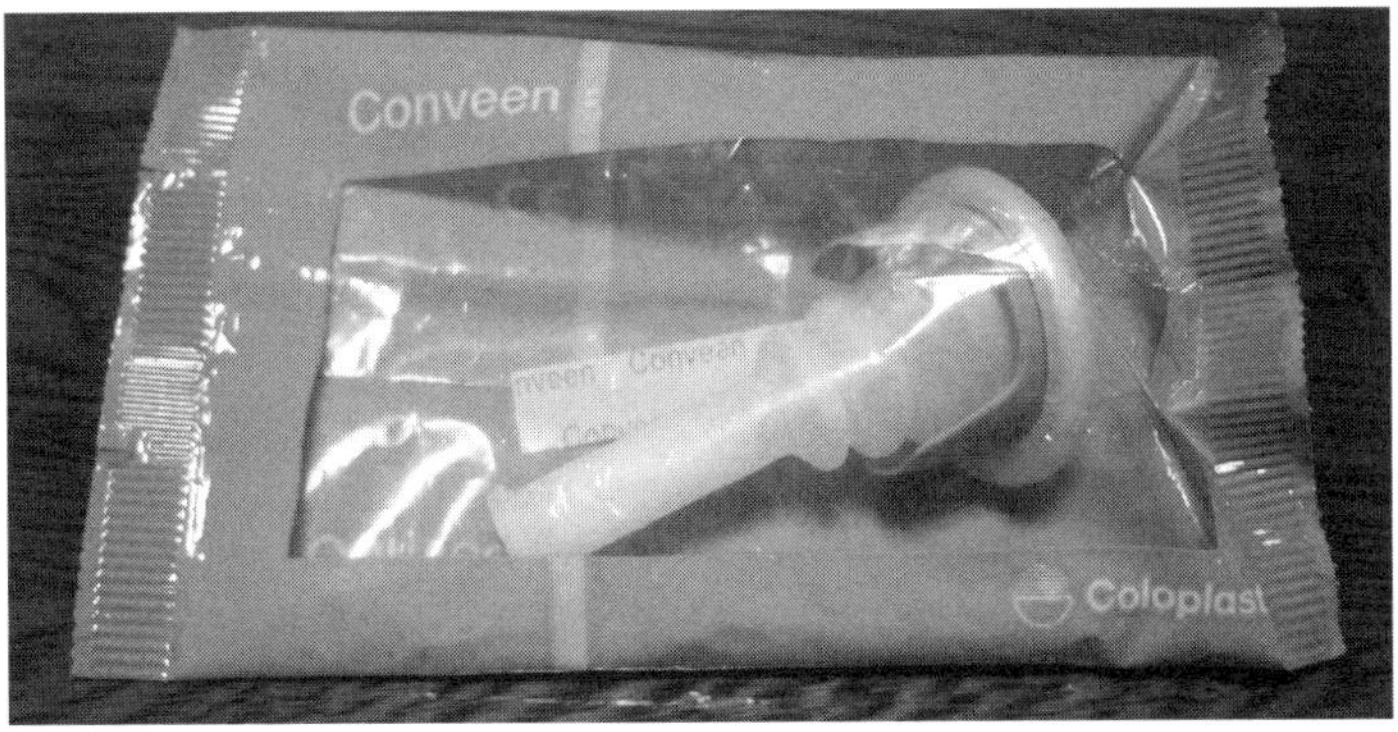


ペニスに被せるタイプの導尿器具（商品名：conveen）

スウェーデンでは、昔から失禁の問題については多くの議論がされてきた。二〇年ほど前までは、ほとんど種類のない大きなオムツと留置カテーテルが頻繁に使われていたが、行ってきた議論や臨床経験の結果、徐々にオムツの種類が多くなり、安易な留置カテーテルは姿を消すことになった。

話の最後に、トーマスが普段参照している留置カテーテルに対する考え方とその使用方法についての本を紹介してもらったので記しておく（Docent Jan Schönebeck, *Blåskateterm och dess bruk.* ISBN:91-973318-0-5）。スウェーデン語ゆえに大変とは思うが、参照してみられてはいかがだろうか。

スウェーデンでは、このようなケアや医療施設はそのほとんどが公的経営である。もちろん、モーバッカもエステシュンドコミューンが運営する公的施設である。私経営のものは数が非常に少ないが、私経営による高齢者施設、もしくは医療およびケアなどをどう思っているのかを知りたくて最後にトーマスに尋ねてみたところ、次のような答えが返ってきた。

**トーマス**　裕福な人ほど医療やケアが買えて、貧乏な人ほど何も受けられないというアメリカみたいな国にはやはり疑問符がつく。医療やケアをはじめ教育、環境といったものは、貧富の差にかかわらず、税金を運用して可能なかぎり公平に提供されるべきだ。もちろん、私個人の考えだがね……。

## マリエルンドの在宅リハビリ
### ——一般アパートと一戸建て

「マリエルンド（Marielund）」とは、街の中心部から南東へおよそ三キロメートルのところにある、主に在宅の高齢者を対象とする地区の名称で、ケア単位の一つであるオーデン（Oden）に属している（一一一ページの**図２－１**を参照）。

ところで、エステシュンドは、次のようなシステムにおいてスウェーデンのなかでも先進的であると言われている。どういうことかというと、在宅訪問リハビリを担当するコミューン所属の療法士は、病院に入院中の患者および病院での担当療法士や看護師を訪れるだけでなく、その患者の自宅にも退院前に訪れて、患者の障害程度、家庭環境、家屋構造などについてさまざまな情報を収集したうえで退院後に必要となるリハビリやケアの内容の決定、住宅改造などの環境調整を可能なかぎり事前に行ってしまうということである。

人口六万人のエステシュンドで、このような高齢者単位で働く療法士の数は、理学療法士と作業療法士とを合わせて四〇人以上にも上る。それに看護師、看護助手を合わせると数百人にまで及ぶということだ。今回、そのなかのマリエルンド単位を担当する作業療法士であるレーナ

（Lena）と理学療法士のアンナ＝カーリン（Anna-Karin）に同行し、在宅訪問のリハビリを取材することにした。彼女たちの事務所は、ヤヴレレーン図書館のすぐ裏手のギュレーン通りにあった。

六月二一日（火）一二時、早速、クロンディケス通りにあるマリエルンド地区の担当スタッフがいるステーション（gruppstation）からほど近くに住む、左片麻痺《かたまひ》のヨスタ（Gösta）の家に同行させてもらった。レーナと看護助手のカーリン（Karin）との訪問である。今日からヨスタを担当するカーリンに、レーナが歩行練習、移乗介助、ベッド上背臥《はいが》位《い》でのリラクセーション姿位、左肩から指先までのモビライゼーションやリラクセーション[1]などについて指導をするのが目的である。

ヨスタは、バスの運転手を四〇年間にわたって勤め上げた。その後、年金生活を満喫していたが、二〇〇四年五月に脳梗塞を発症して左片麻痺となった。病院およびリハビリセンターでの治療のあと、同年九月に自宅復帰を果たした（**表2－4**を参照）。

玄関のチャイムを鳴らし、預かっている鍵でドアを開けてなかに入る。まずは、可愛いらしい雌犬の「フィーア（Fia）」（ペギニーズとパピヨンの雑種？）が尻尾を振って大歓迎をしてくれた。続いて、車椅子のヨスタが笑顔で出迎えてくれた。ヨスタは奥さんと二人暮らしだが、日中

作業療法士のレーナ（左）と
看護助手のカーリン

### 表２−４　ヨスタの障害評価とケア・リハビリ内容

<table>
<tr><td>診断名、エピソード</td><td colspan="2">障害評価*</td></tr>
<tr><td rowspan="6">脳梗塞後左片麻痺(2004年５月発症)、同年９月に自宅復帰。麻痺側の上下肢は、屈曲は独力で比較的容易に行えるが、伸展は難しい。妻との二人暮らし。</td><td>項目</td><td>レベル</td></tr>
<tr><td>寝返り・起き上がり</td><td>2　寝返りから端坐位への起き上がり、移乗動作に軽〜中等度の介助を要する。また、歩行には歩行器と軽介助が必要。</td></tr>
<tr><td>排泄</td><td>2　オムツ交換やトイレへの移乗など、常に何らかの介助を必要とする。</td></tr>
<tr><td>食事</td><td>2　例えば、大きな肉などをナイフとフォークで細かくしたりするのに妻の手助けが必要。</td></tr>
<tr><td>褥瘡</td><td>1</td></tr>
<tr><td>拘縮</td><td>2　左前腕回内外、手関節の背屈、股関節伸展に若干の制限あり。</td></tr>
<tr><td>観察した褥瘡、実際に触れて確かめた拘縮や硬さの状態</td><td colspan="2">左上下肢の筋は若干硬めであるが、拘縮はごく軽度。褥瘡はまったくなし。</td></tr>
<tr><td>ケア・リハビリ内容</td><td colspan="2">看護助手により行われているのが、ベッド上姿勢調整、ベッド・車椅子間移乗動作介助、トイレ介助、清拭（以上、毎日)、シャワー介助(週１〜２回)、リハビリ（週２回：両下肢筋力トレーニング、立位バランス練習、歩行練習、麻痺側肩甲帯から手指にかけてのモビライゼーションとリラクセーション)、散歩（毎週月曜日）であり、これらだけで月に159時間以内で設定されている。さらに、デイケアへの移送介助（毎週木曜日)、看護師による訪問（必要時)、作業療法士もしくは理学療法士によるリハビリ(週２回：リハビリ内容は同上）が提供される。</td></tr>
</table>

＊資料１−１による。

は近くのスーパーで働いているらしい。いつもであれば昼食の用意に奥さんが戻ってくるころらしいが、今日は臨時にリハビリの指導が入ったために時間をずらして戻ってくるとのことだった。

レーナが、カーリンに指導しつつリハビリを進めていく。まずは、ダイニングキッチンを利用しての歩行練習（前後に三往復）をし、次にキッチンの淵につかまりながらのスクワットと上体を左右に捻りながらのバランス練習、さらに左右の下肢に交互に体重を移して支持力を高める運動を最低五回ずつ行った。ここまでやってひと休みする。すると、ヨスタが普段の生活のなかで、ときどき左脚にツッパリ感や鈍痛が起こることを訴えた。レーナは、脚の状態を確かめたのち、「マッサージを受けてみるのも一案」とヨスタに伝えた。

ひと休み後、場所をベッドルームに移して、まずは車椅子とベッド間の移乗方法の指導。次に、非麻痺側を下にした側臥位《そくがい》で、麻痺側の肩甲帯周囲（肩関節を形づくっている）、腕、手のモビライゼーションおよびリラクセーションの指導を行い、最後に、背臥位《はいがい》でのリラクセーション肢位[2]のとらせ方を指導してメニュー終了である。それを見計らってか、フィーアが寝ているヨスタのお腹の上に乗ってきた。その愛らしさに思わず微笑んでしまった。時計を見ると一二時四五分だった。


午後は、スタッフステーションでの週一回の全体会議であった（一三時四五分〜一四時五〇分）。看護師、看護助手、レーナ、アンナ＝カーリンの合わせて一〇人が参加し、コーヒーを飲んだり、果物を食べたりしながらの会議となった。主なテーマは、一週間のケアおよびリハビリの内容についての申し合わせであった。

会議が終わってすぐ、眩暈《めまい》によるバランス障害と腰痛をもつヴェーガ（Vega）の家に向かった。七〇平方メートルほどのアパートである。同居の娘から、「母の障害が徐々に進んできたので、そろそろ補助器具や自宅改造が必要なのではないか」とレーナのところに直接相談があったため、今回の訪問となった。レーナとアンナ＝カーリンにとっても、今日が初めての訪問である。

その結果、とりあえずはシャワートイレルーム内に簡単な補助器具（手摺りなど）を設置して、段差を解消し、歩行車の処方くらいで間に合いそうということだった。

翌日の六月二二日（水）は一〇時すぎに事務所を出発して、まずはレーナとともに車で心筋梗塞を起こしてから七年が経過しているアン

（1）モビライゼーションはリハビリテーション技術の一つで、関節などの動きを滑らかにする効果をもつ。リラクセーションは、過緊張状態の筋をマッサージなどでリラックスさせる方法。

（2）仰向けの場合、一般に、大きめの台の上に両下肢を乗せた肢位。

スタッフステーションでの全体会議

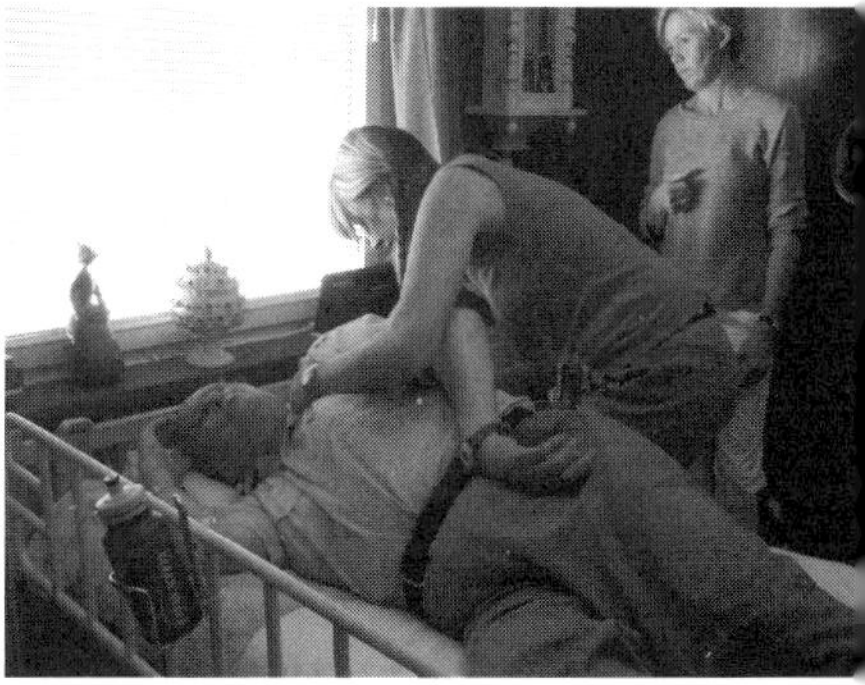

レーナの指導のもとでヨスタの肩甲帯周囲のリラクセーションを施すカーリン

ナ＝グレータ（Anna-Greta）の家に向かった。徐々に体力が衰えてきて、最近では立ち座り動作や手ぶらで長い距離を歩くのがしんどくなってきたので、何かよい補助器具はないかという依頼の連絡を直接本人がレーナにしてきたのである。家は、数年前に購入したという七〇平方メートルほどの２ＬＤＫのアパート（日本式に言うならマンション？）である。

まず、とくにトイレでの立ち座りと立ったままでのシャワーがしんどいということで、便器の補高《ほこう》とバスタブに座りやすくするための橋渡し器具を取り付けた。そして、遠出の際に使用するための歩行車を処方して、終了したのが一一時ちょうどであった。

アンナ＝グレータに処方した歩行車について説明しておこう。車輪を含めてかなり大き目で安定感があり、段差やくぼみが越えやすい造りになっている。このような歩行車を押しながら、自宅からほとんどどの場所にもアクセスできるスウェーデンの外環境に改めて感心する。アパート前の道、障害者仕様の公共バス、街なかの通り、商店内の造り……すべてが揃ってこそ歩行車が役目を果たせるのである。このような総合的な環境づくりを、ぜひ日本も見習いたいものである。

立ち座りを楽にするために補高した便器

バスタブの橋渡し器具

　一〇分後、心筋梗塞後で、杖と歩行車を使い分けて外出をしているカール（Karl）宅に着いた。妻のアイナ（Aina）と二人暮らしで、町の中心部から南へ二キロメートルほどの一軒家である。今回の訪問の目的は、歩行車に杖を置くための部品を取り付けることである。取り付けそのものはあっという間に終わり、そのあとは、アイナに出された炭酸ジュースとクッキーをいただいたり、最近購入したという五万三〇〇〇クローネ（約七万九五〇〇円）の日本製のマッサージチェアを試させてもらったりしながら世間話に花が咲いた。気がついたら一二時を回っていたので、たっぷり一時間の訪問となった(3)。

　午後はアンナ＝カーリンとともに自転車で、左片麻痺および「左股関節人工関節置換（höftprotes på vänster sida）」術後のバッティル（Bertil）を訪問した（一四時）。エステシュンドの中心部から南へ約二キロメートルのところにある一軒家で、妻との二人暮らしということだった。

(3)　一か所の滞在にかなりの時間を割くことができる。レーナの現在の担当者数は約二〇人とのことだ。

カールとアンナの住む一軒家

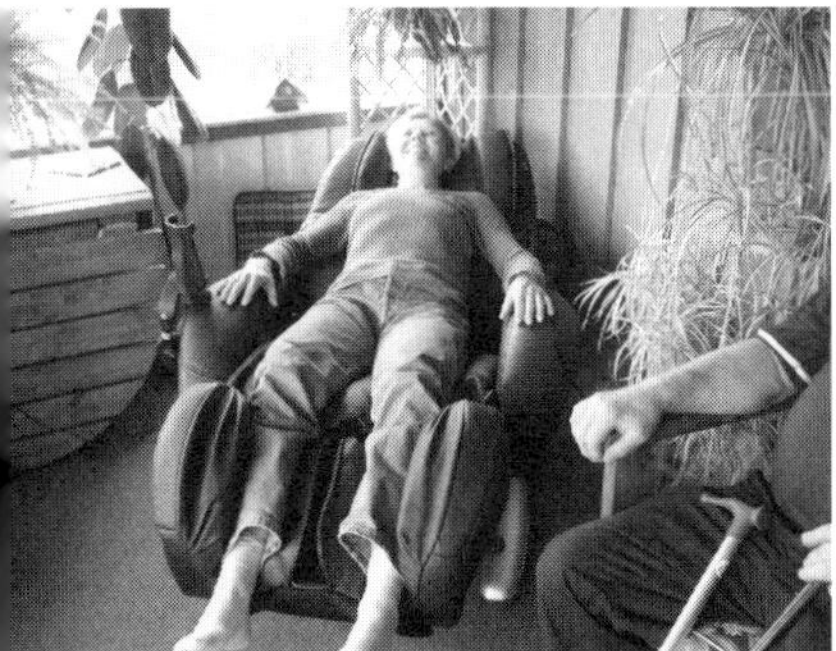

マッサージチェアでしばしくつろぐレーナ

玄関を入るとすぐに五段ほどの階段があり、それを上ると一階のスペースになるというなかなかおしゃれな造りとなっている。そのたった五段の階段に、電動の椅子式昇降機が取り付けられている。

本日の訪問の目的は、バッティルの下垂足《かすいそく》(4)の左下肢に新しい短下肢装具を試すことと、ルーティーンであるリハビリ（歩行器を使用しての歩行練習、スクワット、階段昇降練習など）の施行である。バッティルは二年ほど前に左片麻痺となり、その後、転倒して左股関節を骨折して手術をした。そのため、左下肢の支持力および外転筋力がとくに弱くなっている。立ち上がり、移乗動作、トイレ動作、シャワー浴などに、日常的な介助を必要としている。

アンナ＝カーリンによると、バッティルには感情失禁(5)があり、イライラが募ると、奥さんを怒鳴りつけたりモノを投げたりという行為もあるらしい。日本に比べて離婚率の高いスウェーデン……もし、奥さんに嫌気でもさされたら……と、リハビリをするバッティルと少し離れ気味に見守る奥さんとを見比べながらふと不安に思った。

自転車を漕ぎながらの帰り道、アンナ＝カーリンに尋ねてみた。

「もし、バッティルに妻がなくまったくの独り暮らしだと仮定した場

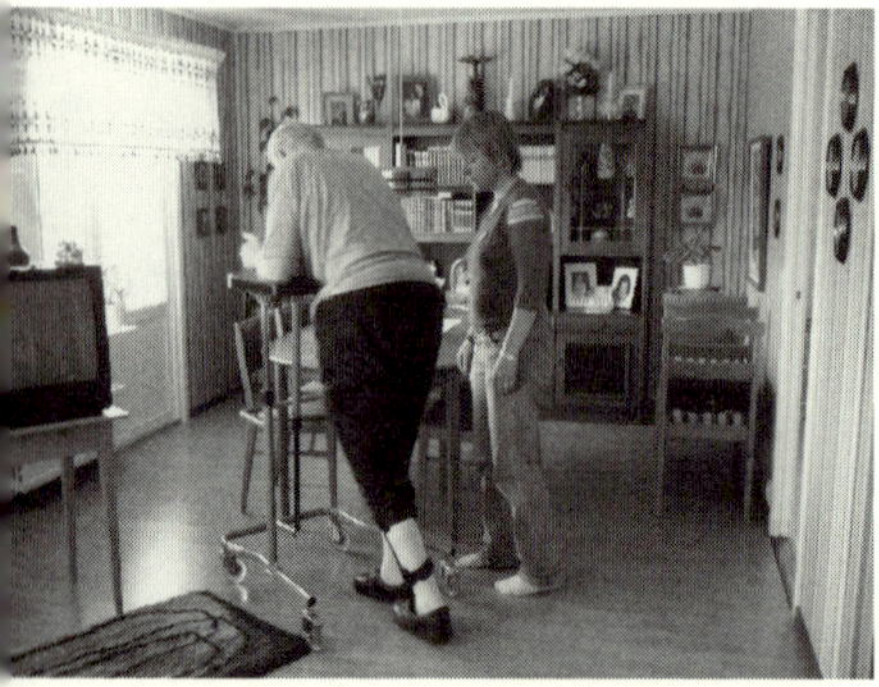

アンナ＝カーリンに見守られながら歩行練習をするバッティル

椅子式昇降機

合、この一軒家に住み続けることは可能だろうか?」

アンナ=カーリンの答えは実に明快であった。

「可能だわ。彼の障害は重いけど、朝起きるところから寝るまでの間に看護助手らによるケアが七~八回は入るし、夜間もナイトパトロールの看護師と看護助手による訪問が入るから。それ以外の時間でも、もし何か困ったことがあればいつでもアラームで看護助手を呼ぶことができるし、そのうえOT(作業療法士)やPT(理学療法士)、看護師も定期的に入るので……(もう一度考えを整理するような表情で)ええ、そうね……本人が独り暮らしを望みさえすれば可能だと思うわ」

言うまでもなく、これらのサービスはほぼすべて税金で賄われている。

次の日(六月二三日・木)の午後一時すぎ、レーナ、アンナ=カーリンとともにALS(6)を患うマルガレータ(Margareta)の家に向かった。一軒家に、ご主人と二人で暮らしている。

---

(4)　足部を背屈する筋肉を働かせる神経が障害されて、足が下にたれてしまう状態。

(5)　脳卒中などにより大脳に障害を受けることで、以前よりも怒りやすくなったり、泣き出しやすくなったりする障害。

(6)　英語の「Amyotrophic Lateral Sclerosis」の略で、日本語では筋《きん》萎《い》縮《しゅく》性《せい》側《そく》索《さく》硬《こう》化《か》症《しょう》と呼ばれる。運動神経が障害されて筋が萎縮していき、身体の自由が利かなくなっていく進行性の神経難病。

マルガレータは六〇歳。一九九四年にALSの診断を受けてから一一年が経過している。この病気にしては比較的進行が遅いほうである。しかし最近、両下肢の筋力、体幹筋群《たいかんきんぐん》の支持力が衰え、あらゆる移乗動作時の介助量がめっきり増えてきたということだ。

彼女は、病気と闘いながらも、これまで長らく軍隊の電話交換手として働いてきた。ところが、この年の九月に勤め先のエステシュンド駐屯地は閉鎖になることが決まっており、そうなると職を失い、その後のほとんどの時間を自宅で過ごすことになる。そうなった場合、毎日二四時間のケアを自分一人で行うことは身体的にも精神的にも難しいのではないかと、ご主人本人から社会保険事務所に問い合わせが入り、そこからマリエルンド担当の作業療法士であるレーナに連絡が入ったために今回の訪問となった。目的は、もちろん、九月以降の毎日のケアをどのようにしていくかを評価するためである。

ご主人は、奥さんに対するケアを一生懸命やってきた一方で、非常に多趣味な人物でもある。なかでも釣りが一番の趣味ということで、このようなご主人の生活を変えることなく奥さんの自宅療養を援助していくためには、ホームヘルプサービスが不可欠となる。

本日の評価では、一日の間に何度となく行うトイレと車椅子間の移乗動作に対する介助は一人の介助者では困難であること（頑張ればできないことはないが、マルガレータ、介助者双方にとって、快適性、安全性、継続性の観点から好ましくないと判断された）、支持力を失った下肢が床との摩擦で絡まりやすいこと、現在使用中のシャワー椅子では座面が硬くて低すぎるために不充分であること、車椅子上での後方への臀部移動がしにくいことなどが問題点として挙げられた。そして、介助者の人数の問題に関しては人事担当であるインガリル（Ingalill）に相談することとなった。常に二人の介助者を用意することが可能かどうかについては、現段階では未定である。ほかの三つの問題点に関しては、レーナの頭のなかにはすでに解決法が浮かんだようである。

早速、マルガレータの家から車で五分のところにあるヤムトランド・ランスティング（Jämtlands läns landsting）経営の補助器具センターに向かった。着座位置を変える際に用いる移乗介助回転盤、座面の高いシャワー椅子とその座部に敷く柔らかいシートは在庫があり、その場で手に入れることができた。車椅子上で臀部をうしろに引く場合には滑らかだが、逆に前にはズレない仕組みになっている特殊シートである「One Way Slide」は在庫がないので注文することとなった。聞いたところ、一週間ぐらいで届くらしい。何度も言うようだが、これらのサービスのほぼすべてが税金で賄われている。

この日に、私が訪れた補助器具センターについて説明しておこう。スウェーデン語で「hjälpmedelscentral《イエルプメーデルスセントラル》」もしくは「hjälpmedelcentrum《イエルプメーデルセントルム》」と呼ばれ、日本語ではいずれも「補助器具センター」と訳されているこの施設のことについて、スウェーデンのケアやリハビリに興味のある人なら一度や二度は聞いたことがあるかもしれない。補助器具センターとは、障害をもつ人々がより安全で楽に基本動作や日常生活を行うことができるとともに、介助する人々もより安全で楽に行うために役立つさまざまな道具や器具を備蓄し、対象となるすべての人に対して提供しているセンターである。一般に、「hjälpmedelscentral」は日本の「県」にあたるランスティングが経営し、電動車椅子や子供用補助器具をはじめとするあらゆる補助器具を揃えている。「hjälpmedelcentrum」のほうはコミューンの経営で、電動車椅子や子ども用の補助器具を除くすべての補助器具を扱っている。

補助器具センターには、特殊なスプーンなどの小さな自助具から電気仕掛けの大掛かりな移乗用リフトまで、障害をもつ人々の生活を支えるためのあらゆる器具が揃っている。また、品揃えだけでなく管理するスタッフもなかなか優秀である。療法士をはじめ、疾病・障害についての知識や機器に精通しているコーディネーターや人間工学に詳しいエンジニアなどもいるの

補助器具センター内の車椅子修繕コーナー

**表２－５　補助器具の自己負担額のコミューンによる違い**

（2005年９月現在）

| コミューン | 摘　　要 |
| --- | --- |
| ヴェクショー | 一つの疾患から生ずるすべての障害に必要なすべての補助器具に対して、最初に200クローネ（約3,000円）支払うだけで不必要になるまでレンタルされている。 |
| エステシュンド | すべての補助器具が無料で、不必要になるまでレンタルもしくは提供されている。 |
| クロコム | すべての補助器具が無料で、不必要になるまでレンタルされている。 |
| ヤヴレ | 2004年７月１日より、歩行車、杖、台所周りで使う小さな補助器具、特殊シャワーチェアーなどは自己負担で購入しなければならなくなった。車椅子およびその他の大型補助器具は、従来通り無料で不必要になるまでレンタルされている。 |
| ウプサラ | すべての補助器具が無料で、不必要になるまでレンタルされている。 |

エステシュンドの補助器具センター

が一般的である。日本にも、「福祉用具」と呼ばれる品物を扱う店舗や「テクノエイドセンター」という多少規模の大きい施設があるが、品揃え、スタッフの両面において補助器具センターとは比較にならない。

ここで扱う補助器具は、一部の使い切りの品物を除いて、そのほとんどがレンタル用である。そのために、利用者の手元から戻ってきた器具の洗浄や修理もしっかりと行われている。レンタル料金（**表2－5**を参照）は自治体によって違いがあり、たとえばヴェクショーでは、一つの原因疾患から生ずるすべての障害に必要なすべての器具に対し、最初に二〇〇クローネ（約三〇〇〇円）を支払うことで永年貸与となる。ヴェクショーの補助器具センターで働く作業療法士の説明は次のようなものであった。

「たとえば、脳卒中で重度の片麻痺になり、特殊な食器から特別誂えの車椅子、さらには移乗介助用リフトまでが必要と療法士が判断したとすると、最初に二〇〇クローネを支払うだけで、必要であれば一生借り続けることができる。また、一度申請したあとでも、必要に応じて別の器具を追加することも可能である（この場合、新たに費用を支払う必要はない）」

一方、エステシュンドコミューンでは、まったくの無料で必要な期間貸与されている。

ちなみに、この補助器具センターは、病院・施設、在宅を問わず、コミューンに住むすべての障害をもつ人々のために存在している。だから、たとえば病院に入院している患者が歩行車を必要とする場合も、同様にこのセンターから借りられるのである。病院に入院している場合は何かと制約の多い日本とは、この点でも違っている。

障害の状態とそれに対する一般的なケアおよびリハビリサービスの内容について、先の現場シーンでも登場した一軒家に住むヨスタを例に挙げて考えてみたいので、再度**表2-4**（一二九ページ）を参照していただきたい。基本動作では、寝返りから端坐位への起き上がり動作と移乗動作に中等度の介助、歩行には歩行器を使用しつつ軽介助が必要というレベルである。排泄も、オムツ交換やトイレへの移乗など、常に何らかの介助を必要とするレベルである。このような障害をもつヨスタのケアおよびリハビリの内容について、レーナに尋ねてみた。

**レーナ**　看護助手の行う主なケア内容は、ベッド上姿勢調整、ベッドと車椅子間の移乗介助、トイレ介助、清拭《せいしき》（以上、毎日）、シャワー介助（週一～二回）、リハビリ（週二回。理学療法士および作業療法士により指導された両下肢筋力トレーニング、立位バランス練習、歩行練習、麻痺側肩甲帯から手指にかけてのモビライゼーションとリラクセーション）、散歩（毎週月曜日）で、これらだけで月に一五九時間以内に設定されています。さらに、デイケアへの移送介助（毎週木曜日）、看護師による訪問（必要時）、作業療法士や理学療法士によるリハビリ（週二回。内容は同上）が提供されます。そして、これらのほぼすべてが税金で賄われているのです。ちなみに、食事の用意と介助は現在奥さんが行っています。

続いて、出入り口に段差がなく、空間も非常にゆったりとしているシャワートイレルームは最初からこうだったのか、またヨスタの車椅子、座面クッションやシートについても解説してもらった。

**レーナ**　シャワートイレルームは、ヨスタが障害をもつようになってから敷居をとり、シャワートイレルームの壁をとって空間を広くする改装工事を行いました。もちろん、本人負担額はゼロです。

車椅子はエタック（ETAC）社の「Revo《レボ》」で、いわゆるモジュラー型です。さらに座面には、座りながらバルブをゆるめることで自分の臀部にフィットする構造の空気圧調節型の特殊座面クッション（商品名：「VARILITE STRATUS」Cascade Designs, inc.）と、「One Way Slide」（一三七ページ参照）が敷いてあります。特殊座面クッションは、長時間の車椅子座位をとる際に臀部や腰の痛みが出ないための予防として使っており、「One Way Slide」は臀部を後方に引くことが苦手なヨスタ自身のためと、それを介助する職員が介助しやすいための両方の目的で使われています。

日本の現状と比較してどうだろうか。ぜひ、議論していただきたいところだ。

# 支援管理者インガリル・カールストレムへのインタビュー

ヴェクショーのビルカの責任者であるミリアムとの質疑応答のなかでも登場した「支援管理者」という職業について、エステシュンドコミューンで働いているインガリル・カールストレム（Inga-Lill Karlström）にインタビューを行ったのでここで紹介しておく。

支援管理者は、スウェーデン語で「biståndshandläggare《ビストンズハンドレッガレ》」(7)もしくは簡単に「handläggare《ハンドレッガレ》」と呼ばれ、スウェーデンの障害者の住居およびケアの確保に責任をもつ大切な職業である。日本で言えば、介護支援専門員にもっとも近いのだろうが、その職務内容、評価方法、責任の範疇、帰属意識といっ

インガリル・カールストレム

(7) bistånd＝「援助、支援」、handläggare＝「管理者」。

た観点から見て、両者にはかなりの隔たりがあると思われるのでスウェーデン語に忠実に「支援管理者」と訳した。

**質問**　まず、支援管理者の仕事について聞かせてください。

**インガリル**　支援管理者はコミューンの公務員であり、コミューン内に住む障害をもつ患者の住居と、ケアの確保およびその内容に責任をもつ職業です。エステシュンドコミューン内には現在一四人の支援管理者がいて、それぞれ担当地域をもっています。もう少し分かりやすく説明すると、一番の大きな仕事は、病院を退院する患者の居住先と退院後に受けるケアの内容を決定することです。その主な流れは次のようになります。

まず、患者が病院を退院する日が決まると、病院からその患者の居住地域を担当する支援管理者に連絡が入ります。すると、支援管理者は病院での患者との面接、担当の看護師や医師、療法士などとの面接、さらには患者の自宅訪問などを行って情報を収集します。その情報をもとに、患者の退院後の居住先、ケア内容を評価し、患者および近親者との合議のうえ、本人の承認を得て最終的にどうするかを決定します。

私は、現在、約二〇〇人の患者を担当しています。といっても、もちろん毎日この二〇〇人を追いかけているわけではありません。住居とケア内容が決まればそのあとはさほどかかわりはなく、何か問題があるときに対応するという程度です。一日に新規患者を受けもつ頻

度は、まったくのゼロから数件まで、その日によって違います。(8)

**質問**　これまでで、一番印象に残っている事例を教えてください。

**インガリル**　三〜四年前に前任の支援管理者から引き継いだ事例ですが、重い認知症と心臓疾患をもつ女性とその夫、そして三人の娘たちの間で折り合いをつけるのが大変だったというものです。

夫は妻の退院後、もうこれ以上妻と自宅で一緒に暮らすのは耐えられないので（夜間の徘徊がひどく、夫が体調を壊しそうになった）、ケア付き高齢者住宅に入れてもらいたいということで相談に来ました。でも、それだけなら普通の事例でしかないのですが、三人の娘は「母は父と離れるべきではなく、自宅で一緒に過ごすべきだ」と主張したために事が先に進まなくなり、一時期、家族間で緊張関係が続いたんです。その後、とにかく彼らの言い分に充分に耳を傾けること、また「相手の立場に立って理解しようとする気持ち（sympati）」をもちつつ「安心感（trygghet）」を与えることに留意して接し続けた結果、その約二年後に、夫婦揃ってケア付き高齢者住宅に引っ越すということで落ち着きました。三人の娘たちは、

（8）　多いときでも、日本の介護支援専門員のような異常な動き方にはならない。いわゆる、「出来高制マークシート評価表」を記入することに四苦八苦する日本の介護支援専門員とは、根本的に仕事内容、考え方、動き方が違っている。

後任である私のおかげだと感謝をしていましたが、前任者も誠心誠意取り組んでいたと思います。

**質問** たとえば、重度障害をもつ高齢者が自宅で暮らす場合、ケア担当者（看護助手）の訪問回数は一日当たりどのくらいになりますか？

**インガリル** 七～八回くらいが一般的だと思います。

**質問** スウェーデンのケア行政上の「単位（enhet）」に関する質問ですが、私営の単位はありますか？

**インガリル** ストックホルムなどの大都市での事情は分かりかねますが、それ以外のコミューンでは完全な私営というのは今のところないと思います。ただし、コミューンが民間業者に「委託（uppdrag）」する形のものはあります。委託された企業は、コミューンのつくった「規則（lagstiftning）」を遵守して経営しなければなりません。

**質問** では、純粋なコミューン経営の単位と委託単位で、そのケアの中身に差を感じることはありますか？

**インガリル** これまでの私自身の印象ではさほど差を感じたことはありません。良いものは良い、悪いものは悪い、ということです。

**質問** ところで、施設や在宅ケアなどがきちんと運営されているのかを監視するのは支援管理者の役目ですか？

**インガリル**　いいえ、監視は「レーンの行政機関（Länsstyrelsen）」のなかの「社会コンサルタント（socialkonsulent）」という職種が担当します（詳しくは、第四章の「ケア内容を監視する社会コンサルタントの仕事」を参照。二〇七ページ）。

**質問**　最後に、あなたの年間の有給休暇の日数は何日ですか？　そして、今年の夏季休暇の予定はどうなっていますか？

**インガリル**　（笑いながら）三一日です。もう間もなく、数週間の夏休みをとります。

### 日本人も働いています！

石濱・H・実佳さん。大阪の大学でスウェーデン語を専攻し、さらにエステシュンドの大学で福祉を勉強した以後、約10年間にわたってヤムトランドに住んでいる。支援管理者として働いてからは６年になるということ。現在、育児休暇中だが、自分が責任をもたなければならないコンピュータの管理のため、週１回金曜日の午前中のみは出勤しているとのこと。ご主人と子ども２人、自然の豊かなクロコム（Krokom）コミューンに住んでいる。「ヤムトランドの人は、人情に溢れているところが好き」と語っていた。

職場の同僚の事務室でお子さんと

### KOLUMN 住居とケアの確保はコミューンの責任～ヤムトランドの例

病院で患者の治療が終わると、担当医師は治療終了を告げる。すると病院は、その旨を「支援管理者（Biståndshandläggare）」に連絡することになる。143ページでも述べたように、支援管理者はコミューンの職員であり、患者および家族、さらに病院およびコミューンの各担当専門家（医師、看護師、療法士など）から充分に情報収集したうえで、患者の住居とケアの内容について決定するという責任を担っている。すなわち、コミューンが患者の住居とケアの確保に責任をもつことになるわけだが、それが成り立つ背景には厳しく設定されたコミューンに対する負担金制度がある。

医師が患者の治療終了を告げ、病院が支援管理者に連絡をした段階でその患者の住まいとケアの責任はランスティングからコミューンに移る。つまり、仮にコミューンがその患者の行く先を決められずに入院が長引いたとすると、コミューンがランスティングに対して１日１人当たり3,400クローネ（約５万1,000円）の入院費を支払わなければならないのだ。よって、待機期間が長引くほどコミューンの負担額が増す仕組みとなっている。ちなみに、患者が病院からコミューン運営の短期滞在施設に移れば、コミューンの負担は１日当たり1,500クローネ（約２万2,500円）で済むことになる（図２－２参照）。

このようなシステムにより、患者の退院が促進されると同時に、コミューン内での住居やケアも確保されるのである。

エステシュンドコミューンの庁舎

図2－2　医療、ケア、住居の提供に関するランスティングとコミューンの役割分担と負担金の流れ

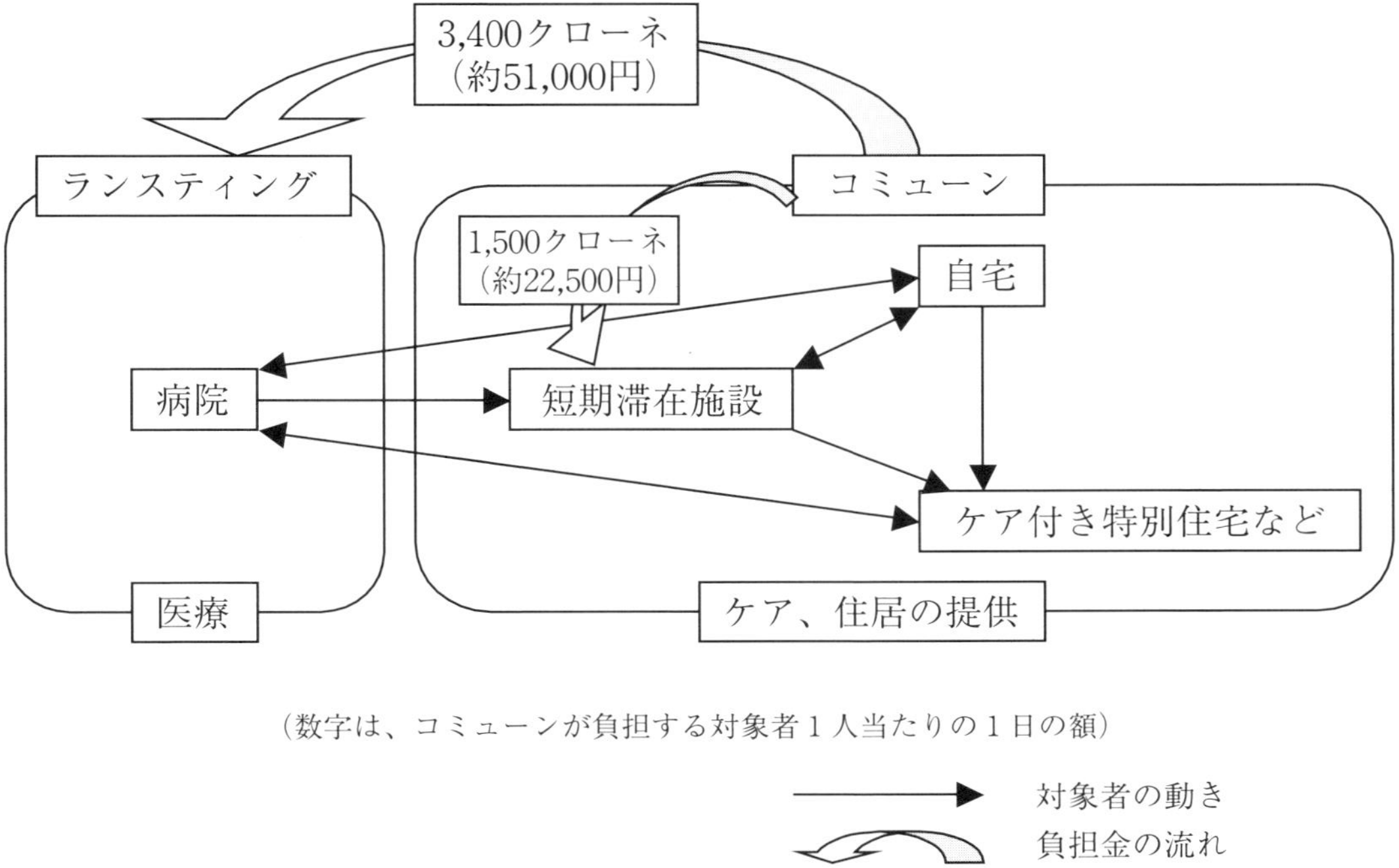


（数字は、コミューンが負担する対象者1人当たりの1日の額）

# 第3章

# クロコム

## ウーヴィクス山脈を望む町

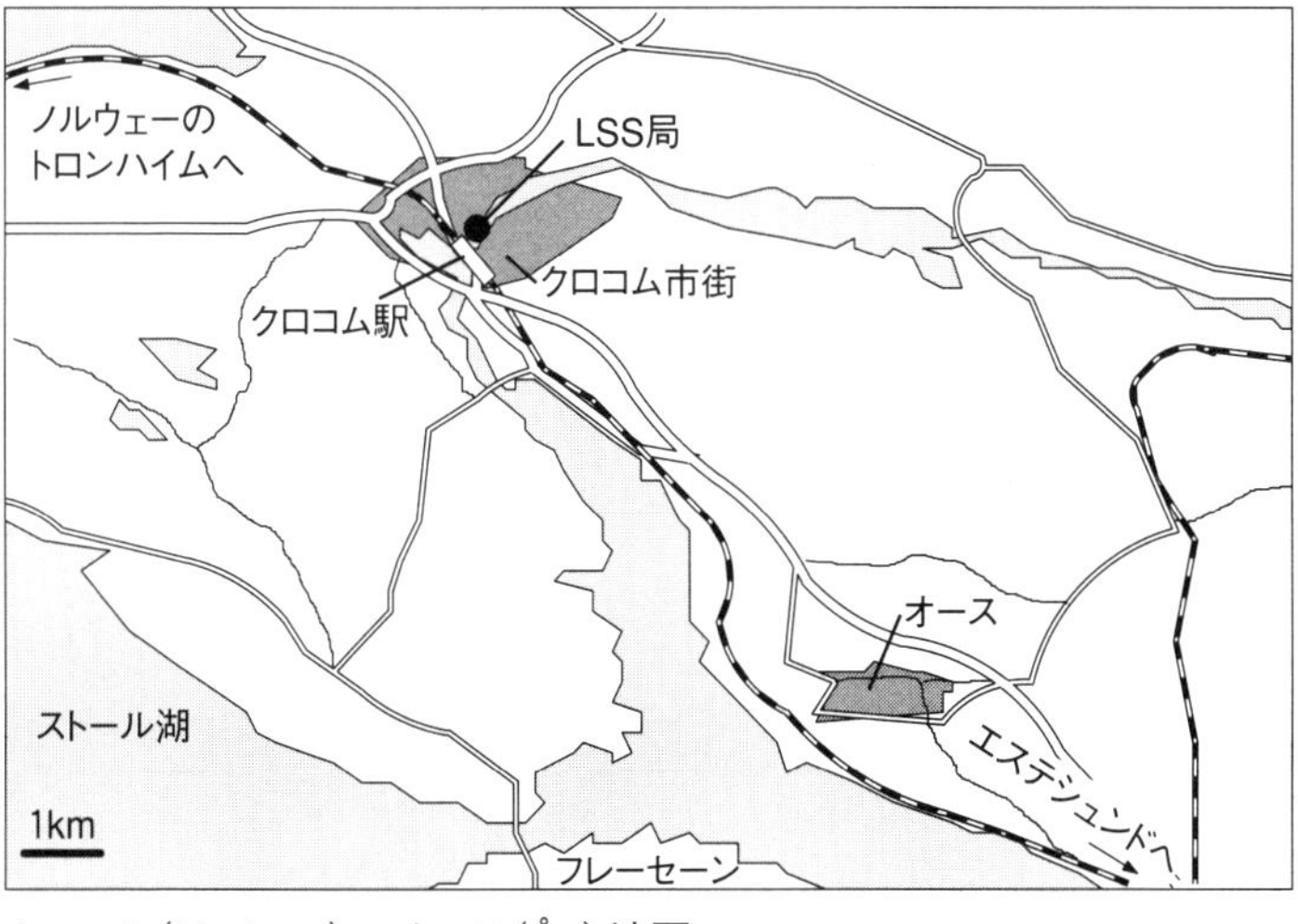


クロコム（Krokom）、オース（Ås）地図

クロコムはエステシュンドの隣町で、その北西はノルウェーと国境を接する人口一万四〇〇〇人の小さなコミューンである。

エステシュンドのバスターミナルから、ヤムトランドレーン運営の公共バスに乗り込んだ。ゆったりとした座席、そして車椅子や乳母車が一～二台は乗り込める広いスペースが中央に確保されている。そのスペースのすぐ後ろ、進行方向に向かって左の座席に座るとバスはシルク通り（Kyrkgatan）を北へと出発した。「ヤムトリ（Jamtli）」と呼ばれるヤムトランドレーンの野外博物館前でロードヒュース通り（Rådhusgatan）に入り、さらにノラオース通り（Norra Åsvägen）を北西へと走っていく。

ノラオース通りを走りはじめてまもなく、左の窓から見える景色に思わず息を呑んだ。タンポポの山吹色が溶け入る緑の牧草地の向こうにはストール湖が広がり、さらにその後ろには、ドロンメン山（Drommen）と西山（Västfjället）を筆頭とするウーヴィクス山脈（Oviksfjällen）が、いよいよ夏本番の青い空に美しい山際をつくっている。まさに絶景である。一瞬、忘我となり、想いはその向こうのノルウェーにまで広がった。

エステシュンドを出て一五分、その余韻を残したままバスはオースに到着した。これから、ここを基点に、ＬＳＳという法律に支えられて暮らす成人の障害者たちを取材するのである。

公共バスの車内

## ＬＳＳ法に支えられる障害者の暮らし

スウェーデンには、「ＬＳＳ法」と呼ばれる特定の機能障害者を支えるための大切な法律がある。「ＬＳＳ」とは「Lag om stöd och service till vissa funktionshindrade」の略で、直訳すると「特定の機能的障害者に対する支援とサービスに関する法律」となる（一九九四年一月施行）。発達障害、自閉症もしくは自閉症同様の状態をもつ障害、脳外傷、そのほかによる重度の機能障害をもつ者に対して、彼らの日常生活における平等と社会への完全参加を促進するという目標のもとにさまざまな支援やサービスを提供することが記された法律である。そして、そのような支援やサービスを具体的な形で提供しているのが各コミューンにある「ＬＳＳ局（LSS-enheten）」という組織である。

このＬＳＳ法とＬＳＳ局について、もう少し詳しく説明をしておきたい。まずＬＳＳ法についてだが、**資料3－1**を見ていただきたい。これは、クロコムコミューンが利用者向けに発行しているＬＳＳ法について解説した小冊子の内容である。ＬＳＳ法の目的、支援サービスの対象となる人、そして主な権利事項などが示されている。

からの抜粋

● **エスコートサービス**
このサービスの目的は、重度の機能障害をもつ人々の孤立を防ぎ、彼らの家の外とのつながりを援助することである。普通の余暇時間、すなわち近隣で過ごす日常の余暇時間を得るために利用することができる。

● **交際人**
交際人は、同胞（同士、仲間、友）のように機能する人である。

● **家での息抜きサービス**
息抜きサービスの目的は、機能障害者の親もしくは家族に息抜きの時間を与え、彼ら自身の時間をもてるようにすることである。内容は、職員が利用者の家に出向き、ケアを一時的に引き受けるというものである。

● **家の外でのショートステイ**
ショートステイは、家族に息抜きを与えるもう一つの方法であると同時に、障害者自身が環境の変化と気晴らしを得る機会でもある。ショートステイには、ショートステイホーム、支援家族、もしくはキャンプステイ*での滞在などといった形がある。児童や青少年にとっては、独立心の育つ機会にもなる。

（この目的は、利用者に息抜きと環境変化の機会を提供し、同じような機能障害をもつ人との出会いの機会を頻繁に与えることである。具体的には、乗馬キャンプ、腰掛けスキー、インディアンキャンプ、スカウトキャンプ、もしくは別の準備された野外生活などがある。治療旅行、リハビリ旅行などはランスティングの責任で行う。）

● **12歳以上の生徒に対する短期監督**
学期中のいわゆる余暇時間（放課後）および休暇期間中が対象で、ビイスコーゲンのショートステイホームで利用できる。エステシュンドの特別学校に通っている学童にとっては、余暇活動を得る機会にもなる。

● **児童と青年に対する家族の家もしくは特別サービス付き住居の提供**
これは、子どもに親と別居する必要性が出たときに与えられる支援である。家族の家もしくは寮形式の家が選択肢としてある。

● **成人者に対する特別サービス付き住居もしくは他の調整された住居の提供**
様々な形態のものが考えられるが、ケア付住宅もしくはグループ住宅が一般的である。

● **日々の活動（活動所）**
上記❶と❷の障害者群を対象とし、彼らの日々の生活が有意義なものになるために、彼らの希望に沿って用意される活動提供サービス。

**i10 § LSS**
個別プランは、その利用者本人の“地図”のように、その計画されたサービス内容が一目で分かるように書かれていなければならない。また、プランは、本人の要望と合意のもとでつくられなければならない。

**i16 § LSS**
LSS のサービスを受けている人が他のコミューンに引っ越す場合、その新しいコミューンでもサービスを受ける権利を有する。その申請書は、その新しいコミューンですでに暮らしている人のものと同等に取り扱われなければならない。

## 資料3－1　クロコムコミューン発行の利用者向け小冊子「LSS」

表題：「特定の機能的障害者に対する支援とサービスに関する法律－他者と同様に生きる権利に関する一つの法律」（Lag om stöd och service till vissa funktionshindrade-en lag om rätten att leva som andra）

－1ページ目（裏表紙）－

1994年1月1日、LSSという名の新しい権利法が施行された。この法の目的は、人々の生活における平等と社会生活への完全参加を促進することである。この法に基づく様々な業務は、個々人の自己決定とありのままの状態を尊重して遂行されなければならない。また、継続性と広い視野をもって為されなければならない。支援内容は、利用者にとって手に入れやすく、かつ個々人に適合するよう調整されたものでなければならないと同時に、個々人にとって満足の行く生活状況を保証し、独立自尊の生活を送る能力を強めるものでなければならない。

以下の障害者群がこの法律の対象となる。

❶　発達障害、自閉症もしくは自閉症に近い状態の者。

❷　外傷や病気により恒常的でかなりの学習障害を負った成人者。

❸　明らかに、通常の加齢に因らない持続的な身体的もしくは精神的障害をもち、それによって日常生活を送ることが相当に困難となり、広範囲にわたる支援を必要とする者。

また、LSSによる支援を要請する資格のある者は「本人」、「後見人（保護者）」、「管財人」のいずれかであり、その支援は、本人もしくは法的に認められた代理人の要請に基づいてのみ与えられる。

－2ページ目以降－

権利事項

**Ⅰ 9 §LSS**

**●助言とその他の人的支援**

重い障害を抱えて生きることについての専門的知識をもつ職員から支援を得る権利を与える。それらの職員には、ケースワーカー、心理士、理学療法士、就学前カウンセラー、言語トレーナー、言語聴覚士、作業療法士、栄養士などが含まれる。助言は、ハビリテーション、リハビリテーション、社会サービスなどを質的に補うものとなろう。ハビリテーションに関して、成人者はコミューンから、児童と青年はランスティングから専門的支援を得ることができる。

**●個人ケアアシスタンス**

基本的必要事項を遂行するために個人的手助けを必要とする重い障害をもつすべての人々に、個人ケアアシスタントを派遣するサービス。基本的必要事項とは、「プライベートな衛生管理」、「食事」、「更衣」、「他人とのコミュニケーション」、「障害に関する詳細な知識を前提とする他の事柄」である。

手助けの時間が週20時間以下であれば、その費用はコミューンが支払う。20時間を超える分に関しては社会保険事務所に申請し、個人ケアアシスタント補償金を受けることができる。

権利事項に関して、いくつか解説を加えておこう。三つ目の「エスコートサービス」とは、近隣の散歩や買物などに利用者に付き添って出掛けるサービスである。面白いところでは四つ目の「交際人」であろうか、LSS局の作業療法士インゲボリ・スィヴェットソン（Ingeborg Sivertsson）によると、友達のように付き合うサービスとのことだ。普通の友達のように、悩みを相談し合ったり一緒に映画を観に行ったりなど、「何でもあり」らしい。ただ、普通の友達と違うのは、コミューンから給料をもらっているということである。

八番目の「児童と……」は、同居している家族に問題がある場合、ほかの居住場所を提供するサービスである。たとえば、保護者であるはずの親の生活が乱れ、利用者に害を及ぼす場合などが考えられる。そういった場合、一緒に暮らせるほかの家族もしくは寮形式のケア付き特別住宅などが提供されるのである。一〇番目の「日々の活動」とは、主に活動所[1]（日本式に言えば作業所）において、その本人の要望に沿った仕事や趣味的な活動の機会、もしくはケアやリハビリなどを提供するものである。

さて、いずれのサービスも障害者にとって欠かすことのできない優れた内容をもっているが、もっとも注目されるサービスは権利事項の二番目にある「個人ケアアシスタンス」と呼ばれるものである。文字通り、利用者専属の個人ケアアシスタント（personlig assistent）を派遣するもので、利用者の一日二四時間、一年三六五日の生活を保障しているサービスである。この個人ケアアシスタントによる実際のサービスの様子は、この章の中心テーマとして次項で詳しく取り上

## KOLUMN LASSと活動所

LASSとは、「Lagen om Assistansersättning（個別ケアアシスタント補償金に関する法律）」の略で、週20時間を超える個別ケアアシスタント費用を社会保険事務所（すなわち、国）が補償することを謳った法律である。LSS法と同じ年に施行された。この場合のケアアシスタントは、コミューンの委託を受けた人材企業からの派遣でも構わない。この法律によりLSS法が形骸化することなく、真の意味で障害者を支える力強い法律として光り輝くことができているのである。ちなみに、20時間以下の個別ケアアシスタントの費用、LSS法に基づくグループホームおよび各活動所の運営はコミューンが責任をもっている。この場合のケアスタッフはコミューンの職員である。

活動所とは、スウェーデン語で「Daglig Verksamhet」と呼ばれるものである。これを直訳すると「日々活動する場所」となるので「活動所」とした。日本における作業所に近いものである。クロコムの活動所は目的別に6か所ある。名称を挙げると、「Fixarna《フィクサルナ》」、「Cafe Bönan《カフェ ベーナン》」、「Rishugget《リースフッゲット》」、「Skogsgruppen《スコーグスグルッペン》」、「Trä《トレー》 &《オ》 Service《セルヴィス》」、「Hissmo《ヒスモ》」である。園芸、木を利用したものづくり、喫茶店運営といった「動的な活動」から、ただ会話やコーヒータイムを楽しんだり、ケアやリハビリサービスを受けるといった「静的な活動」まで、本人の希望や能力に合わせた各種活動を提供している。いずれのグループにも、利用者が生産的なことを期待されて働かされているというような雰囲気は微塵もない。あくまでも、彼ら自身の楽しみ、生きがいの手助けをすることが目的である。

木製品などを作る活動所“Trä & Service”

図3－1　クロコムコミューンのLSS局の職員構成

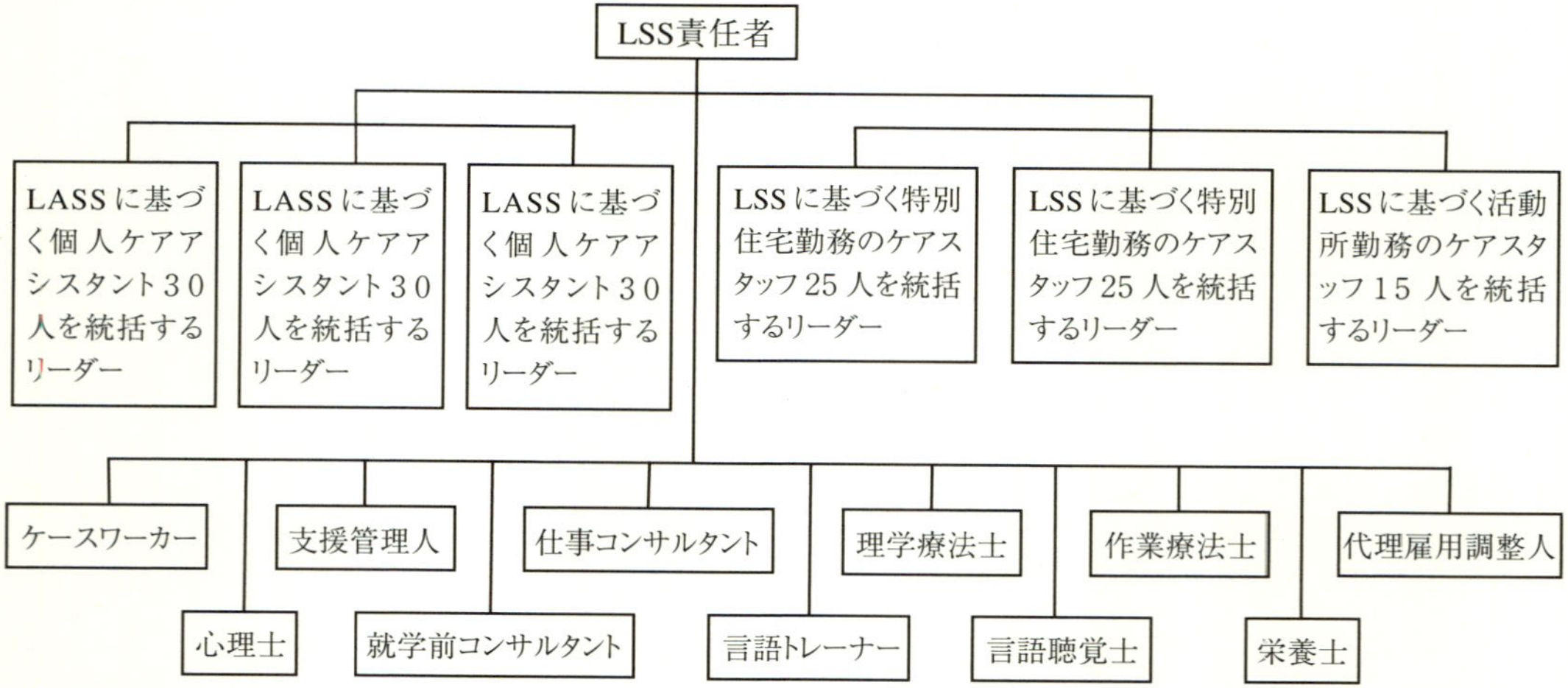


LASSに基づく個人ケアアシスタント数は代理職員を含めて約100人で、それに対する利用者数は約35人である。一方、LSSに基づくケアスタッフ（グループ住宅、活動所のケアスタッフと、20時間以下の個人ケアアシスタント）数は代理者を含めて約70人で、それに対する利用者数は約65人である。重度障害者に対しては、2人の個人ケアアシスタントが同時に関わることもしばしばである。また、同じ利用者に対して、複数の個人ケアアシスタントが交替で関わっているのが一般的である。ちなみに、個人ケアアシスタントは利用者個人が選べる。

げることにする。

次に、ＬＳＳ局について紹介する。**図３－１**を参照していただきたい。ＬＳＳ局はコミューン内の一組織であり、責任者以下、ケアスタッフのリーダー（六人）、ケースワーカー、支援管理者、仕事コンサルタント、理学療法士、作業療法士、代理雇用調整人（以上、常勤）、さらに心理士、就学前コンサルタント、言語トレーナー、言語聴覚士、栄養士（以上、非常勤）などで構成されている。

ケアスタッフを統括するリーダーは、ＬＳＳおよびＬＡＳＳ（一五七ページの**コラム**参照）に基づいて働くケアスタッフ約一七〇人（個人ケアアシスタントを含む）を管理する仕事である。そして、支援管理者は障害者の全般を評価してサービス内容を決定している。また、仕事コンサルタントは利用者の活動を広げる役割をもつ専門職であり、国民高等学校での履修を紹介したり、活動所への参加をすすめたり、また活動所以外の一般市場での職場開拓も行っている。もう一つ、代理雇用調整人といういかにもスウェーデンらしいポジションもある。スウェーデンでは常勤者が夏季などに数週間の長期有給休暇をとるのが一般的だが、そういった場合や疾病休暇などによ

（１）　園芸、木を利用したものづくり、喫茶店運営などのようなものから、会話やコーヒータイムを楽しんだり、ケアやリハビリサービスを受けるというようなものまで、障害者本人の希望・能力に合わせたさまざまな活動を提供しているコミューン運営の集いの場。

る常勤者の不在の穴を埋めるための代理勤務者を調達する職員のことである。

ちょっと余談になるが、インゲボリにクロコムLSS局における上司と職員の関係について聞いたので、ここで説明しておこう。

クロコムLSS局における上司と職員の関係は、日本で多く見られるような上司の一方的な要求に職員がこたえるというようなものではない。LSSにとって一番重要なことは、LSSの目標に基づいて各職員が利用者に対して責任を果たすことである。したがって、上司の仕事は、各利用者がより良いサービスを得られるべく各職員が気持ちよく働けるように労働環境を調整することである。年に一度（現在は毎年二月）、仕事の経過を上司の前でプレゼンする義務があるが、これもあくまで職員と上司が情報を共有し合うための年間のまとめのような性質のもので、上司が部下を叱責《しっせき》するようなものでは決してない。

では、いよいよ、LSSに基づく個人ケアアシスタント制度に支えられている三人の重度障害者の生活を紹介することにしたい。記したのは、それぞれの人の「ある一日」である。これを読むことによって、LSSの目的（**資料3－1**の初めの部分）のなかで謳われている「人々の生活における平等と社会生活への完全参加の促進」、「個々人の自己決定とありのままの状態を尊重しての業務遂行」、「継続性と広い視野をもった業務遂行」、「利用者にとって手に入れやすく、かつ個々人に適合するよう調整された支援内容」、「個々人にとって満足の行く生活状況を保証し、独立自尊の生活を送る能力を強める支援」といったことが、どのように具現化されているのかをぜひ感じていただきたい。

**シャスティンの一日（六月二九日・水・晴れ）**

六二歳になるシャスティン（Kerstin）は、クロコムの中心部にあるサービスアパート「Orion《オリオン》」に住んでいる。一五年前に脳卒中、七年前に多発性硬化症の診断を受けた。徐々に障害が進み、一か月ほど前から食事の準備にも手助けが必要となった。

現在は、朝八時から午後一時までが二人の個人ケアアシスタント、その後の就寝までは一人の個人ケアアシスタントがついている。本日の個人ケアアシスタントは、アントン（Anton）、ペニッラ（Penilla）、エーリン（Elin）の三人である。

八時に起床。オムツ換えに続いて、ペニッラの介助により、ベッド上でストレッチングおよび関節可動域練習を行う。その後、床走行式リフトで電動車椅子へ移乗する。移乗後、すぐにシャスティンはタバコを吸いにベランダへ向かった。愛猫の「Simon《スィーモン》」も、のそのそと後をついていく。

サービスアパートの「オリオン」

## 表3－1　個別ケアアシスタントに支えられる3人の障害評価とケア内容

| 項目＼名前 | | シャスティン(62歳) | スティーグ(60歳) | エルヴィ(57歳) |
|---|---|---|---|---|
| 診断名、エピソード | | 脳卒中（1990年）、多発性硬化症（1998年）。一ヵ月ほど前から食事の準備にも手助けが必要になった。 | 小児麻痺、発達障害 | 多発性硬化症を患って20年。すべての基本動作、日常生活活動に介助が必要。 |
| 障害評価（＊1） | 寝返り・起き上がり | 3 | 2 | 3 |
| | 排泄 | 2 | 2 | 3　排泄は、尿は人工尿口から、大便は人工肛門から、それぞれ専用の袋内に排泄される。 |
| | 食事 | 1 | 1 | 2 |
| | 褥瘡 | 1 | 1 | 1 |
| | 拘縮 | 2 | 3 | 2 |
| 観察した褥瘡、実際に触れて確かめた拘縮や筋の硬さの状態 | | 左手指に軽度の拘縮あり（完全伸展不可） | 両膝関節に30度ほどの屈曲拘縮あり | 両足関節の背屈が不完全 |
| ケア内容 | | 排泄ケア<br>清拭・シャワー<br>移乗介助<br>食事介助<br>喫煙介助<br>近隣散歩<br>ルーティーンのリハビリ：<br>①朝起きてすぐのストレッチング、マッサージ、関節可動域練習<br>②10時台のリハビリ<br>TENSによる治療<br>③昼のリハビリ<br>上下肢関節可動域練習、腕用自転車漕ぎ<br>④夕方のリハビリ<br>脚用自動自転車漕ぎ（1時間）<br>⑤2週間に一回のプールセラピー | 排泄ケア<br>清拭・シャワー<br>移乗介助<br>食事介助<br>近隣散歩<br>ルーティーンのリハビリ：<br>①理学療法室での両下肢のストレッチング、関節可動域練習、平行棒内歩行練習<br>②週一回のプールセラピー（1時間） | 排泄ケア<br>清拭・シャワー<br>移乗介助<br>食事介助<br>喫煙介助<br>近隣散歩<br>ルーティーンのリハビリ：<br>①理学療法室での手と脚の自転車漕ぎ、筋ストレッチング、関節可動域練習<br>②自宅内での特別立位器具を用いた立位練習（45分間）と夕食前のフラスコを吹くトレーニング |

（＊1）　資料1－1による。数字はレベルを表す。

08:45　アントンのつくった朝食を食べて、薬を飲む。

09:15　シャワー浴。アントンとペニッラの二人で介助。

09:45　床上リフトでシャスティンをベッドに戻し、アントンがシャスティンの腰部に「TENS（低周波治療器）」をかける。[2] 続いて、ペニッラが下剤を入れる。シャスティン、三〇分ほど横になったままでいる。

10:25　床走行式リフトでシャスティンをトイレ介助用の特別椅子へ移乗させて、トイレで排便をする。お尻を洗浄したのち、床上リフトで再びベッドへ戻る。紙オムツをつけ、ズボンをはかせようとしたところでシャスティンに電話がかかってきて、寝たまま話をはじめた。約五分間、アントンとペニッラは、ベッドのかたわらでシャスティンの電話が終わるのをじっと待っていた。

服を着せ終える。シャスティンを床走行式リフトで電動車椅子へ移乗させると、彼女はタバコ

（2）低周波治療器は、いわゆる無資格のケアアシスタントでも理学療法士の処方・指導に基づいて施行できる。ちなみに、鍼治療は、理学療法士もしくは看護師資格をもち、一週間の所定の講習を修了した者でないと施行できない。

を吸うために自分でベランダへ向かう。ベランダに通じるドアはリモコン式なので、自分で開けて外に出た。タバコを吸いながら彼女は、アントンがベランダの花壇の草取りをするのを眺めていた。

しばらくして、一服を終えたシャスティンがダイニングテーブルへ向かうと同時にアントンも戻ってきた。アントンがシャスティンにメガネをかけてあげると、新聞を読みはじめた。テーブルの上には先ほど届いたシャスティン宛の郵便物が載っており、アントンはそれらを開封してシャスティンに確認しつつ整理をしていく。

10:50　アントンが台所に立って、シャスティンの昼食の準備をはじめた。しばらくして、ちょっと早めの昼食。スィーモンも食卓に上がり、シャスティンのミートボールと茹でたジャガイモに顔を突っ込んできた。一一時四五分、すべては食べ切れず、とりあえず昼食終了。

11:55　シャスティンのアパートから電動車椅子で三分のところにあるコミューン運営のケア・リハビリ施設「ブロムステルゴーデン（Blomstergården・花の庭）」の理学療法室でリハビリの時間である。その部屋専用の床走行式リフトを使用して、アントンとペニッラ

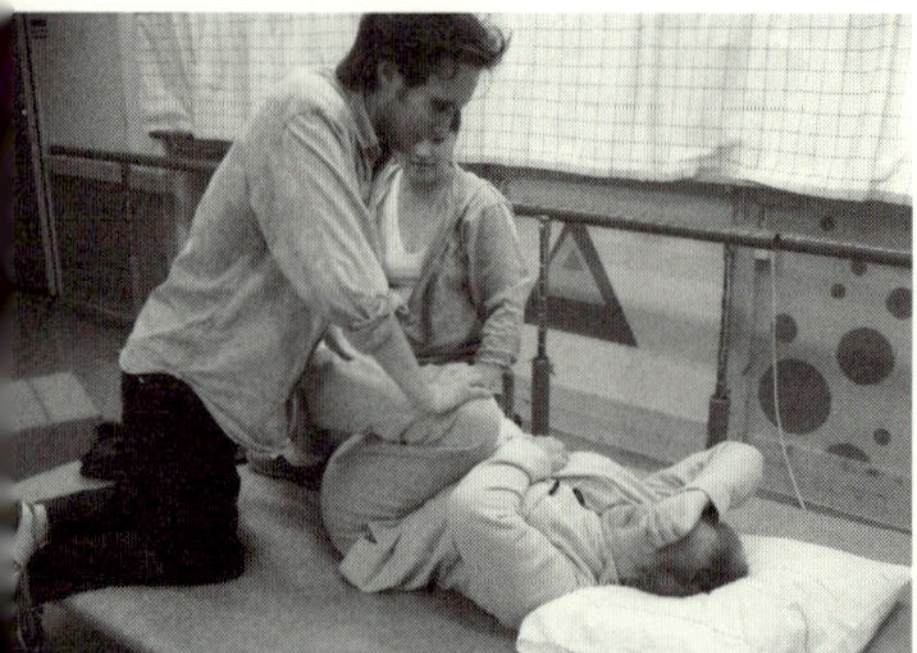

脚の関節可動域練習

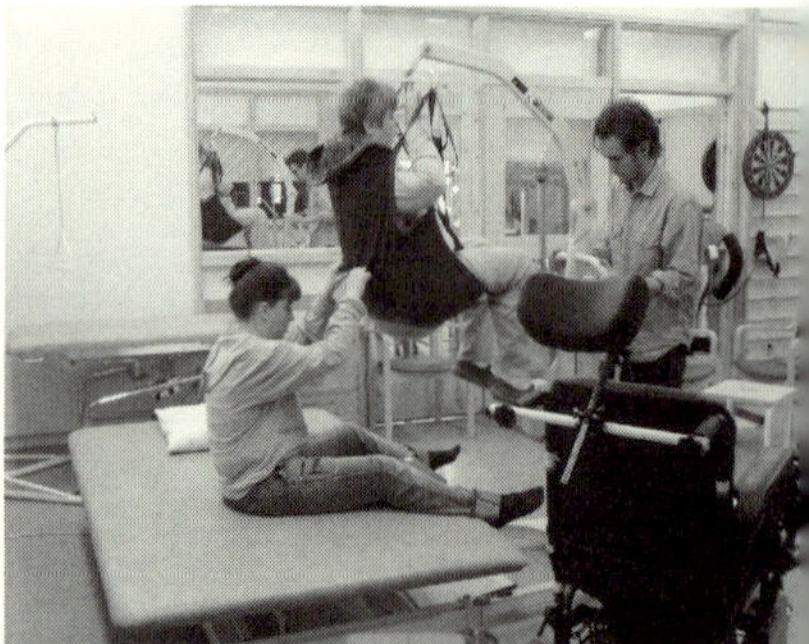

床走行式リフトを使ってペニッラ（左）とアントンがシャスティンを移乗させる

の二人介助のもとで電動車椅子からプラットフォームへ移乗する。そのまま端坐位《たんざい》をとらせる。ペニッラはシャスティンの後ろに回って、アントンは前に座ってシャスティンの両足を補高台の上に乗せる。

まずは、坐位で両下肢を踏ん張りながらのバランス練習である。右前方、左前方と交互に重心を移動させるのだが、ペニッラとアントンが前後で介助しながらそれぞれ一〇回ずつ行った。次は背臥位《はいがい》で両下肢の関節可動域の練習で、股関節、膝関節、足関節を充分に伸ばしていく。続いて、両上肢の関節可動域練習。ペニッラとアントンが時折シャスティンにいたずらをしかけたりして、笑いがこぼれた。肩関節から指関節まで、終始リラックスした雰囲気のなかで行った。

再びリフトで車椅子へ移乗だが、ペニッラは前方から車椅子座面を整え、アントンは後方からシャスティンの身体を支えながら、移乗後の座り心地が良いようにと充分に気を配りながらていねいに下ろしていく。そして、今度は上肢の自転車漕ぎである。アントンがシャスティンの手を介助してハンドルを握らせ、ペニッラは後ろからシャスティンの頭を支える。シャスティン一人では、ハンドルを握る力や運動中に上半身を支える力が不充分だからだ。そのままの状態で五〇回転ほど漕いだ。

これで、昼の分のリハビリをすべて終了した。ふと見ると、車椅子上のシャスティンの臀部の

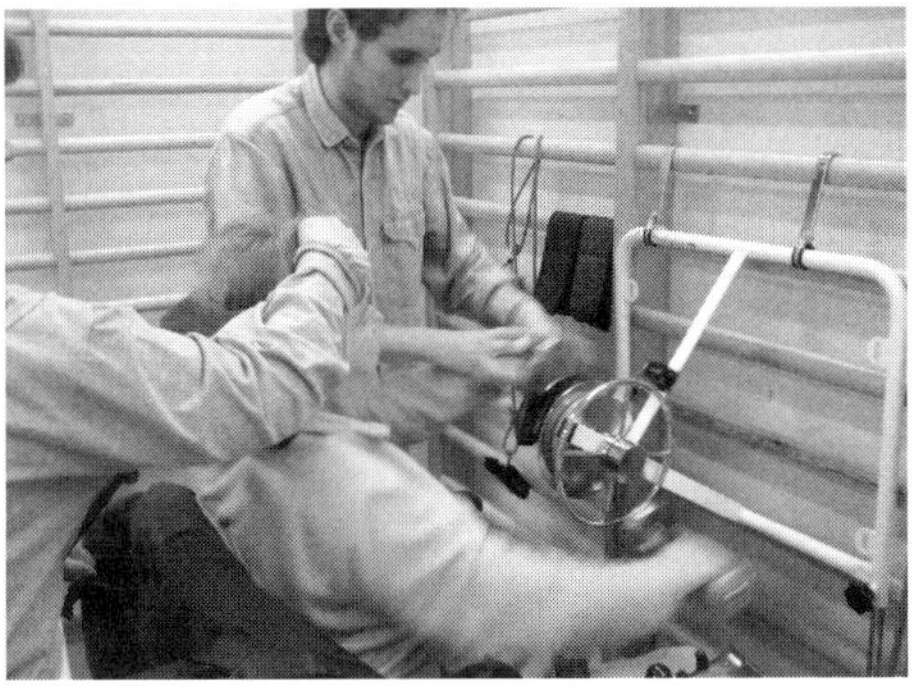

手の自転車漕ぎ

位置がずれていたので、リフトを使って座りなおした（一二時四〇分）。その後、アパートに戻って、先ほどの昼食の残りを食べる（ここで、アントン、ペニッラが帰ってエーリンが入る）。

14:00　シャスティンの昼寝の時間である。シャスティンを床走行式リフトで車椅子からベッドに移乗させるため、エーリンが室内のアラームを押してサービスアパートに勤務している別のケアスタッフに応援を頼む（介助の重い人には二人で介助をしなければならない）。

16:15　シャスティンが昼寝から起きる時間である。エーリンが再びアラームを押し、先ほどのケアスタッフに応援を頼む。今度は逆に、床走行式リフトでシャスティンをベッドから車椅子へ移乗させた。エーリンがバルコニーの花に水をやるのを眺めながら、シャスティンはバルコニーで目覚めの一服。

16:30　再び、先ほどの理学療法室である。今度は、電動の下肢の自転車漕ぎマシーンで約一時間のトレーニングだ。

ちょうど終わったころにインゲボリが合流した。そして、シャスティンの車椅子に敷いてある座面（ROHOクッション）の具合を確認した。このあとは、夜九時半の就寝までエーリンがつき、その後、朝まではサービスアパート内に勤務しているケアスタッフが対応することになる。

ちなみに、上記のタイムテーブルは職員によって決められているのではなく、シャスティンのある一日を追った際に参考までに記したものだ。好きな時間に起き、好きな時間に寝て、好きな時間にタバコを吸い、好きな時間にリハビリに向かう。われわれ、いわゆる非障害者が日常を過ごすのとまったく同じである。つまり、シャスティンが決める時間の流れに職員が手助けをしている様子を記しただけである。

もう一度、シャスティンの受けている主なサービス内容について整理をしておきたい。大きく分けると次の三つとなる。

**❶個人ケアアシスタントによるケアとリハビリ**

ケアは、排泄ケア、清拭《せいしき》およびシャワー介助、移乗介助、食事介助、喫煙介助、近隣散歩などである。そして、リハビリは次のようなメニューとなっている。

・朝、起きたときのリハビリ（毎日）――ベッド上での簡単なストレッチング、マッサージ、関節可動域練習

・午前一〇時台のリハビリ（毎日）――ベッド上でのＴＥＮＳによる腰部と右大腿部の治療（各々の部位を隔日で施行）

・昼のリハビリ（プールの日を除く毎日）――理学療法室での上下肢関節可動域練習、腕用自転車漕ぎ

・夕方のリハビリ（プールの日を除く毎日）――理学療法室での脚用自動自転車漕ぎ一時間（血液循環をよくする目的で行う。回転は電動による自動）

・二週間に一回のプールセラピー

❷補助器具
・電動車椅子　・シャワーおよびトイレ介助用特別椅子
・電動リフト　・ベッドルームからバルコニーへ通じるリモコン開閉式ドア
・電動ベッド　・ケアスタッフに連絡を取るためのアラーム
・褥瘡予防用マットレス　・台所、ベッド周り、トイレシャワールーム内の細かい補助器具類
・ベッド上休息用足載せ台
❸運転サービス（旅行やプールなどの外出の際）

これまでに何度か記したように、これらのサービスのほぼすべてが税金で賄われている。その費用は、コミューンと国の機関である「社会保険事務所（försäkringskassan）」が負担している。

個人ケアアシスタントについてだが、現在シャスティンには朝八時から午後一時までは二人がつき、その後の就寝までは一人がつく。本日勤務していたペニッラ、アントン、エーリンをはじめ、数人の個人ケアアシスタントが交替で入っている。ちなみに、ペニッラは本職のケアスタッフで、アントンとエーリンは「夏季労働者（sommarjobbare）」と呼ばれる臨時職員であった。

アントンは、普段はストックホルムの大学に通う学生で、私が行ったときには四年生であった。夏休みを利用して、約二か月間ここで働いているということだった。彼は、大学一年生のときからシャスティンを担当していて、今回で六度目だそうである（夏休み以外に冬休みにも二度担当

している)。一方、エーリンは高校を卒業したばかりで、この秋「単科大学(högskola)」に通うまでの一〇週間を使って働いている。シャスティンを担当するのは初めてで、夏の終わりまで、全部で二五〇時間くらいは働く予定と言っていた。スウェーデンではほとんどの職員が夏季に長期有給休暇をとるため、このような夏季労働(臨時雇用)システムが実によく発達しているのである。

アントンの帰り間際に、彼の勤務実績記録用紙を見せてもらった。六月一〇日から今日までの二〇日間で一五日間勤務している。給料は、月曜から金曜の日勤帯(八時～一九時)は時給八三クローネ(約一二〇〇円)、同一九時以降および土日や祝祭日はその一・五倍ほどとなる。一応、一旦税を支払うが、学生は年間収入が少ないために翌年にはほぼ全額が戻ってくるとのことだ(すなわち、前記金額は手取り収入となる)。

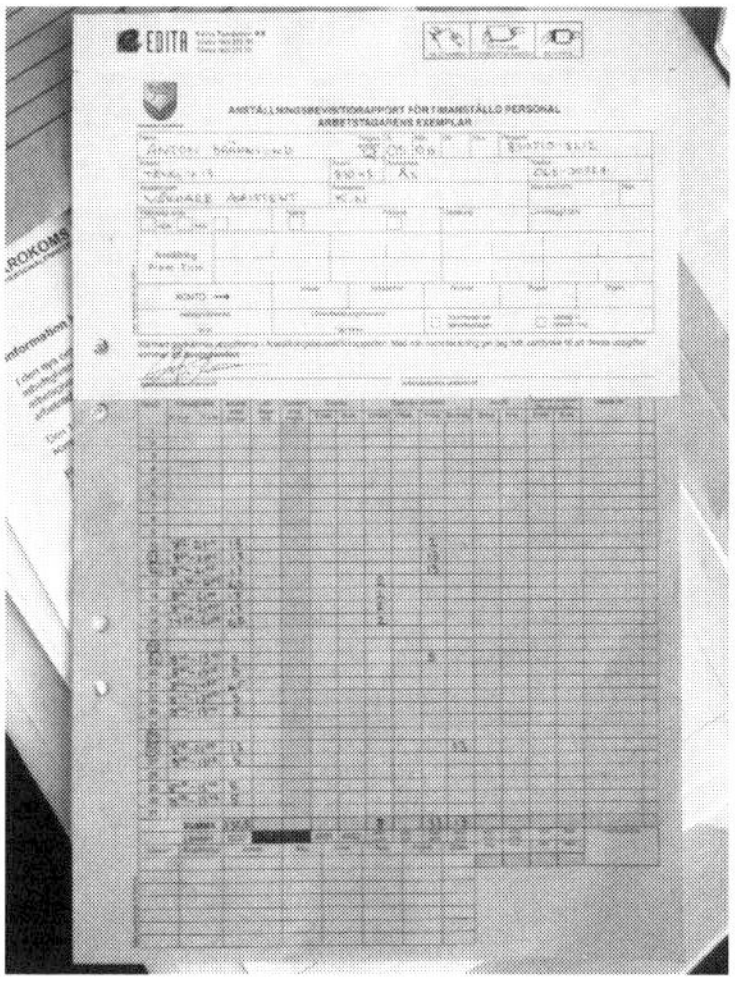

アントンの勤務実績記録用紙

## スティーグの一日(六月三〇日・木・晴れ)

小児麻痺、発達障害をもつスティーグ(Stig)は、最近六〇歳を迎えたばかりである。彼も、サービスアパートの「オリオン」内に住んでいる。長年にわたって会社を経営してきた父親のおかげで、生まれてからずっと比較的裕福な暮らしを送ってきている。数年前までは、かなり大きな一軒家で両親とともに生活してきたが、両親の死を契機にオリオンに引っ越したとのことである。現在でも、起き上がり動作は自立にて行えており、両下肢の支持性もある程度保たれていて移乗動作も見守りで可能であるが、担当の作業療法士のインゲボリによると、両親と一緒に暮らすなかで、充分な立ち上がり動作をせずに車椅子に座って過ごす時間が長かったために膝の拘縮《こうしゅく》が進んでしまったとのことである。ちなみに、コミュニケーションはごく簡単なやり取りのみ可能である。

この日の個人ケアアシスタントは、スィーヴ・オルソン（Siv Olson）とエーリック（Erik）である。

08:00 スィーヴとともにスティーグのベッドルームへ入ったが、スティーグはすでに目を覚ましていた。スィーヴが私を紹介すると、早速笑顔で手を差し出してくれた。そして、すぐさま床頭台《しょうとうだい》の引き出しを開け、いくつかの写真を私に見せはじめた。何やらボソボソと説明しながら見せてくれるのだが、言語障害とヤムトランド方言が重なって私にはほとんど理解できなかった。約一五分間、ベッドに寝たままの状態でその「お披露目会」は続いた。

ようやくひと段落ついたところで、スィーヴが彼の説明を解説してくれた。どうやら、数年前になくなったスティーグの両親や友人たちの写真を見せながら、いろいろと話をしてくれていたようだ。

スィーヴが、スティーグの布団を剥いだ。先ほども述べたように、起き上がりから端坐位《たんざい》まで、動作は非常にゆっくりとしながらも自力で可能で、そこからは見守りで車の付いたシャワー椅子に移動した。スィーヴが、そのままトイレシャワールームまで転がしていく。あとは、スティーグが用を足すのを待つだけである。この間、スィーヴと私はキッチンの椅子に座りながら世間話に花が咲いた。

この時間を利用して、私はいつものようにスィーヴの勤務内容、有給休暇、趣味などについて質問をした。それによると、個別ケアアシスタントの一〇〇パーセント常勤は週三七時間の勤務であるが、スィーヴは七五パーセント常勤という働き方である。年次の有給休暇は三五日で、実は翌日から八月にかけて六週間の夏季休暇をとるとのことだった。

趣味は、近くのクロコムゴルフ場でゴルフをすること。ちなみに、ゴルフ場の会員券は八〇〇〇クローネ（約一二万円）で、これに年会費一七〇〇クローネ（約二万二五〇〇円）を支払うだけで使い放題ということであった。ごく平均的な収入のオルソン夫妻にとっても、まったく苦にならない額である。私はゴルフをしないからよく分からないが、日本の場合と比べてかなり安いのだろう。日本のある知人が、「うらやましい！」と驚嘆していた。

ようやく、スティーグの呼ぶ声がした。あれから二五分がたっている。スィーヴが私との話を切り上げて、トイレシャワールームへ向かった。スィーヴがスティーグの局所を洗

浄し、同時にシャワー浴も済ませる。このあとは外出するので、スティーグのペニスに導尿用の「サック（一七四ページの写真参照）」を装着した。そして、服を介助で着せてもらい、シャワー椅子から室内用の車椅子へ移乗する。続いて髭剃りの介助で、スィーヴが電気カミソリできれいに剃っていき、最後にアフターシェイヴローションを塗っていた。

09:15

朝食。メニューは「ミュースリ（müsli）」にヨーグルトとラズベリージャムを混ぜたもので、スィーヴも一緒に食べる。私にも朝食をすすめてくれたが、食べてきたばかりだったので断った。

朝食後、スィーヴはコーヒーメーカーで沸かしたコーヒーを注ぎ、「固焼きライ麦パン（knäckebröd《クネッケブレード》）」にバターを塗ってスティーグにも差し出しながら彼の隣に腰掛けた。時に笑いながら、何やら楽しげなコーヒータイムである。

コーヒーを飲み終えると、スティーグは車椅子を転がしながら皿を食卓から台所のシンクまで運び、コックを上げて水を出して軽く濯《すす》いでから自動食器洗い機に入れた。続いて、洗面所に行って歯磨きである。

自分で食器を片付けるスティーグ

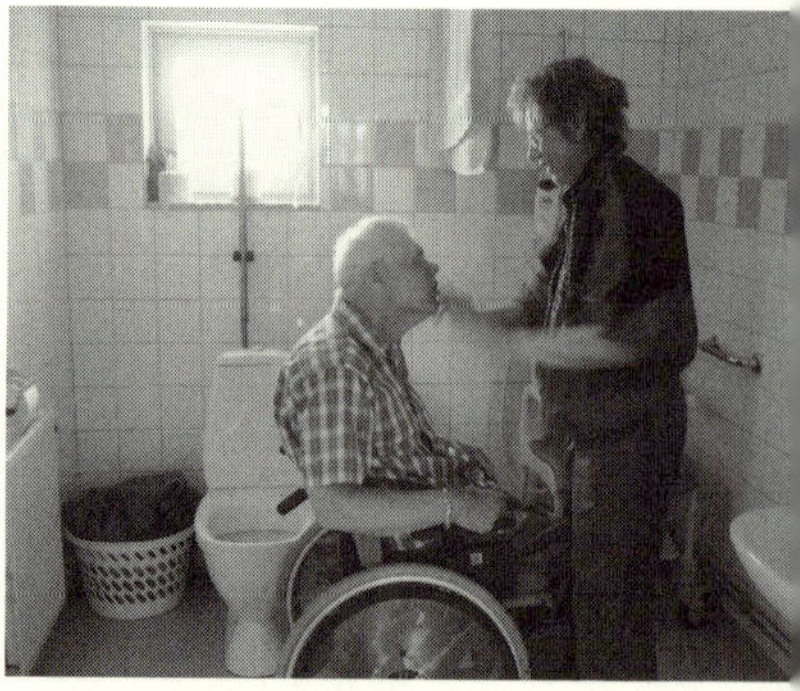

スティーグの顎にアフターシェイヴローションを塗るスィーヴ

09:50

玄関のチャイムが鳴った。スティーグがすぐに玄関に向かった。玄関を開けると、翌日からはじまるスィーヴの夏季休暇の間を担当する個人ケアアシスタントのエーリックだった。スティーグが迎え入れ、ドアを閉めるために工夫された紐を引っ張ってドアを閉めた。みんな、エーリックとは今日が初対面であるが、挨拶もそこそこに、スティーグの週に一度のプールでのリハビリに向かった。

このエーリックは三〇歳代だが、現在、夏季労働者として働いている。今日から九月の初めまで、三〇〇時間ほどスティーグ専属で働く予定だと言っていた。

玄関前で屋外用の車椅子に乗り換えて、エレベーターで一階へ下りる。アパートの前にある駐車場まで移動してスティーグが助手席に乗り移る。運転はスィーヴが担当し、私とエーリックは後部座席に乗った。

10:45

エステシュンド市街からフレーセー橋（Frösöbron）を渡ってフレーセーン島に入ると、道はすぐさま上り坂になる。この島は、全体がこんもりとした丘になっていて実に見晴らしがよく、対岸のエステシュンド市街が一望できる。ほどなく、かつては結核療養病院であったが、今は改装されて子どもや成人対象のハビリテーリングセンターとなっている建物のなかにあ

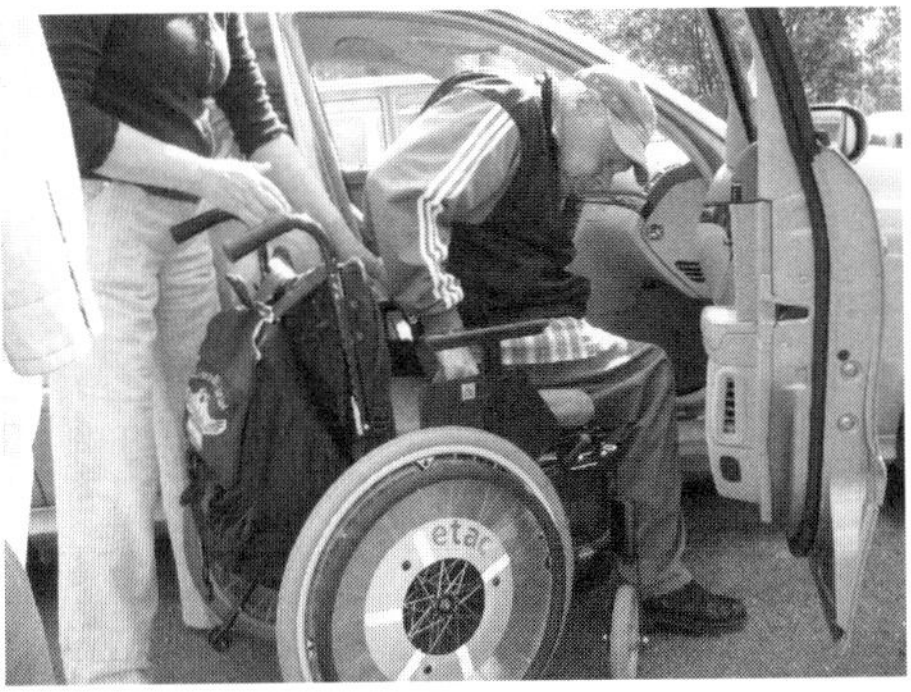

車の助手席に移るスティーグ

るプールに到着した。

スティーグは、入り口の自動ドアの紐を自分でひっぱって開け、エレベーターのボタンもスィーヴから助言を受けながら自分で押した。

更衣室に到着後、スィーヴに服を脱がせてもらって導尿サックも外してもらう。水着に着替えて、いざプールへ向かう。スィーヴとエーリックの介助で入水し、介助歩行、関節可動域の練習、ジャグジーでの背部マッサージ、仰向けに浮きながら手で漕いで泳ぐ、息を止めて潜るなどのメニューをたっぷり一時間行った。

更衣室内にあるシャワールームに入って、エーリックの介助でシャワー浴を行う。身体を拭き、新しい導尿サックを着けてもらって終了したのが一二時二五分であった。

そのあと、建物内のレストランでランチとなった。二〇人ほどが座れる室内にはすでに数人の客が食事をしており、外に一つだけある五～六人掛けのテーブルも若者のグループで埋まっていた。私たちは、入り口に一番近い四人掛けのテーブルに座った。今日のメインはハンバーグで、これに焼きポテト、パン、サラダ、冷たい飲み物（低アルコールビールも含む）、そして食後のコーヒーがついていた。食べ放

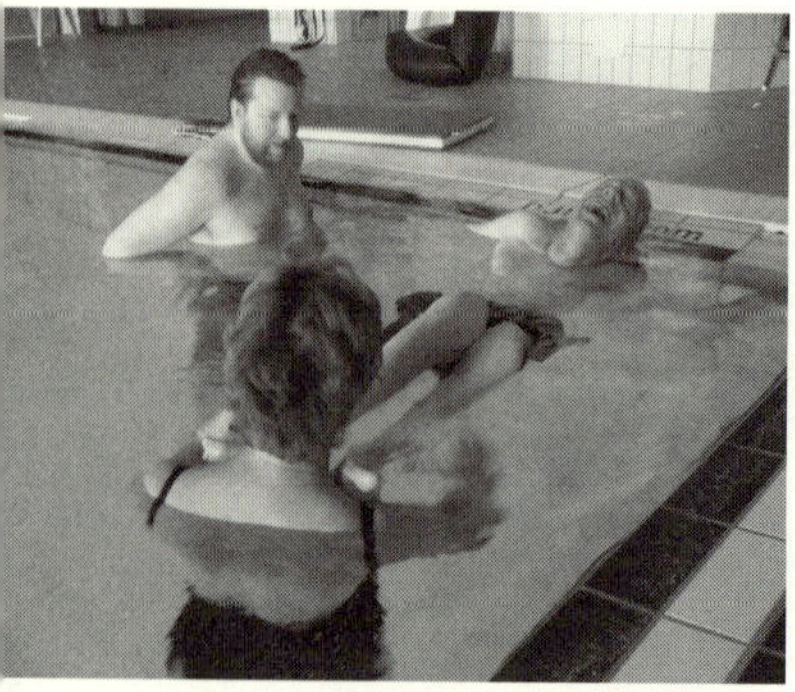

スィーヴ（手前）とエーリック（左）の介助でプールを楽しむスティーグ

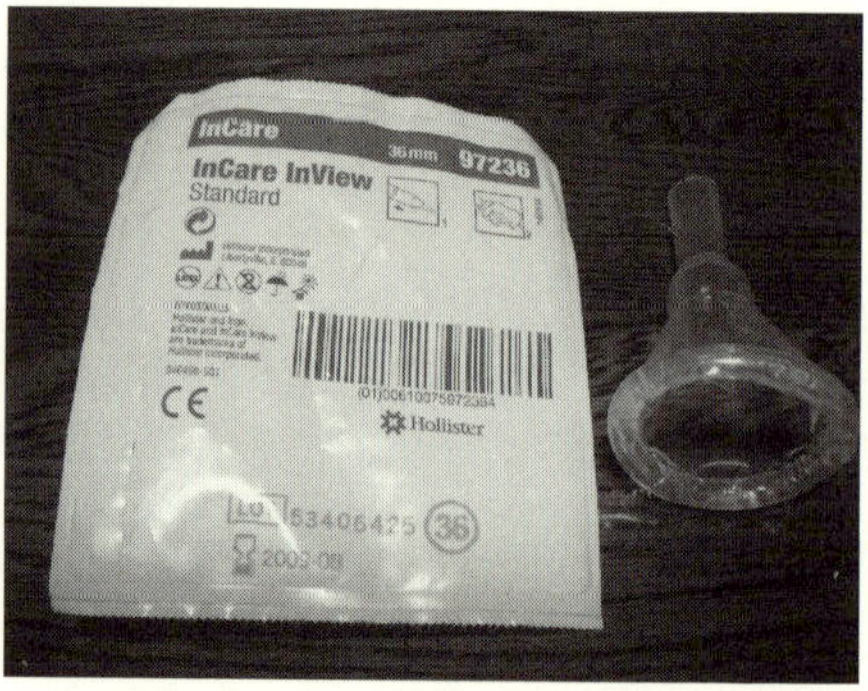


導尿サック（Hollister 社の InCare InView）

題ということもあって、スティーグはハンバーグを二枚平らげた。一時間ほどランチを楽しんで、スィーヴの家に向かった。

13:50　スィーヴの家に到着。ご主人、そして雑種の黒の雌犬が出迎えてくれた。家は、ストール湖のほとりにあって、広大な芝生をもつ庭からの眺めが素晴らしい。

スティーグはここに何度となく訪れているとのことで、ご主人やこの犬ともよいお友達である。犬は、だれ彼ともなく、それぞれの足元に近寄ってきてはくわえている棒をそーっと置く。それを遠くに投げてもらって取ってくる遊びが大好きということだ。私やスティーグのところへも、繰り返し繰り返し何度もやって来た。

ご主人が、みんなに飲み物をサービスしてくれた。夏の陽差しのなかで、芝生のすぐその先に広がる湖と森が一段と輝きを増している。スィーヴやエーリック

スィーヴの自宅で

にとっては、仕事中であることを完全に忘れてしまうひとときであった。一時間にも及ぶ、たっぷりとした「寄り道」だった。

スィーヴの勤務は一四時までなので、ここでお別れである。先ほども記したように、スィーヴは翌日から六週間の夏季休暇に入る。ここからは、エーリックの運転でアパートに戻った。

15:20

アパートへ到着。玄関前で、外出用の車椅子から室内用の車椅子に乗り換えるのを見守った。このあとも、スティーグのペースにあわせたケアサービスが続くことになる。この日は、エーリックが就寝までをケアする。そして、明日の午前中には車椅子の調整という予定が入っているらしい。

では、シャスティン同様、スティーグに関するサービス内容も簡単にまとめておくことにし

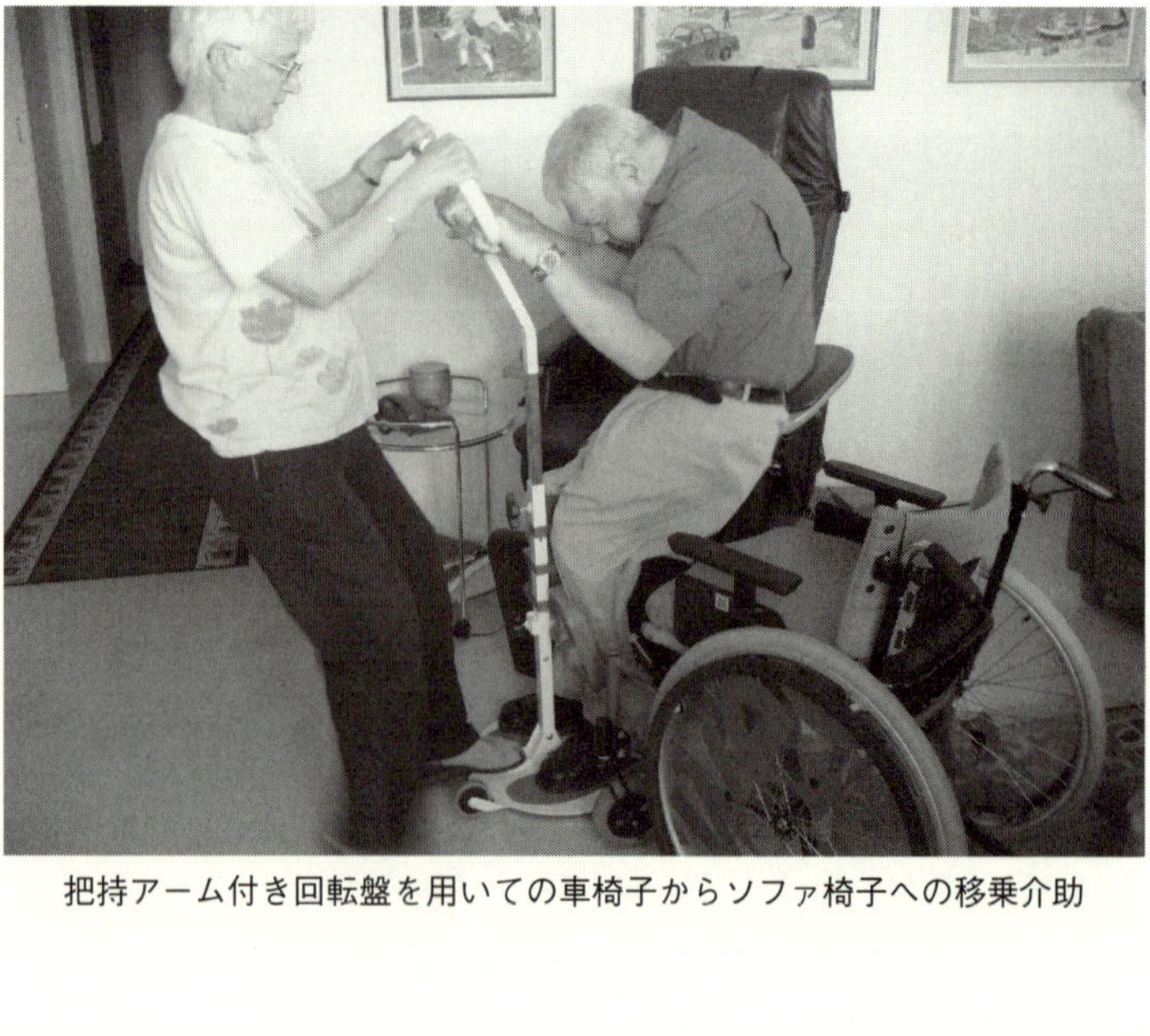

把持アーム付き回転盤を用いての車椅子からソファ椅子への移乗介助

よう。まずは、個人ケアアシスタントだが、常時一人がついている。次に、使用している補助器具だが、室内用の車椅子、屋外用の車椅子、立ち上がり機能付きの車椅子、台所の特別機能椅子、移乗用の把持《はじ》アーム付き回転盤などである。そして、リハビリの内容は以下の通りで、理学療法士の指導を受けたあとに個人ケアアシスタントが行っている。

❶三〇分から一時間の理学療法室でのリハビリ（プールの日を除く毎日）――両下肢のストレッチングと関節可動域の練習、平行棒内の歩行練習（この程度のリハビリは、形を変えつつも二〇年近くにわたって続けているとのこと）。

❷週一回のプールでのリハビリ――水中での介助歩行、関節可動域の練習、ジャグジーでの背部マッサージ、仰向けで浮きながら手で漕いで泳ぐ、息を止めて潜るなど。

ところで、クロコムコミューンには、常時ケアを必要とする障害者でも、本人が希望すれば二年に一度くらいの頻度で個人ケアアシスタント付きで海外を含む大きな旅行ができるという制度がある。一回の期間は二～三週間で、旅行の計画は利用者本人が個人ケアアシスタントなどと相談しながら立てる。もちろん、旅行に付き添う個人ケアアシスタントの費用（宿泊費を含む）はコミューンが負担する。利用者の渡航費、宿泊費は本人負担である。スティーグも、この制度を利用してスペインに何回か行ったと言っていた。

## エルヴィの一日（七月六日・水・晴れ）

エルヴィ（Elvie）は、多発性硬化症を患って二〇年になる五七歳の女性である。クロコムコミューンの中心部から徒歩五分のところにある二階建ての普通のアパートに暮らしている。彼女の息子は、LSS局運営の活動所である「ヒスモ」にも通っているダウン症者である。

エルヴィは、障害が重く、ほとんど常時二人の個人ケアアシスタントを必要としている。本日の個人ケアアシスタントは、日中はイヴォンヌ（Yvonne）とカッティス（Kattis）、そして夕方からはカッティスに代わってパウリーナ（Paulina）が入る。

話を聞くとイヴォンヌは、一五年ほど前、外国航路の船で働いていたときに日本を訪れたことがあり、横浜、大阪、神戸を覚えていて、

エルヴィの住むアパート

「日本は自然がきれいで好きな国」と言っていた。クロコムコミューンの個人ケアアシスタントとして働き出して一〇年になる。そして、パウリーナは、一九七三年にインドからスウェーデンへ養女としてやって来た移民である。

約束の一〇時から少し遅れてエルヴィの住むアパート前に着くと、イヴォンヌとカッティスはすでに来ていた。アパート一階のドアを開けると階段とエレベーターが隣り合わせにあったが、だれかれともなく階段を上りはじめる。少しでも健康のことを考えようとする気持ちは、どこの国でも共通のようだ。

10:15 「おはよう！」というあいさつと同時に起床。今日は、隔日のシャワー浴の日である。イヴォンヌとカッティスがエルヴィを天井走行式リフトでベッドからシャワー椅子に移乗させて、そのままシャワートイレルームへと転がしていく。

シャワー浴を終え、再びリフトでベッドへ戻る。右下腹部の「人口尿口（urostomi）」と左下腹部の「人工肛門（kollostomi）」をていねいに清拭《せいしき》する。さらに、股間部に汗が溜まって爛《ただ》れが生じないように小さな吸収シートを挟んでから服を着せた。そして、再びリフトで今度は室内用の車椅子に移乗して、全介助でダイニングに移動した。

11:15 早めの昼食をとる。咀嚼嚥下《そしゃくえんげ》に時間がかかるため、ゆっくり介助している。メニューは、私も毎朝食べているミルク入りの「オート麦粥（havregryngröt）」だ。

食事が終わると、エルヴィはベランダに出てタバコを一服した。もちろん、自分でタバコを持つことができないので、カッティスが常にそばで見守り、灰が落ちそうになると手や灰皿でそれを受けていた。

このあとしばらくは、車椅子に座ったままテレビを見て過ごした。この間を利用してイヴォンヌとカッティスが持参した昼食を済ませる。私も、ブロムステルゴーデン内のレストランへ向かった。

12:20

床走行式リフトで、外出用の電動車椅子に乗り移る。この電動車椅子は、介助者が操作をするタイプである。勾配や段差を楽に通過することができ、エルヴィ、ケアスタッフ双方にとって便利なものである。また、車椅子の座面の特殊クッションは、マリエルンドの取材のときに見たものと同じ「VARILITE STRATUS」である。このクッションは、室内用、室外用の二つの車椅子にそれぞれ備え付けられている。一つのものを使い回しにしていないことに注目したい。

一〇分ほどでコミューン運営の理学療法室に到着し

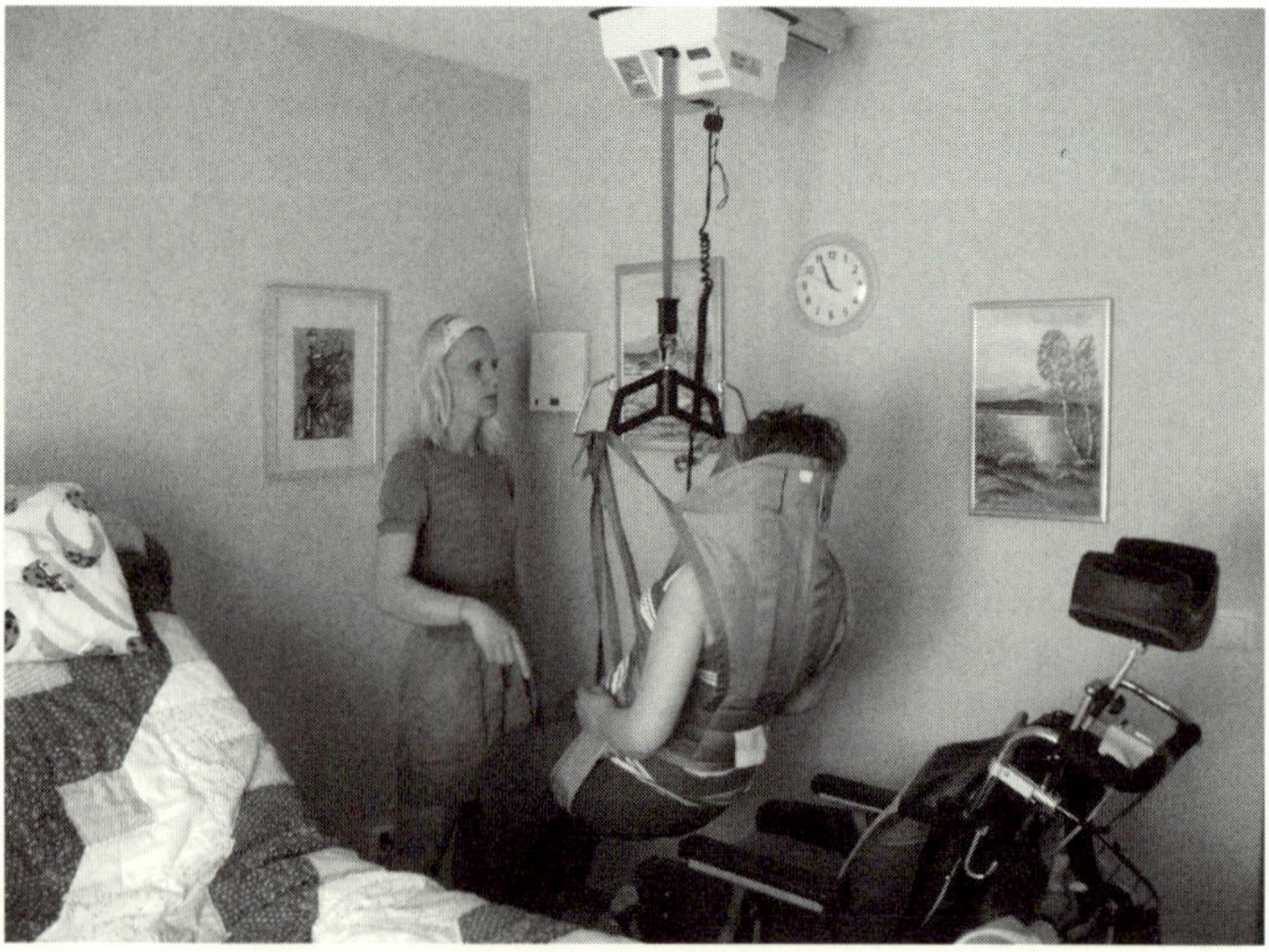

天井走行式リフトでエルヴィを移乗させるイヴォンヌ

た。まずは、イヴォンヌとカッティスが見守りながら手の自転車漕ぎを行う。エルヴィは手の力がほとんどないため、時折イヴォンヌが手伝っていた。ゆっくりと二〇回漕いで終了。続いて脚の自転車漕ぎで、約三〇分間にわたって行った。

リハビリを終えたエルヴィは、ブロムステルゴーデンの玄関の前にある休憩エリアでまたタバコを一服。どうやら、タバコが好きなようだ(3)。今回の灰の管理はイヴォンヌ。喫煙を終え、すぐ近くにある大手スーパーマーケットチェーン店の「ICA《イカ》」へ向かう。その途中、ATM(現金自動預け払い機)でイヴォンヌがエルヴィに代わって現金を引き出し、野菜、果物、卵、乳製品類、そして牛肉などの買物をした。そのあと、クロコム駅近くのハンバーガーショップで三人分のアイスを買った。私もすすめられたのだが、満腹だったので断った。晴れわたる空のもと、イヴォンヌもカッティスも、エルヴィに食べさ

(3)　スウェーデンでは、二〇〇五年六月一日よりバーやパブなどを含むあらゆる公共の建物内で禁煙となっているので、外出時にタバコを吸うときは常に外で吸わなければならない。

タバコを一服するエルヴィ

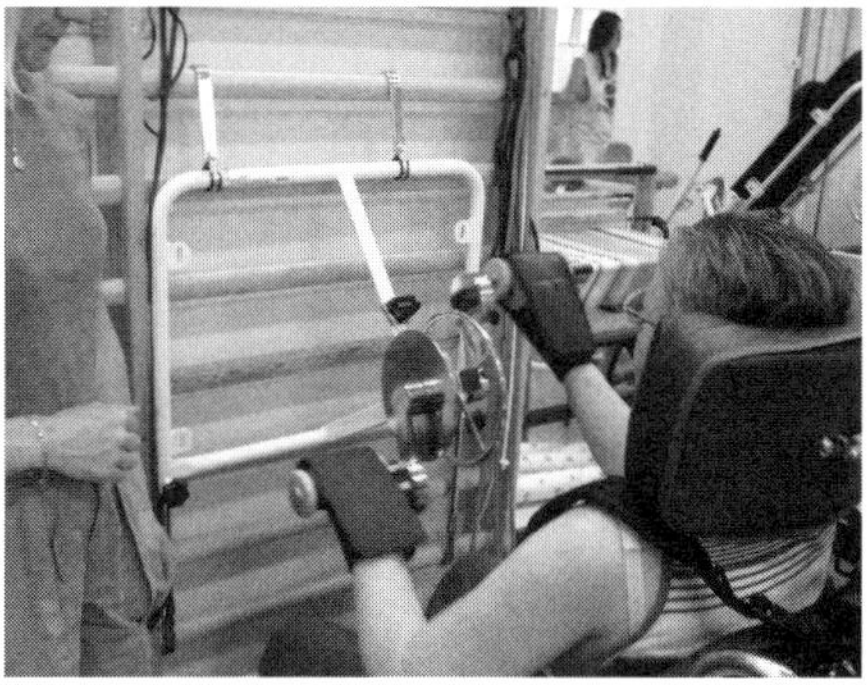
エルヴィの手の自転車漕ぎ

せながら一緒に食べていた。

アパートへの帰り道、またもやエルヴィは警察署の前でタバコを一服した。今度も、灰の管理はイヴォンヌである。

14:05 自宅に到着と同時にコーヒータイムである。カッティスが、パンをコーヒーに浸して軟らかくしてからエルヴィに与えていた。

エルヴィがまたタバコを吸いたいと訴えたので、イヴォンヌが車椅子を押してベランダに向かった。イヴォンヌが少し気の毒に思えてくる。そのあとは昼寝の時間のため、天井走行式リフトでベッドに移った。ここでカッティスは仕事が終了し、帰宅した。

16:20 エルヴィを昼寝から起こす時間である。先に挙げた個人ケアアシスタントのパウリーナが到着し、エルヴィに靴下を履かせた。それから、イヴォンヌと二人で天井走行式リフトを使って、エルヴィをベッドから車椅子へ移乗させた。そして、食堂のテーブルに向かった。エルヴィは水を少し飲んだあと、パウリーナに介助をしてもらいながら水を入れたフラスコを吹くトレーニングを二〇回ほど行った。咳払いをする能力を保ち、誤嚥《ごえん》(4)を

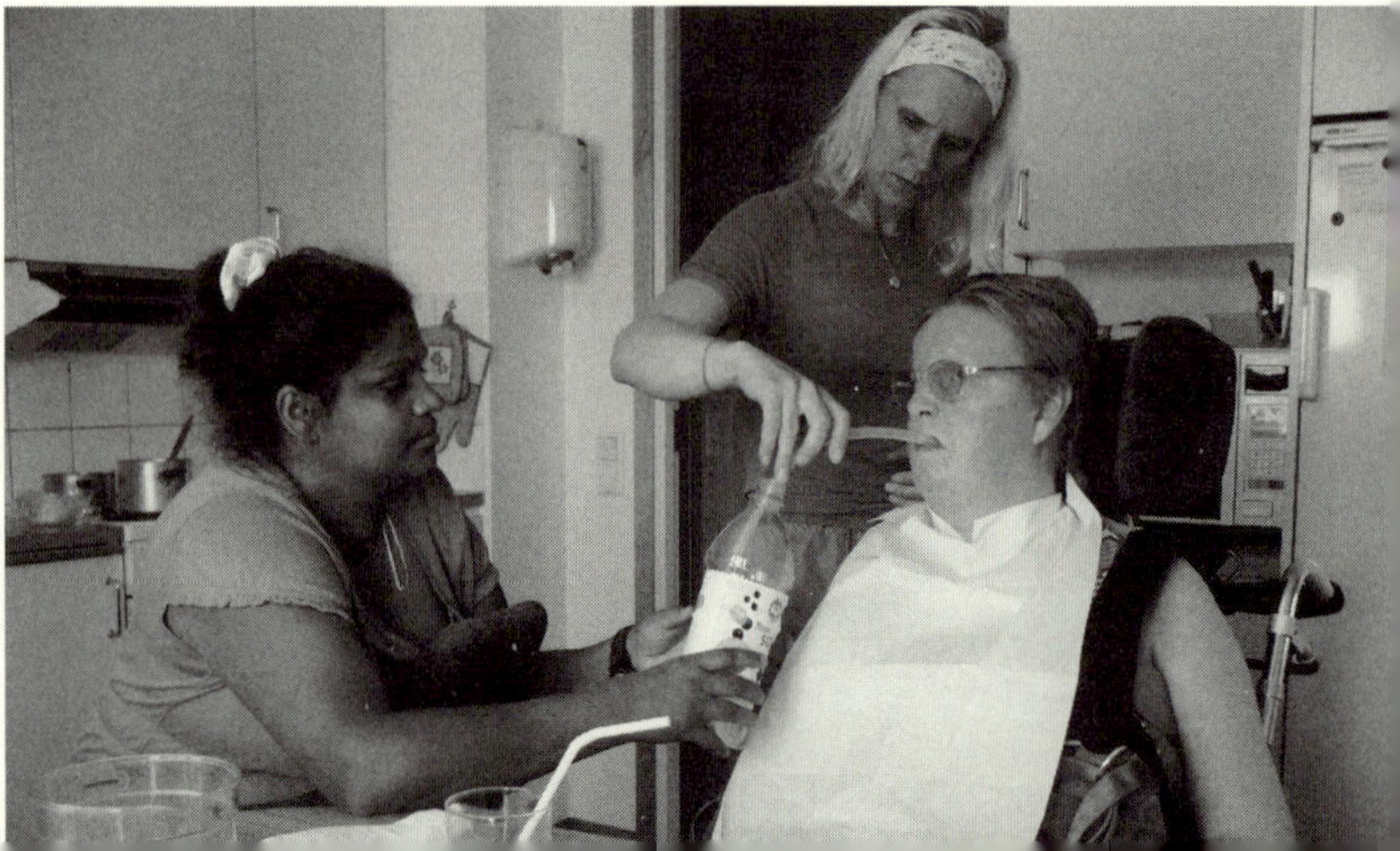

フラスコを吹くエルヴィ

予防するためだ。

16:40 夕食。メニューは、「牛ひき肉細長天火焼き（köttfärslimpa）」と「ジャガイモムース（potatismos）」である。つくったパウリーナがゆっくりと介助して食べさせる。食後に、常薬をイヴォンヌが与えた。常薬の与薬は、看護助手としての教育は受けていない個人ケアアシスタントでも行うことができるとのことだった。

例によって、エルヴィはバルコニーで食後の一服。今度は、パウリーナが灰の管理を担当した。一服後、イヴォンヌとパウリーナが床走行式リフトを使用して、エルヴィを車椅子から室内に常備してある電動式立位台に移乗させた。立位保持の練習である。台の角度を六五度に設定し、四五分間ほど立位をとった。

このあとも、エルヴィのペースにあわせて同様のケアが続き、午後一〇時ごろに就寝となる。

このエルヴィの部屋には、冷房装置も補助器具として備え付けられていた。多発性硬化症の患者にとって暑さは最大の敵で、ある程度の気温を超えると身体が動かなくなるという影響が出る。そこで、エルヴィの部屋には、スウェーデンの一般家庭では珍し

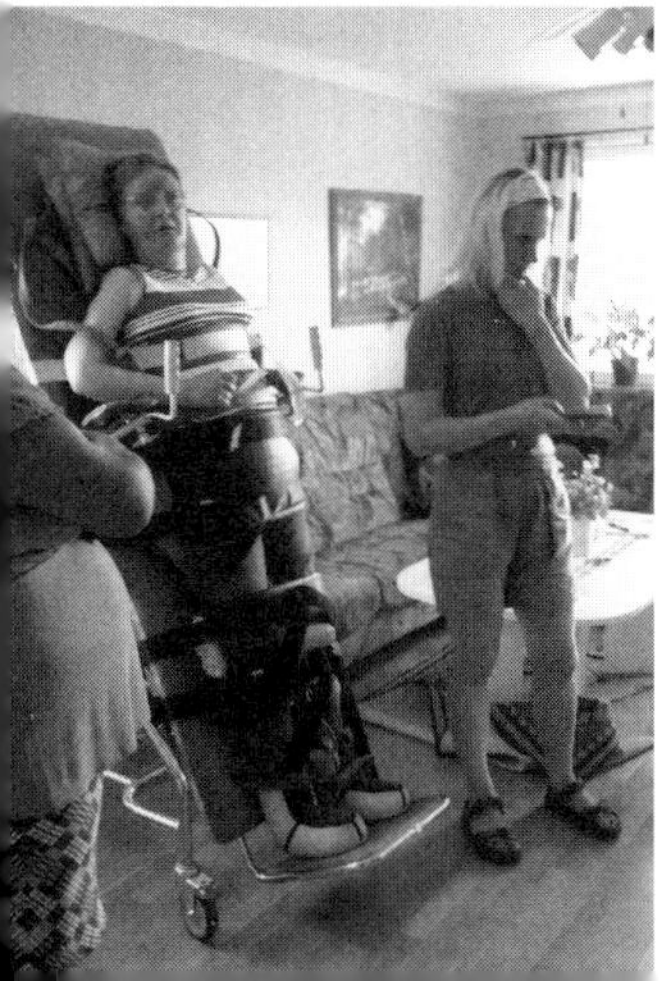
テレビを見ながらの立位練習

（4）飲み物や食べ物を誤って気管や肺に飲み込んでしまうこと。

い冷房装置が補助器具の一つとして備えられているのである。

エルヴィのリハビリ内容をもう一度確認すると、次の二つになる。

❶理学療法室で、手と脚の自転車漕ぎ、筋ストレッチング、関節可動域練習などを、本人の状態に合わせて施行（毎日）。

❷自宅内で、電動式立位台を用いた立位練習を四五分間と夕食前にフラスコを吹くトレーニング（毎日）。

日常生活のなかで、たとえばエレベータのボタンを押す動作など、本人が何とかできることに関してはスタッフがその都度介助をしつつ、時間がかかっても可能なかぎり本人に行ってもらい、少しでも身体の機能が保たれるように工夫および援助しているのが見てとれた。

シャスティンのところでも触れたが、これまで書いてきたさまざまな対象者の一日は、このようにタイムテーブルが決められているわけではなく、自然の流れ（利用者自身が決める「今日の」生活）をただそのまま並べただけである。また、ケアサービスは、土日、祝日を含む一年三六五日において保障されている。みんなが週休二日制で、かつ長期休暇をとるスウェーデンであるだけに、いわゆる「穴」を開けないシステムが充実しているとも言える。

## ボブのリハビリ旅行

ここでは、ＬＳＳによるサービスを受けつつも、必要に応じてランスティングによるリハビリ旅行のサービスも受けられるということの実際例を紹介したい（一五五ページの**資料３－１**の「キャンプステイ」を参照）。取材したのは、二〇年近くにわたって多発性硬化症を患いながらもクロコムのオース地区の自宅アパートで高校生の息子と二人暮らしをしているボブ・ニーフェルド（Bob Nyfeldt）という五〇歳の男性である。また彼は、糖尿病、前立腺肥大症も合併している（**表３－２**を参照）。

どのような補助器具を使っているのか、またどのようなケアを受けているのかを取材させてもらうために、七月一日（金）、インゲボリとともにボブの自宅を訪問した。本人いわく、「最初に身体に異変を感じたのは一九八四年五月三日で、この日は絶対に忘れない」とのことであった。ただし、実際に多発性硬化症の診断を受けたのはそれから四年たった一九八八年と言っていた。

ボブには個人ケアアシスタントはついていないが、起床から就寝までの間に七～八回ほどの在宅ケアアサービスを受けている。そして、夜は夜間パトロールチーム（三七ページのコラムを参照）が随時支援をしている。内容は、移乗介助、着替え介助、トイレおよびシャワー介助、留置カテーテルの管理、そして食事の準備と介助などである。また、手や脚のリハビリはケアスタッ

## 表3－2　ボブ（50歳）の障害評価とケア内容

| 診断名、エピソード | 障害評価[*] | |
|---|---|---|
| 多発性硬化症（約20年）、糖尿病、前立腺肥大症。16歳の息子と二人暮らし。 | 項　目 | レベル |
| | 寝返り・起き上がり | 2 |
| | 排泄 | 2 |
| | 食事 | 2 |
| | 褥瘡 | 1 |
| | 拘縮 | 2 |
| 褥瘡、拘縮や筋の硬さの状態 | 痙性あり。膝関節、足関節に若干の拘縮あり。 | |
| ケアの内容 | 排泄ケア、清拭・シャワー、移乗介助、食事介助ルーティーンのリハビリ（❶❷はケアスタッフが施行）<br>❶起きてすぐの手脚の関節可動域練習、ストレッチング<br>❷毎回の移乗動作（体調の良いときには見守りで可能。可能な限り自力で行う）<br>❸PT、OT による週１～２度の訪問。<br>❹他に、医師の処方により、今回紹介したフムレゴーデン（神経疾患専門のリハセンター）での滞在型リハビリを受ける（適時）。 | |

＊資料１－１による。

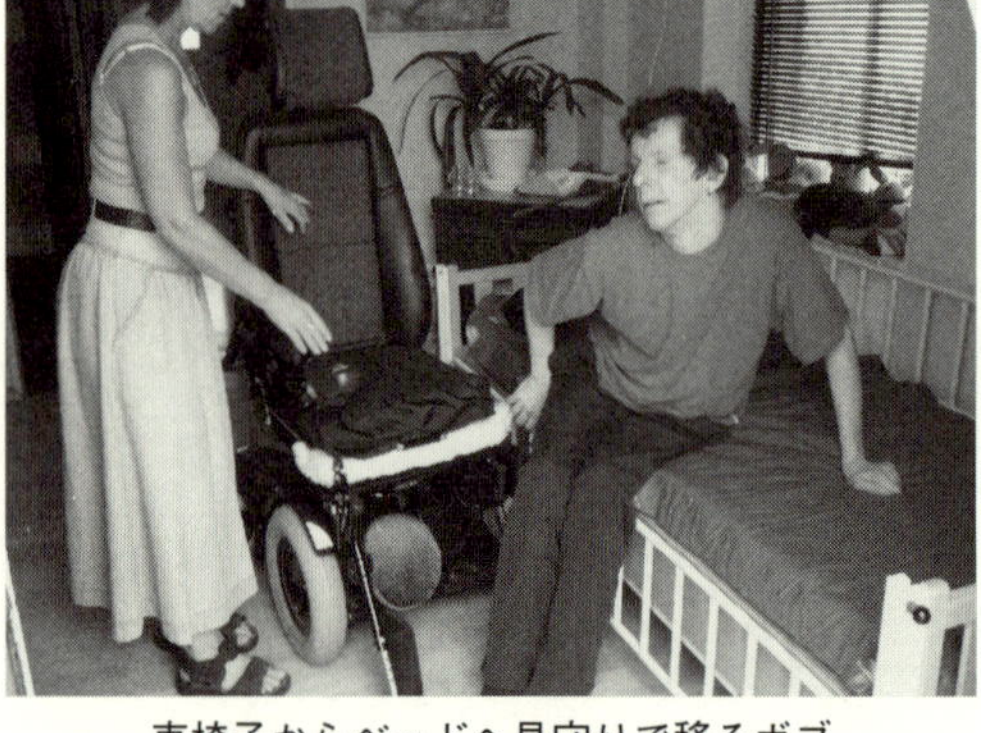

車椅子からベッドへ見守りで移るボブ

フによって毎日行われ、そのほか定期的に理学療法士や作業療法士の訪問がある。

多発性硬化症患者の特徴として暑さに弱いというのがあるが、もちろんボブもそうである。たとえば、食事動作も涼しいときには何とか自力で行えるが、ある程度の気温を超えると身体が思うように動かなくなり、全介助となってしまう。介助も、そのボブの状態にあわせて臨機応変に対応することになる。また、そのほかのボブの症状としては、両下肢の痙縮《けいしゅく》（意志に反して筋肉が痙攣《けいれん》し、手脚が突っ張る症状）がある。ちょっとした身体の動きで、両下肢が強く伸展位《しんてんい》に突っ張ってしまうのだ。

補助器具は、電動車椅子、コンピュータ使用時のみに使うモジュール型車椅子、電動昇降式のベッド（マットレスを含めると一メートルの高さまで上げられる）、褥瘡《じょくそう》予防用の特別マットレス、そして椅子式階段昇降機などを使用している。このほかに使い切りの補助用具として、尿カテーテル、紙オムツも支給されている。そして、近日中に、暑さ対策のためのクーラーも補助器具として取り付けられる予定となっていた。

最近、障害の進行が若干見られるようになったため、この日曜から二〇日間にわたって、ウプサラからほど近いシグテューナ（Sigtuna）という街にある多発性硬化症を中心とする神経疾患患者を対象としたリハビリテーションセンターの「フムレゴーデン（Humlegården）」に滞在してリハビリに専念することになった。これまでにも、何度か利用しているとのことだった。

クロコムの自宅とエステシュンド空港間（一五キロメートル）、そしてストックホルム郊外のアーランダ空港とフムレゴーデン間（一五キロメートル）は、ケアタクシーが送迎することになっている。飛行機でひとっ飛びのリハビリの旅である。

ちなみに、フムレゴーデンでの治療費用、往復の交通費（クロコム―エステシュンド空港間の介助付き特別タクシー代、エステシュンド―ストックホルム間航空運賃、ストックホルム―シグテューナ間の介助付き特別タクシー代）のうち、治療代の大部分と航空運賃はランスティングと社会保険事務所が負担し、タクシー代はコミューンの負担となっている。そして、このフムレゴーデンでの治療代を含む滞在費用は、二三〇〇クローネ×二一日＝四万八〇〇〇クローネ（約七二万四五〇〇

### KOLUMN ボブのマットレス

ボブはこれまで、自動的に圧の位置が変化するHuntleigh HEALTHCARE社の「TRANCELL™ Ⅱ」を使用していたが、圧の位置により、少し硬く感じる場合があるというボブの訴えで、INVACARE社の「Carebed」を試してみることになった。

インゲボリによると、褥瘡の危険性のある人に対しては、自動的に圧の位置が変化するタイプは必ずしもよくなく、「静的（static）」で全体的に低圧のまま持続するタイプのほうがよいという最近の研究もあるとのこと。Carebedは、後者のタイプである。専用ポンプ（製品名：CPTYPE700）で、週に一度加圧する。

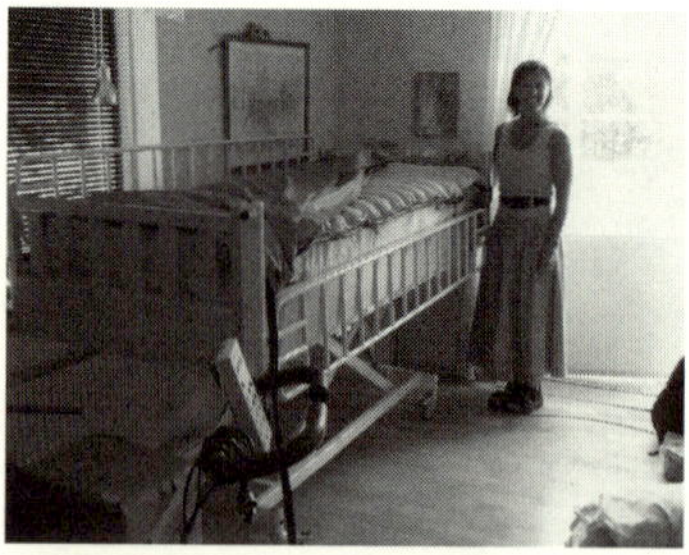

電動昇降式ベッドと特別マットレスを示すインゲボリ

円）で、このうち自己負担分は八〇クローネ／日×二一日＝一六八〇クローネ（約二万五二〇〇円）のみである。

七月二〇日（水）、その後のボブの様子を知りたくてフムレゴーデンを再び訪れた。フムレゴーデンは一九六二年に創設された神経疾患患者専門のリハビリテーションセンターで、この分野ではスウェーデンでもっとも歴史のある施設の一つである。そして、このセンターのある場所は、これまたスウェーデンでもっとも古い街と言われるシグテューナのど真ん中である。

メシュタ（Märsta）駅からシグテューナ行きの五七〇番の路線バスに乗り、二〇分ほどでフムレゴーデンの最寄りのバス停であるクロックバッケン（Klockbacken）に着いた。初めての土地ではあるが、周りを見わたすと、フムレゴーデンであろう建物がすぐ目に入った。道路から少し下がったところにある玄関のほうへと歩いていくと、給仕らしき服装をした女性が二人、ベンチに腰掛けてタバコを吸っていた。私は自分の名前を告げて来訪の目的を伝えると、どうやら私の訪問の予定を知らされていたようで、すぐになかへと案内してくれた。

改めて受付の女性に自己紹介をしてボブに会いに来た旨を伝えると、彼女は「ボブはとても楽しみに待っているのよ」と言いながら、別の女性に彼を呼び

フムレゴーデン

に行かせた。待つこと数分、あのクロコムの自宅でも使っていた見覚えのある電動車椅子を自分で操作して本人がやって来た。彼は私に、「こんなに遠いところまで、わざわざ訪ねてきてくれてありがとう」と言ってくれた。そして、早速、自分の部屋やリハビリ室、芝生の広がる裏庭などを案内してくれたあと、担当の理学療法士のヘレン（Helen）のところへ私を連れていってくれた。

ヘレンによれば、フムレゴーデンの患者数は二七人（定員）で、それに対する理学療法士は六人、そして理学療法アシスタントが一人と、そのほかに作業療法士も数人いるとのことだった。

この一八日間のボブのリハビリの内容は、理学療法においては、プラットフォーム上でのストレッチングや坐位のバランス練習、脚の自転

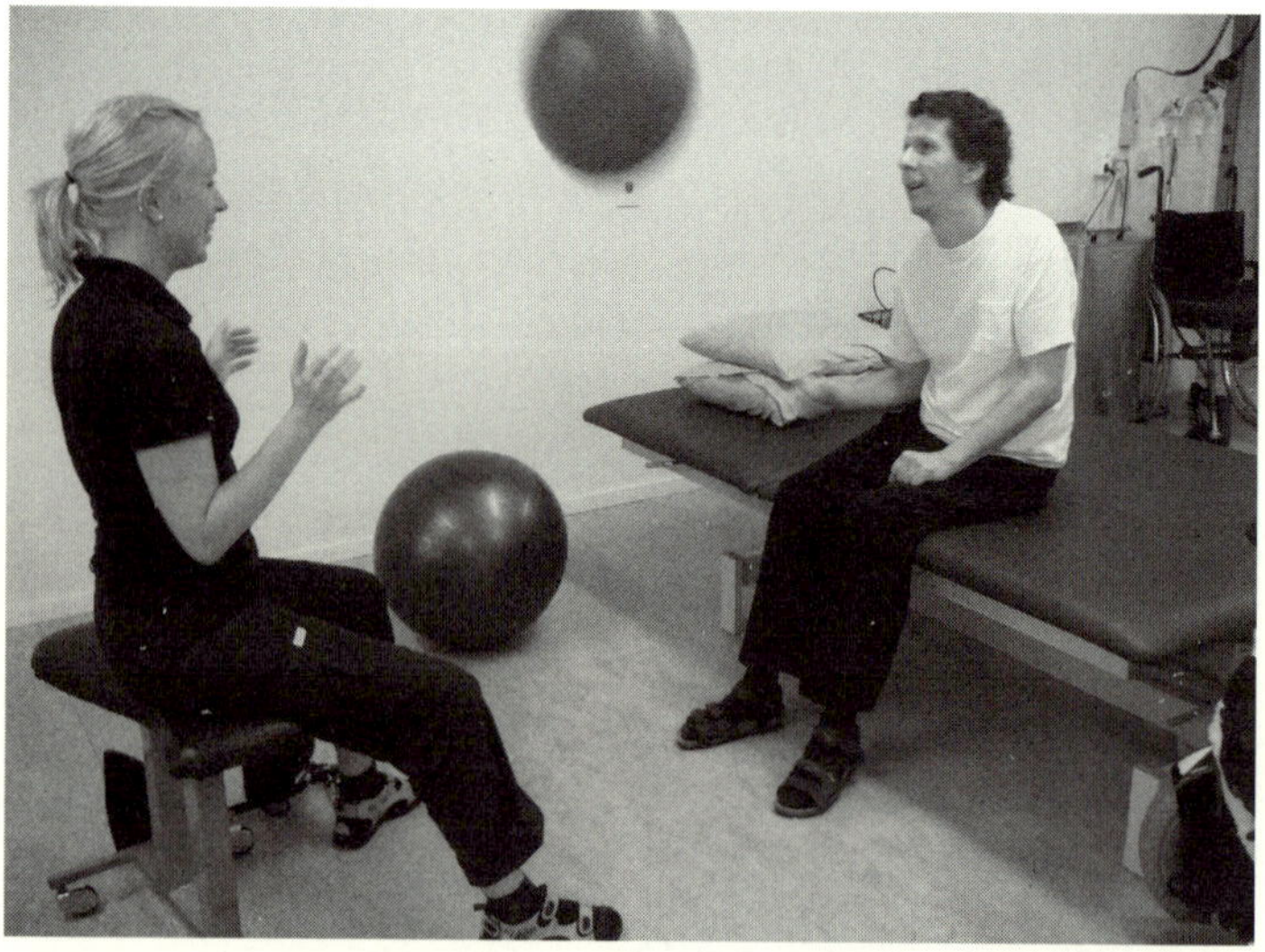

ヘレンと風船を使って坐位バランス練習をするボブ

車漕ぎ、移乗動作練習、グループ体操、プールセラピーなどで、作業療法では、手指の機能向上を目指して治療用の粘土をこねる練習などをしていたということだ。その結果、ボブは、左手指の硬さが少し和らいだのと、バランスを保持する能力が若干向上して、電動車椅子からプラットフォームへの移乗動作が幾分スムーズにできるようになったと言っていた。そして何よりも、場所を変え、同じ疾患をもつ患者や新しいスタッフとの出会いがこれからの生活に向けてのエネルギーになったようだ。

ひと通りの理学療法と作業療法の場面を見学させてもらったあとで、ボブはシグチューナの街についていろいろと私に教えてくれた。

シグチューナは、その小さく可愛らしい通りだけでなく、一七〇〇年代に建てられたスウェーデン一小さい市庁舎やスウェーデン一古い石

**KOLUMN クロコムコミューンのコンピュータネットワークシステム**

スウェーデンでは多くの職場でコンピュータでの情報管理が進んでいるが、それはクロコムコミューンでも同じである。LSSのサービスを利用している障害者の情報（診断名、これまで受けているサービス、担当の職員など）、コミューン所属の全療法士名や連絡先がイントラネットで瞬時に検索可能となっている。また、ほかの部署の職員とのコンピュータ会議もできるようになっている。そして、これらはコミューンの情報局が管理している。「セキュリティシステムは、アメリカのペンタゴンと同じLotus Notesを使用してるのよ」とは、インゲボリの言葉である。

また、コンピュータと電話が連動していて、たとえば職員が外回りなどで自室を空ける際にコンピュータの予定表にチェックを入れておくと、その間にかかってきた電話は自動的にコミューンの交換手に転送される仕組みにもなっている。

の教会、さらには一三世紀に遡るレンガ造りのマリア教会などのような名所旧跡でも有名なところで、スウェーデン内外から多くの旅行者を集める観光地とのことだった。そのせいか、フムレゴーデンでリハビリを受ける患者たちも、リハビリの合間には電動車椅子や歩行車などで街中に出掛けてお茶を楽しんだりしている。息抜きスポットを探すのに、事欠かない街であるとのことだった。

「ここに来て、フムレゴーデンだけ見て帰ったらもったいないよ。ぜひ、シグチューナの街も楽しんで帰ってね」と、ボブが最後に言ってくれた。

マリア教会

# 第4章

# ヤヴレ(Gävle)とウプサラ(Uppsala)

## ボスニア湾を臨む港町から歴史のある大学町へ

ヤヴレ中心部のボロネシュコーゲン公園(Boulognerskogen)の昼下がり

ケアとリハビリの旅の最後は、ストックホルム近郊にある二つの都市からである。

一つ目は、ストックホルムの北一八〇キロメートル、ボスニア湾を臨む人口九万二〇〇〇人の港町ヤヴレである。ヤヴレは、品のある住宅地の多い街として知られ、規模の大きな公共セクターをもつ一方で、「コシュネ（Korsnäs AB）」や「エリクソン（Ericssons AB）」のような巨大な企業も栄えている。また、動物公園の「フルヴィーク（Furuvik）」や街なかを流れるガヴレ川（Gavleån）のほとりにある「ヤヴレコンサートホール（Gävle Konserthus）」などのような市民の憩いの場も数多く整備されている街である。

そして二つ目は、そこから南へ一一〇キロメートル、ストックホルムの北七〇キロメートルのところに位置し、スウェーデンで四番目の人口（一三万五〇〇〇人）をもつ街ウプサラである。ウプサラの象徴は、何と言っても巨大な二本の尖塔をもつ大聖堂（Domkyrkan）と北欧最古の大学である「ウプサラ大学（Uppsala universitet）」であろう。二〇世紀を代表する映画監督の一人であるイングマール・ベルイマン（Ingmar Bergman）や、一九世紀から二〇世紀にかけて活躍した劇作家ヨハン・アウグスト・ストリンドベリ（Johan August Strindberg）の出身地でもある。

では、早速、ヤヴレからは認知症専門住宅と家族支援事業、さらにはケアの民間委託とケアを監視する社会コンサルタントの話題を、そしてウプサラからは在宅緩和医療ケアの取り組みをそれぞれ紹介したい。

## 「フレミングガータン11・15・17」——認知症専門の住宅

スウェーデン語に触れたことのある人にはピンと来るかもしれないが、「ガータン」というのは「～通り」を意味する住所につく言葉で、たとえば「kungsgatan《クングスガータン》 8」であれば「王様通り八番地」という意味である。これから紹介する認知症専門の住宅は、その通り名をそのまま施設名にしている。

ストックホルムから北へX2000で一時間二〇分、ヤヴレコミューンの中心部にある「フレミングガータン（Flemminggatan）11・15・17」がその認知症専門の住宅だ。すなわち、フレミングガータンの一一番地、一五番地、一七番地にそれぞれ一九人ずつが入居している（全五七人）特別ケア付住宅が三棟あるのだが、それぞれ「フレミングガータン一一番地」、「フレミングガータン一五番地」、「フレミングガータン一七番地」と呼ばれていて、それ以外の特別な名称はついていない。本日私を案内してくれるここの責

フレミングガータン
11・15・17

任者ウーラ・ポルメ（Ola Polmé）の名刺にも、「ウーラ・ポルメ　ケアワーク長　フレミングガータン11・15・17」とだけ記されている。

ウーラによると、ここに入居している人の年齢は五〇歳代から八〇歳代で、とくに多いのが前頭葉型認知症、アルツハイマー型認知症の人で、さまざまな場面における社会適応能力（social competence）が重度に障害されているため、通常の社会のなかで生活を送ることが非常に困難であるとのことだった。また、彼らのほとんどが重度の行動障害を抱えており、なかには全裸で騒いだり、窓ガラスを割ったりというような攻撃的な行動をとる人もいるとのことだ。

このような人々を支えるスタッフは約九〇人である。ケアの中心にいるのはやはり看護助手で、その対入居者数の数は、入居者九人に対して、日勤帯三〜四人、準夜勤二〜三人、深夜勤一〜二人という体制になっている。また、ここでの看護助手は、通常の看護教育のほかに、尊敬の念をもって人と接するために必要な知識と技術を学ぶ「gott bemötande《ゴット・ベメータンデ》（良き接遇《せつぐう》）」と呼ばれる講習も修了しているとのことだった。

ウーラはこの日、自宅で飼っているドーベルマン二匹を職場に連れてきており、その二匹の犬がいる彼の事務室は使えないとのことで、廊下の途中に設けられた小さなロビーの椅子に腰掛けて、外の芝生を眺めながら私たちは話をした。すると、先ほどから廊下を行ったり来たりしていた一人の女性がウーラの前で立ち止まり、不安そうな表情で「助けてください。道が分からないの」と話しかけてきた。ウーラはすぐに私との話を切り上げ、やさしい表情で彼女の目を見ながら「大丈夫、ここは安全だからね。あなたの部屋は、この道をまっすぐ進んだ右側にあるからね。何も心配することはないよ」と答え、彼女を部屋まで誘導していった。

「彼女はアルコール性の認知症を患っていて、一日中ずっとこのような状態で廊下を歩いているんだよ」と、戻ってきたウーラが私に説明してくれた。

このあと、ウーラに建物内を案内してもらった。各部屋は三五平方メートルほどで、簡易キッチンとシャワートイレルームが付いている。暗がりでの転倒防止のため、夜中にベッドから立ち上がってトイレに向おうとすると自動的に室内の灯りがつく装置がベッドに取り付けられていた。

建物内や敷地内の庭は自由に歩き回れるようになっているため、入居者の監視にはかなり気を使っている。入居者が職員の気づかぬうちに遠くに出掛けていってしまわぬようにと工夫されたポケット挿入式のアラームや、入居者が転んで倒れた場合にのみ作動するベルト固定式のアラームなど、責任者のウーラ自身が考案したものをいくつか紹介してくれた。それ以外にも、「感覚の部屋（sinnesrum）」と呼ばれ

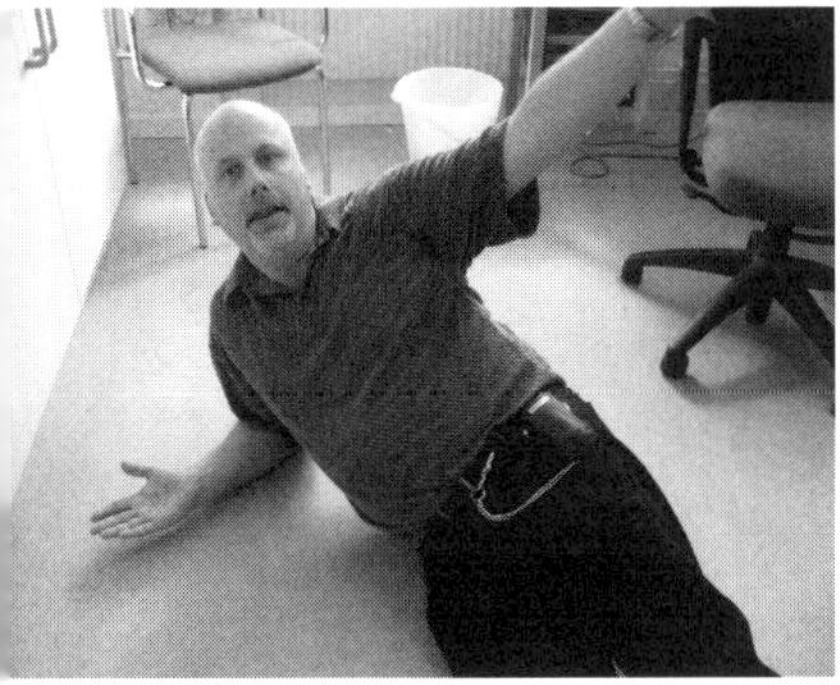
ベルト固定式アラーム

ポケット挿入式アラームを手に微笑むウーラ

る、室内がすべて白で統一されたリラックスするための特別な部屋（スヌーズレン）[1]や、各種ベリーやリンゴの木が植えられた庭などが整えられており、建物内外ともに精神的に癒される空間造りに気が配られていた。

それにしても、ここの外観だけを見たら少し洒落た普通のアパートにしか見えない。名前の付け方同様、さすが「ノルマリセーリング（normalisering）[2]」の先進国スウェーデンである。

### 日本人も働いています！

スウェーデン人のご主人と結婚して以来、ヤヴレに住んで25年になる光子エクレフ（Eklöf）さん。彼女は、フレミングガータンから北へ4キロメートル行ったところの「ストレムスブロー（Strömsbro）」地区にある認知症高齢者が多く居住するケア付き特別住宅の「セリグレーンスゴーデン（Selggrensgården）」で看護助手として働いている。

「スウェーデンは、障害をもった人をみんなで支えるという精神を具体的な仕組みで体現している国」と言う光子さんの表情は生き生きとしていた。

責任者のカリーナと光子（右）

## 家族支援事業──障害者の家族を支える

二〇歳以上の障害をもつ人々と日々生活をともにする家族を支えるのがこの家族支援事業である。もともとは、一九九九年から二〇〇一年までの三年間の国家的プロジェクトとして三億クローネ（約四五億円）の予算ではじまった。ヤヴレコミューンでは、二〇〇〇年一〇月の議会により、この事業を恒久的なものとして展開することが正式に認められた。それ以来、ヤヴレはこの事業においてスウェーデンのなかでも一番先んじていると言われている。

ヤヴレの中心街のシンボルである大広場のすぐ隣りに位置するニューガータン（Nygatan）九番地に、この事業の事務局である「家族センター（Anhörigcenter）」がある。家族支援事業の内

(1)　一九七〇年代の半ば、オランダの重度知的障害者を対象にした施設で、一種の教育的刺激を与える環境設定方法としてはじまったものである。ひと言で言えば、感覚のためのバリアフリーである。詳しくは、河本佳子著『スウェーデンのスヌーズレン』（新評論、二〇〇三年）を参照。

(2)　デンマークの社会省の行政官であったバンク＝ミケルセン（N.E.　Bank-Mikkelsen）ガ提唱した概念。英語では「ノーマライゼーション（normalization）」。日本では「正常化」などと訳されている場合もある。

容を理解するべく、活動責任者のアニータ・トレイブム（Anitha Tröjbom）と、家族支援スタッフであるマリー・ベンクトソン（Marie Bengtsson）を訪ねた。

## ◆具体的な活動内容

「家族センターは、思い立ったら訪ねてきてよい場所です。予約は必要ありません。ただコーヒーを飲みたい、ただひと息つきたい、私たちと話がしたいなど、何でもいいのです。特別な用件などなくて構いません。いつでも大歓迎です」

筆者の質問である「家族センターとは何なのか？」に対するマリーの第一声であった。家族センターは、家族支援事業の事務局であると同時に、そのスペースを利用しての憩いの場所であり、出会いの場所としての機能も果たしているのである。

アニータが、家族支援事業についてさらにいくつか解説をしてくれた。

「家族支援事業の最大の目的は、障害をもつ人々を日々支えている家族を癒すこと、つまり彼らが燃えつきてしまわぬように予防することです。人によって、癒される形はそれぞれ違います。ここに来て、コーヒーを飲みながら私たちと話すだけで楽になるという人もいますし、おしゃべりグループや病気や障害に関する知識を吸収する講義、身体を動かすグループなどといったセンターが提供する活動に参加してリフレッシュする人もいます。また、利用者自身の希望する何らかの団体や専門家などに紹介することで満足される人もいます。さらには、利用者が自分の用事を済ませる間ケアをしている人をここで預かったり、逆にわれわれが利用者の自宅に行って一時的にケアを代わることでエネルギーを取り戻す人もいます。とにかく、障害をもった家族と日々暮らすなかで、疲れた、しんどい、休みたい、何か手助けをしてもらえないだろうかなど、何でも構いませんから何かあったらとにかく私たちを訪ねてきてください。必ず、お役に立てると思います」

さらに、毎年、利用者から寄せられる意見をもとにして、活動内容やプログラムの見直しをして、利用者の望む支援の提供に心がけているとのことだった。ちなみに、今のところ前記のサービスのほとんど（家族センターで一時的に障害をもつ人を預かったり、自宅へ臨時にケアスタッフを派遣するサービス）が無料とのことである。そして、このような活動のなかでも現在とくに力を入れているのが、二〇〇三年五月から開始した宿泊施設「ヴィラ・ミルボー（Villa Milbo）」での活動である。

### ⬟ヴィラ・ミルボー

ヴィラ・ミルボーは、ヤヴレコミューンの北の端、中心街から七キロメートル離れたヒッレ（Hille）という地区にある。ここは、ケアする人もケアをされる人にとっても癒しと集いの場所であり、宿泊機能を備えている。ケアする人を癒すのが一番の目的だが、ケアされる人も一緒に利用して宿泊できるわけだ。障害をもつ家族を預けて旅行に行きたい、自分の用事を済ませたい、とにかくしばらくの間ケアから離れて一人でゆっくりしたいといった理由から障害をもつ家族とともに宿泊してホテル気分でしばらくゆっくりしたいという理由に至るまで、ここを利用する人々の目的はさまざまである。そして、ケアをする家族だけがここに宿泊する場合は、その間、家族に代わってケアをするスタッフが先ほど記した家族センターから自宅に派遣されることになる。

ここの雰囲気は、ひと言でいって「自由」、好きなように過ごせることが何といっても素晴らしい。寝る時間も、起きる時間も、食事時間も、自分の好きなように決めればよい。たとえば朝食は、ある時間になったらスタッフが食堂に用意しておくが、自分一人で部屋でゆっくり

ヴィラ・ミルボーの共用リビング

食べたければ食べたい時間に取りに来ればよい。気が向いたら庭に出てベンチでごろ寝をしてもいいし、本を読んで過ごすというのもいい。もちろん、スタッフやほかの利用者と会話を楽しんでもよい。

　宿泊用に用意された各部屋は、ストックホルム出身の国民的画家であるカール・ラーション[3]から影響を受けた一九〇〇年代風のものから、現代のスウェーデンを意識したものまでさまざまなアレンジがされているし、共用リビングの家具にも目を奪われた。そんな環境のなかで、アニータとともに午後のティータイムに参加させていただいた。

　認知症のメイリ（Maily）は、八五歳になるとても朗らかな婦人である。近所のボランティアの人が用意したケーキをいただきながら、夫のルーネ（Rune・八二歳）が登場するのを今か今かと待っている

（3）Carl Larsson（一八五三～一九一九）。ストックホルムのガムラスタン（Gamla stan）に生まれる。画家であると同時に、インテリアデザイナーでもあった。家は貧しく、働きながら絵を学んだ。主な作品は『白樺の下で朝食（Breakfast under the birch tree）、1896』、『クリスマスイヴ（The Christmas Eve）、1904-05』、『春（Spring（Våren））、1907』、『真冬のいけにえ（Midvinterblot）、1915』など多数。

表4－1　ヴィラ・ミルボーの利用条件と利用料金

| | |
|---|---|
| 対象 | 20歳以上の障害者をケアする家族および障害者本人 |
| 宿泊日数 | 原則として、連続宿泊は一度に10日間まで |
| 利用料金 | 宿泊する場合：一泊131クローネ（約1,970円）（食費含む）<br>昼食、夕食のみの利用の場合：それぞれ36クローネ（約540円）<br>コーヒーおよび軽食：18クローネ（約270円） |

ところであった。ルーネはもともと軍隊に勤務していたようで、現在は悠々自適の年金生活者であるが、仕事が好きということで今も定期的に子ども用の服を小学校に対してセールスしている。

「今日は遅いわね。私は、一日中待ちぼうけね」と言うメイリに向かって、「一生待ち続けなければならなかったんじゃない？　旦那さんはもてるから」とアニータが冗談で言うと、真顔で「いいえ、そんなことはないわ。とても素敵な旦那様なのよ」という言葉が返ってきた。思わず、周りのテーブルから笑いが起こった。

そこへルーネが登場した。長い間、ジャズのビッグバンドでテナーサックスを吹いていたというルーネは、噂通りなかなかの紳士であった。メイリの頬にキスをし、「戻ってきたよ」と伝えるとメイリの目が一段と輝いた。このあとも、メイリ、ルーネ、そしてほかの利用者やスタッフみんなで楽しい会話に花が咲いた。

（左から）ルーネ、アニータ、メイリ、そして近くに住むボランティアの女性

## スウェーデンにおけるケアの民間委託とは？

しばしば日本において、「スウェーデンもケア分野に私企業の参入が多くなっているらしい。結局は、この国も日本やアメリカと同じような方向に向かってるんだよ」といったまことしやかな噂を聞くが、このあたりに関する正確な情報を提供しておきたい。

結論を先に述べると、スウェーデンのケア分野における民間運営とはコミューンからの委託であり、完全な民間経営ではない。本書でもいくつか登場したケア付き高齢者住宅を例にして、「ヤヴレコミューンケア局（Omvårdnad Gävle）」の運営責任者であるカーリン・リデーン（Karin Lidén）と、ヤヴレコミューンの公務員であり、民間運営のケア付き高齢者住宅の仕事も引き受ける作業療法士のマリー・セ

(17)　通常の車椅子に付属している下腿部を受ける部分。

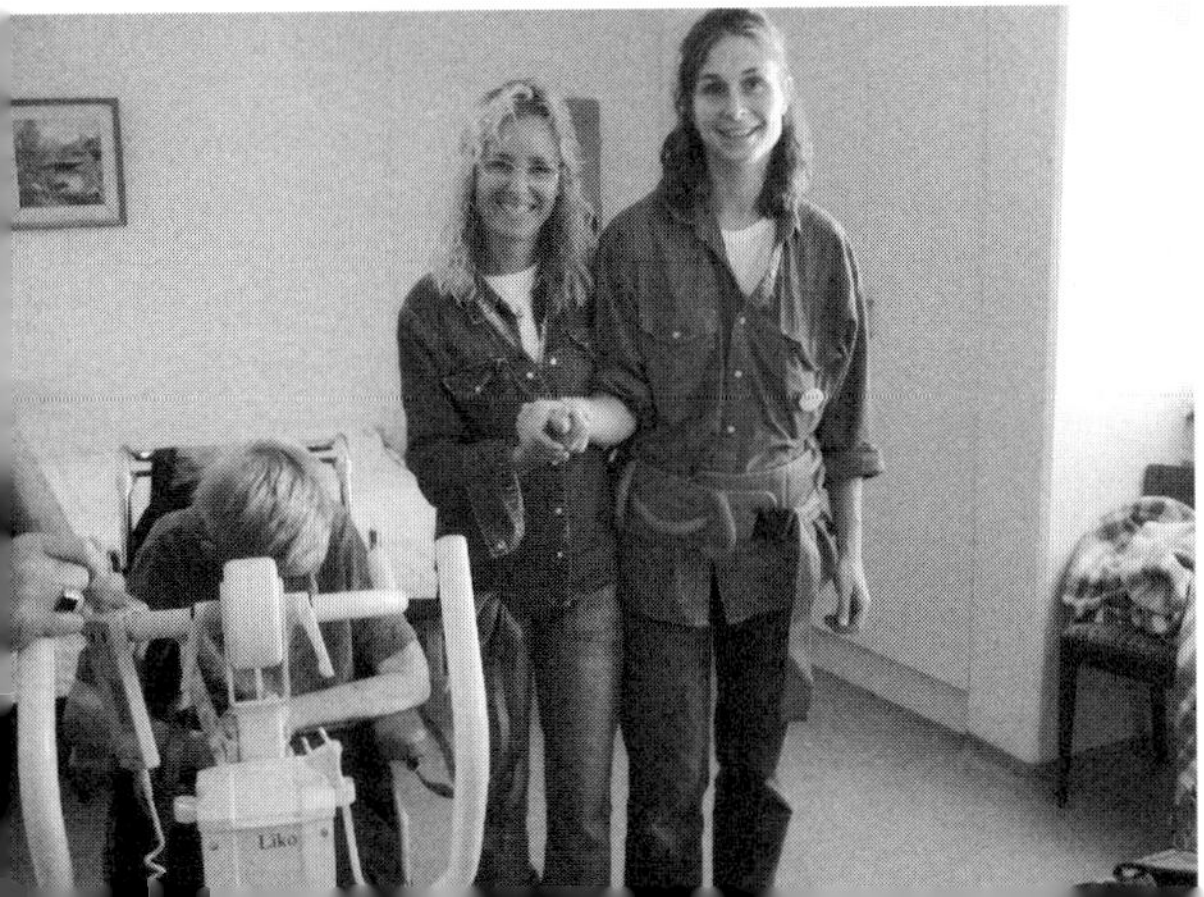

作業療法士のマリー（左）と理学療法士のヨハンナ

ーデルクヴィスト（Marie Cederqvist）と理学療法士のヨハンナ・ストーリング・ブレンストレム（Johanna Storing Brännström）への取材をもとに、もう少し具体的に説明していこう。

民間事業体がケア付き高齢者住宅を運営する場合、まずその建物はコミューンが用意する。そして、ケアに関してはコミューンが具体的に定める内容を遵守しなければならない。雇用される職員の給料や有給休暇などの待遇面も、コミューン勤務の職員と同等（もしくは若干よい）が一般的である。また入居者は、その入居料を民間の事業体に支払うのではなくコミューンに支払うことになる。さらに入居料は、コミューン直営のケア付き高齢者住宅に入居する場合と同額となっている。

さあ、いかがだろうか。入居者の受けるケアサービスの質はコミューンにより保証されており、入居料も同じ、働く職員の待遇も同じ、つまりケアサービスの核となる部分はすべてコミューンが保証しているのである。よって民間の事業体は、核となる部分の予算はコミューンに保証されたうえで、そのほかの細目による「効率化に基づくアイデア競争」による入札となるのである。

要するに、スウェーデンのケア分野における民間による委託経営とは、あくまでも障害をもった人々のケアの質を保証したうえでの可能なかぎりの効率化が目的であり、日本式の人件費や必要経費の削減だけを目的とした「丸投げ式」の民間経営とはまったく違うものであることが理解できよう。くれぐれも、誤解なきように。

## ケア内容を監視する社会コンサルタントの仕事

コミューンはそこに住む障害者にケアを提供する責任をもっているが、そのケア内容が適切かどうか、滞りなく提供されているかどうかを監視するのは、国の出先機関（国による地方行政区）である「レーン（län）」の仕事である。それぞれのレーンによって多少名称が異なるが、レーンのなかにある「社会局（Sociala enheten）」とか「社会機能局（Sociala funktionen）」などと呼ばれる部署に所属している「社会コンサルタント（Socialkonsulent）」という専門職員がその役を担っている。

今回、スウェーデンにおけるケア内容の監視業務について知るため、「ヤブレボリ地方行政区（Gävleborg län）」の高齢者ケアの監視を担当している社会コンサルタントであるヒレヴィ・アッサーション（Hillevi Assarsson）を取材した。紙幅の都合上かぎられた紹介になるが、参照していただきたい。

ヒレヴィ・アッサーション

**質問**　まずは、高齢者ケア担当の社会コンサルタントの基本的な仕事について教えてください。

**ヒレヴィ**　高齢者ケア担当の社会コンサルタント（以下、社会コンサルタント）はレーンの公務員です。現在、私を含めてヤヴレボリレーン内には四人います。

まず、われわれが仕事をするうえでの基盤となっている国としての高齢者政策の目標、そしてコミューンおよびレーンの責任について説明します。大前提の理念となっているのが、「社会サービス法（socialtjänstlagen：Sol）」の五章四項に掲載されている「社会委員会（コミューン議会で選ばれた政治家で構成されている）は、高齢者が安全な状況のもとで独立自尊の生活を送ることができるとともに、他の人々とともに、能動的で意義のある生活を送ることができるように努めねばならない」という条項と、これを受ける形でのスウェーデン議会での決定である「高齢者は、①能動的な生活を送り、社会と自分の日常生活に影響力をもつ権利を有する、②安全に年をとる権利を有する、③尊敬の念をもって接せられねばならない、④よい看護とケアを受ける権利を有する」という文面です。これらに基づき、コミューンとレーンの責任がそれぞれ次のように定められています。コミューンの責任としては以下の六つです。①社会サービス法に基づいて有している高齢者の権利について情報を与えること、②在宅での援助・支援を与えること、③ケア付き高齢者住宅を用意すること、④高齢者のための適切な住居、サービス、看護ケアを実現すべく計画を立てること、⑤県や年金生活者団体といったほかの組織と共同で仕事を行うこと、⑥苦情を受け付けて解決を図ること。

そして、レーンの責任は、①高齢者ケアにおける足りないもの、不備な状況に留意すること、②コミューンが社会サービス法の規則に従ってサービスを提供していることを監督すること、③人々に情報を与えてアドバイスをすること、④必要に応じてコミューン委員会の活動および事業などに助言と支援を与えること、⑤コミューンおよびほかの公共団体との協力を促進すること、⑥コミューンの在宅サービスおよびケア付き高齢者住宅の将来計画に協力すること、となっています。

このような枠組みのなかで社会コンサルタントは、ケア付き高齢者住宅、在宅サービス事業所などの定期的な訪問監視や、それらの利用者からの訴えに基づく随時の訪問監視を主な業務としています。そこの施設や組織の責任者だけでなく、前線で働く職員や利用者、およびその家族らから問題点をしっかりと聞き出すことがポイントです。そして、その問題点を、責任者だけでなく職員みんなで話し合います。さらに、制度的な不充分さゆえに起こっていると判断される問題については、政治家を交えてその解決策を考えていくこともあります。

**質問** 日本で監視が行われる場合、その施設や事業所にあらかじめ日時や監視内容が伝えられるのが一般的ですが、スウェーデンではいかがですか。

**ヒレヴィ** 基本的には抜き打ちです。予告なしに施設や事業所に出掛けていって、そこで働く職員、利用者およびその家族らに直接聴取することを基本としています。そうでなければ、問題点を明らかにすることはできません。

## KOLUMN 街を歩けば、歩行車と車椅子に出会う

スウェーデンでは、街中や公園、田舎道などさまざまな場所で、歩行車を押して歩くお年寄りや車椅子に乗った人々に頻繁に出会う。初めて滞在したときには「貴重なシーンを逃すまい」という思いでシャッターを切っていたが、そのうちに日常の当たり前の風景なんだなと感じるようになってしまった。

最近でこそ日本でも、整備された通りなどでは車椅子に乗っている人々を見かけるようになったが、スウェーデンのように、市街地にかぎらず公園や田舎の通りなど、ありとあらゆる場所で見かけるということはまだまだ難しいだろう。

スウェーデンで歩行車や車椅子での移動が非常に楽に行える最大の理由は道路事情にある。その特徴は、道路の棲み分けが進んでいるということである。充分な幅のある自転車道や歩道が車道とはっきりと区分けされている場所が非常に多い。また、電気ケーブルは地下を通っているのが一般的で、街中には電柱がないので道路上の障害物も少なくなる。

ちなみに日本では、自転車道どころか歩道もない場合が多く、側溝がむき出しになっていたり、電柱が至る所に立っていたりする。これでは、歩行車や車椅子で自由に出歩くことはままならない。

もう一つの特徴は、この国では、信号のない横断歩道でも歩行者がそこに立つだけで大抵の車は止まるということである。法律で決まっていることも理由だが、障害をもつ人々に対してだけでなく、すべての歩行者に対する日常的な配慮も、障害をもつ人々の外出をより容易にかつ安全なものにしていると思われる。

歩行車に腰掛けてバスを待つ老婦人

## 在宅緩和医療ケアチームに支えられるロバート・グスタフソン

一九九〇年代に入ってからというものスウェーデンでは、どんなに年をとっても、また重い病気や障害を抱えても、可能なかぎり自宅で一生を過ごすことができるように医療、看護、ケアの協力体制が整備されてきた。その最たるものが、末期癌を主とする重度の病気を抱える在宅者に対する緩和医療ケア体制の構築である。具体的には、在宅緩和医療ケアチーム（医師、看護師、医療ケースワーカー、療法士らからなる）による一日二四時間、一年三六五日の支援体制である。このような支援体制は、現在、スウェーデンのあらゆる地域において行われている。

その具体的な事例を求め、ヤヴレから南へ約一〇〇キロメートルのウプサラコミューンにある「在宅緩和医療ケアチーム（Sjukvårdsteamet Uppsala）」を訪ねた。このチームは、ウプサラコミューンと、その隣に位置するクニヴスタ（Knivsta）コミューンの在宅患者を対象としている。チームの一員として働く理学療法士のジェニーボイヤ（Jenny Boija）とともに、腎臓癌を患いながらもウプサラ郊外の広大な敷地の一軒家に住むロバート・グスタフソン（Robert Gustavsson）を訪ねた。秋の気配を感じさせる九月初旬であった。

ジェニーボイヤの運転でウプサラの中心街を抜けて、南はヘルシンボリ（Helsingborg）と北はルーリオ（Luleå）を結ぶ自動車道である4号線（E4）を北へと向かうと、あたりはあっという間に田園地帯となった。その景色に目をやりながら私たちは、スウェーデンと日本の理学療法学生の臨床実習について、その雰囲気やカリキュラムの違いについての談義となった。

日本では、ややもすると学生に指導者側の考え方や方法論を一方的に押し付けてしまい、学生がそれに従えないと途中で打ち切るということもあり得るのに対して、スウェーデンの指導者は、学生自身の考え方や方法論、優れている部分を充分に引き出しつつ適切にアドバイスを与えながら、学生が理学療法士として独り立ちできるようにサポートしていく姿勢をもって実習を進めていく傾向が強いことを感じた。それは、学生と指導者が一緒に楽しむコーヒータイムの様子からもうかがえる。日本では、こういう雰囲気のなかで実習を提供している病院

**表４－２　スウェーデンの理学療法学生の臨床実習カリキュラム（ウプサラ大学）**

| 年次 | 期 | 期　間 | 内　　容 |
|---|---|---|---|
| 1 | 1 | 半日×10日間 | コミューンと病院での見学実習 |
| | 2 | 2週間 | 移乗介助と身体の使い方を身につける実習 |
| 2 | 3 | 6週間 | 神経系疾患 |
| | 4 | 4週間 | 呼吸循環系疾患、整形疾患 |
| 3 | 5 | 6週間 | 初期医療クリニックでの外来患者 |
| | 6 | 2週間 | 自由選択（自分で探す。外国でも可） |

や施設はまだまだ少ないのではないだろうか。

参考までに、スウェーデンの理学療法士の学校での臨床実習のカリキュラム例を挙げておく（**表4－2**を参照）。ジェニーボイヤも卒業した、ウプサラ大学の理学療法学科のカリキュラムである。注目は、最終六期目の「自由選択」で、自分が勉強したいと思う施設に自分で連絡して決めるというところだ。なんと、訪問先は外国でもOKである。ちなみに、ジェニーボイヤは以前から行ってみたかったルーマニアを選んだと話していた。

約三〇分間ほどのドライブで、目的地のロバートの家に着いた。ロバートは、ウプサラの北一三キロメートルのレーヴスタ（Lövsta）という村に妻のブリット＝マリー（Britt-Marie）と住んでいる。ベンガラの塗られた赤褐色の家壁

外も中も素敵なロバートの家

が、玄関前から裏庭にまで続く広大な緑に静かに調和している。

この日、ジェニーボイヤがロバートを訪問した目的は、数週間前から徐々に症状が出てきたという下肢の浮腫《ふしゅ》の状態確認（周径計測）と運動能力の評価、そして下肢筋力維持のための自己練習内容の確認などである。ジェニーボイヤによると、下肢の浮腫は前回に比べて若干軽くなったもののまだ残っているとのことだった。また、上肢や下肢、体幹の筋力は、前回と同様のレベルを維持しているということだった。自己練習では、ベッド端に座って車椅子の肘載せにつかまりながらの立ち上がり練習と、同じく腰掛けて行う黄色いセラピーバンドを用いての下肢筋力トレーニングだが、どうやらロバートは少しやりすぎてしまう傾向があるらしい。現在、ロバートは、見守りでベッドから車椅子への移乗動作が何とか可能というレベルである。また、常にモルヒネも欠かせないと言っていた。

二人が、一八〇〇年代に造られたという歴史あるこの「家族農場（släktgården）」を購入してまもなく、ロバートが腎臓癌の診断を受けた。何としてもここから離れたくなかったロバートは、この自宅で一生住み続けながらケアを受けることはできないものか、とコミューンに相談した。そのときのことを思い出しながら、感慨深く次のように言った。

「在宅緩和医療ケアチームが来てくれるということを聞いたときは、本当にありがたかった」

在宅緩和医療ケアチームのスタッフは、単独もしくは複数で、週に二、三度の頻度でロバートのところへやって来る。必要に応じて、それ以上の回数になることもある。また、アラームにより一日二四時間の対応も可能となっている。

医療ケアチームの運営には、コミューンとランスティングの双方が責任をもっている。医療ケアチームは、複雑な病状を呈する患者に対して、高度で先進的な在宅ケア（輸血も自宅で受けている）を提供すると同時に家族に対する支援も行っている。そして、補助器具をアレンジし、新しい状況に適合するように自宅改造の助言もしている。現に、この歴史ある家には車椅子が移動できるようにいくつかのスロープがすでに設置されており、敷居の段差解消工事も済んでいる。

ロバートは、レスキュー隊で人を助ける仕事にその一生を捧げてきた。今は、逆に周りの人からの多くの助けを必要としている。医療ケアチームだけでなく、コミューンからの在宅ヘルプサービスも日に二回やって来るし、妻のブリット＝マリーも、いわゆる「近親者補助金」を得ながらずっと家にいることができている。

「ロバートはとても前向きな人です。一緒に暮らす私にとっても、これは非常にありがたいことです」

ロバートにモルヒネを打ちながら言ったブリット＝マリーのこの言葉は、今回私がスウェーデンを視察して感じたことを象徴するものだった。

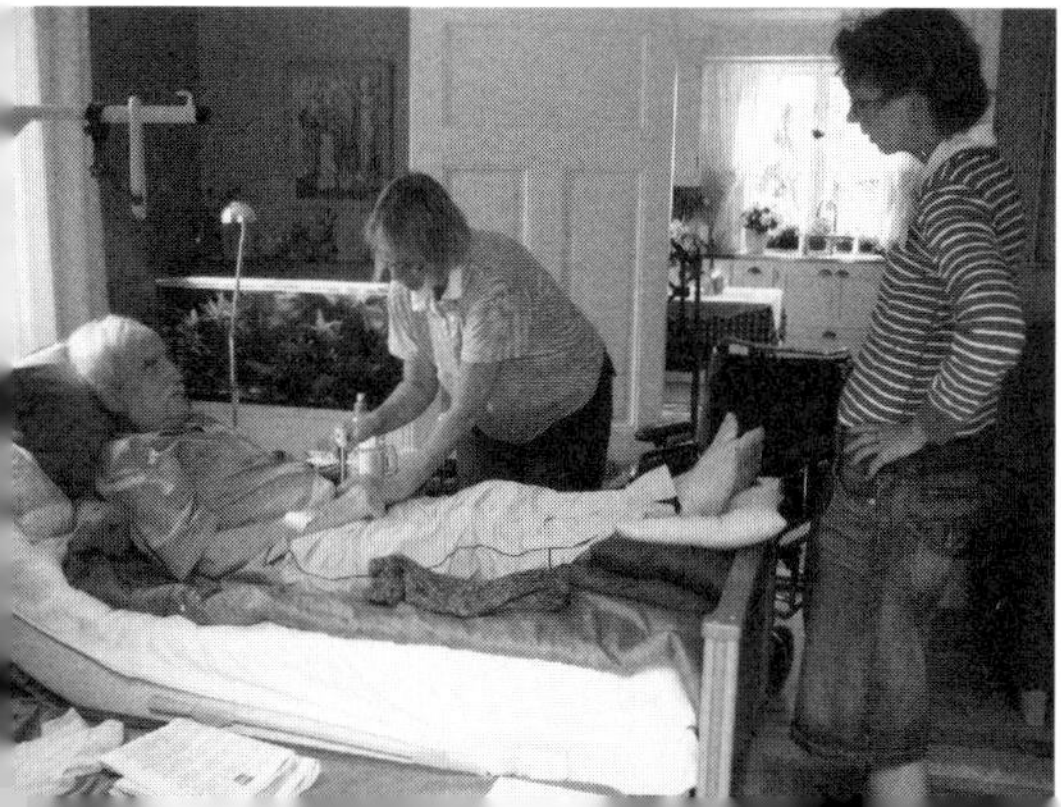

ロバートのお腹にモルヒネを打つ妻のブリット＝マリーと理学療法士のジェニーボイヤ

# おわりに

この本の主人公は、二〇〇五年の初夏から初秋にかけて取材させていただいた障害者の人々である。日本から持参した重度障害の高齢者の写真を示し、できるかぎり重度の障害をもつ人々を取材させてほしいという私の希望に基づいて、六年来の友人であるスウェーデン人の理学療法士とその友人らに本書の主人公たちを紹介していただいた。そして、彼らを通して私が伝えたかったことは、たとえ一次的な障害が重くとも、スウェーデンには日本の長期療養の現場で見かけるような重度四肢拘縮《ししこうしゅく》、褥瘡《じょくそう》、長期鼻腔《びくう》経管栄養をあわせもつような重度の二次障害者はほとんどいないという事実であり、それを予防している日常のケア・リハビリの風景である。

日本とスウェーデンの両国には、税制を筆頭としてさまざまな違いがある。たしかに、今すぐスウェーデンのやり方を日本にもち込むことはできないだろうし、仮にできたとしても、すべてについて真似をすることは得策ではないだろう。しかし、少なくとも、日本ではしばしば重度四肢拘縮、褥瘡、長期鼻腔経管栄養に陥りがちな重度の障害を抱えた維持期の成人もしくは高齢者が、スウェーデンではそうならずに暮らしているという事実を真正面から受け止め、どのように日本に生かしていくかを真剣に議論すべき時なのではないかと思う。そして、拙著がその一助となるならばそれ以上の幸せはない。

もしかすると、日本にある優れたケアやリハビリテーションを展開している病院や施設のスタッフからは、「安易に外国に答えを求めようとするな。あなたが悩んでいるような問題は、うちではすでに解決済みである」というようなお叱りをいただくかもしれない。しかしながら、今回私が紹介したのは、ごく平均的なスウェーデンの臨床現場の様子なのである。どのスタッフも、毎日「フィーカ（Fika）」と呼ばれるコーヒータイムを楽しみ、ほとんど残業もせず、毎年数週間にもおよぶ長期休暇をとりながら、それほど鼻息荒く頑張ったわけでもないうえでの内容なのだ。つまり、特別なところではないのだ。

本書は、日本のケア現場の現状に日々憂いを感じているケアや看護、リハビリテーションの最前線で働く現役スタッフの人々をまず念頭に置きながら記した。彼らに、重度の一次的な機能障害を抱えた人々が重度の二次障害を起こしていくという現状は予防可能であるという事実を、スウェーデンの臨床現場での日常のケアの様子を通して知っていただきたかったからだ。そして、日本におけるこのような二次障害が発生する問題の多くは、ケアの前線で働くスタッフ個人のレベルの問題では決してなく、障害を抱えた人々を取り巻く社会の仕組み全体としての構造的な問題であることを多くの人々に知っていただきたかった。

だからといって、私は決してスウェーデンのすべてを模倣せよと言っているのではない。スウェーデンのケアへの取り組み方を一つの理想像として念頭に置きつつも、日本は日本なりの方法を加味しながら二次障害を予防していけばよいと思っている。ただし、いずれの方法を取るにせよ、結果として重度の二次障害をほぼゼロにするという目標は達成されなければならない。そしてすでに、同じ地球上において、日本よりも圧倒的に優れた確率で二次障害を予防している国があるという事実を忘れてはならない。

今回の取材を通して、私がスウェーデンでの二次障害予防の決め手になっていると感じたものは次に挙げるようなものである。キーワードは、「人」、「モノ」、そして「環境」の活用である。

**①人の活用について**

スウェーデンの現場を支えている重要な職種は、何といっても「看護助手（undersköterska）」である。その職域の広さと、ケア対象者数に対する人数が何よりのポイントである。第1章のビルカとモーバッカのところで示した、看護助手の職務内容と対ケア対象者人数をもう一度見てほしい。彼らには、日本でなら看護師しか許されていないような医療行為からリハビリ、各種ケアまで、実に幅広い仕事内容が認められている。そして、このような職域をもつ彼らが、日本で言えば療養型病床や特別養護老人ホームに入院もしくは入居しているような重度の障害をもつ対象者に対して、日中は三～四対一という人員配置になっている。

それだけでなく、個人ケアアシスタント制度も重要である。一人の対象者に対して、必要であれば二人の専属ケアアシスタントが、一日中、一年中、そして一生つくことも可能なのである。そして同じく、彼らも一部の医療的行為からリハビリ、各種ケアまで幅広く行うことができるのだ。人員配置を数字で表せば一対一、必要度によっては一対二（一人の患者に対してケアアシスタントが二人）になるわけだから、日本の現状からは想像することもできない。

**②モノの活用について**

何といっても、その最たるものは補助器具である。その質・量の充実度は言うにおよばず、制度的にも非常にアクセスしやすいということがポイントである。必要であれば、一人の対象者が、複数のリフトや室内立位練習器などの大型の器具から台所やシャワートイレルームで使う小さな道具に至るまでが、ほとんど無料でレンタルされているという現状は「圧巻」という以外に言葉が浮かばない。

**③環境の活用について**

ケア対象者の日常的空間（住居内だけでなく、その周囲の外的環境も）が、何と人間らしく、かつアクセスしやすい造りになっていることか。これは、スウェーデン滞在中にどこに行っても実感したことである。

室内で言えば、ベッド周り、トイレシャワールーム、キッチンなど、どこでも大型のリフトや車椅子をスムーズに操作できるだけの充分なスペースがある。玄関を出ても、その目前には充分な幅の舗装された公共道路が敷設されている。そして、その多くが自転車および歩行者用の道路を独立してもち、日本の道路に見られるような道端の電信柱や側溝もほとんどない。障害者自身が電動車椅子で出掛けることも容易だし、介助者が車椅子を押す場合にも非常に楽である。また、信号のない横断歩道でも、その前に歩行者が立つとほとんどの車は停止して、歩行者の通行を優先している。このような日常的空間におけるアクセスの容易さは、障害を抱える人々が活動を広げる際にも非常に有効であり、ひいては彼らの二次障害を予防する機能をもつことにもなっている。

ここで一つ付け加えておきたいのが、これら三つの内容は互いに相乗効果をもたらすという事実である。つまり、それぞれの項目の充実度がほんの少しずつ高まるだけで全体的な効果は相当なものになるということである。要するに、スウェーデンのように幅広い職域・職能をもつ看護助手が、ケア対象者四人に対して一人の割合で配置されたうえで、ふんだんにある補助器具を使用しながら、なおかつ整備された環境内で気分よくケアサービスを提供するというときに、そのサービスを受ける対象者が感じる満足度は、日本のそれとは比較にならないほど高いものになるということを是非ともイメージしていただきたい。

以上のようなスウェーデンの現状を知ったうえで、日本はこれからどうしていけばいいのだろうか。「スウェーデンと日本は、文化も制度もまるで違う。スウェーデンを真似ることはできない。日本は日本のやり方で進めばよい」と言われる人も多いだろう。また、「ケアスタッフにしても、補助器具にしても、税金であんなに賄われるなんて贅沢すぎるよ」と思われる人もいるかもしれない。さまざまな意見が出ることは大いに結構であるが、具体的にはどういう方法をとると言うのだろうか。要するに、スウェーデンのような看護助手制度や個人ケアアシスタント制度をもたない日本、スウェーデンのような補助器具制度をもたない日本、スウェーデンのような住環境・道路環境・街環境をもたない日本、スウェーデンのような監視システムをもたない日本で、どのように普遍的かつ持続的に二次障害を予防していくのかということである。

世界最大の実験国と言われるスウェーデンは、どの国をも参考にすることなく、独自の発想と己の責任で現在のシステムをつくり上げてきた。このハイレベルなシステムには高い税負担を必要とするということも、選挙において常に民意に問いながら一つずつ着実に合意を得てきた。さあ、日本はどうするのか。

前線で働く日本のケアワーカーは、これまでと同じような職務内容でよいのか。それで充分に効率性が適えられているのか。重度の介助を要する人への介助に、たとえば本当にリフトなどの補助器具は必要ないのか。リフトを使わず人力で介助することで、彼らに恐怖心を与えてはいないのか。ズボンのベルト部をつり上げるような介助で、彼らの股間に不快感を与えたり、四肢拘縮の原因にもなる筋肉の過緊張を引き起こしたりしてはいないのか。また、ケアする職員も、このような介助を続けていることで身体的精神的に疲弊しないのか。一回一回の介助が大変なために、対象者の移乗の自由（あるときはベッドを離れ、あるときはベッドに戻るといった細かい自由）を奪うことにつながっていないのか。そして何よりも、現在のようなケアを続けることで、日本において重度の一次障害をもつ人々の二次障害は解消される方向に向かっているのだろうか。

日本は、ケアシステムにおいて介護保険という形を選んだ。それで、二次障害の多くを防げているのなら問題はない。また、重度四肢拘縮《ししこうしゅく》、褥瘡《じょくそう》、長期鼻腔《びくう》経管栄養も発生せず、ケア対象者のより独立自尊の生活が真に保障されているのなら問題はない。

スウェーデンでの取材中に絶えず感じていたことは、「なぜスウェーデンでは、これほどまでに自分のしたいことが許されるのだろう」ということであった。それは、障害をもつ人々の、日本でならややもするとわがままと揶揄《やゆ》されそうな希望まで当たり前にかなえられている臨床現場だけでなく、取材する私に対して与えられる行動の自由においても感じられることであった。その大らかさ、自由さは、時として戸惑うほどであった。

でも、徐々にその根底に流れる社会の考え方が見えてきた。それは、日本でもすでに言葉として定着した感のある「インテグレーション」（スウェーデン語で「integritet《インテグリーテット》」。「人格の統合性」などの訳で知られる）と「ノーマライゼーション」という概念である。いずれも、日本にいる間はどこかしっくりこない背中のむず痒くなるような言葉だったが、スウェーデンにしばらく滞在することでこれらの言葉の意味を肌で感じられるようになった。周囲の妨害から解放されて独立した状態でいること、その個人だけがもつ内なるものを侵されないこと、自由に移動できること、放っておいてもらえること、自分の望む普通の生活が送れること……こういったことのすべてが、単なる言葉ではなく具体的な中身をもつ権利として日常の生活のなかに生きている社会。そして、今回取材させていただいた障害をもつみなさんも、まさにこういう社会のなかでごく当たり前に人間としての権利を得ているのだ。

今回取材をさせていただいた人々には、この場を借りて改めて心よりの感謝を申し上げたい。

友人の理学療法士とともに森でピクニック

本当に多くの人々に、日本のこれからのケアやリハビリの発展に役立つのであればと貴重な情報を提供していただいたし、写真の使用も快く承諾してもらった。

そして、六年前にヴェクショーで初めて会って以来のよき友人である理学療法士のイェーテ・ヘルスィエン氏は、バイオリンを愛し、湖畔の別荘を手造りで建ててしまうような多才な人である。本書で記した、ほとんどの取材場所を調整してくれたのは彼である。彼の力なくしてはこの本はでき上がらなかった。本当にありがとう。

また、私の休職での旅立ちを快く見送ってくれ、さらに復職の際にも気持ちよく迎え入れてくれた阪和第二泉北病院の職員のみなさんにも心から感謝したい。

最後に、常に冷静かつ適確な助言で見守ってくださるとともに、読者に臨場感を味わっていただくべく可能なかぎりの写真を使いたいという私の思いを快くかなえてくださった株式会社新評論の武市一幸氏に心から感謝を申し上げる。

二〇〇六年　三月

山口　真人

## 巻末資料3

# 医療費の自己負担額と年あたりの高額限度額

下記の価格でスウェーデンの保健医療サービスを受けることのできる人々は、①国籍に関係なく、すべてのスウェーデン在住者、②EU（ヨーロッパ連合）もしくはEEA（ヨーロッパ経済地域）の国々からの救急患者、③スウェーデンとの間で特別の協定をもついくつかの国々からの救急患者、である。

<table>
<tr><th colspan="2">項　　目</th><th>自己負担額</th></tr>
<tr><td colspan="2">入院費用</td><td>1日当たり80クローネ（約1,200円）</td></tr>
<tr><td rowspan="3">外来費用</td><td>初期医療サービスでの医師による診療・治療</td><td>1回当たり100クローネ（約1,500円）～150クローネ（約2,250円）(*)</td></tr>
<tr><td>病院の顧問医師もしくは開業医による診療・治療</td><td>1回当たり180クローネ（約2,700円）～300クローネ（約4,500円）(*)</td></tr>
<tr><td>理学療法士、作業療法士、看護師などによる医療的治療</td><td>1回当たり50クローネ（約750円）～100（約1,500円）(*)</td></tr>
<tr><td colspan="3">自己負担額の年当たりの高額限度額についての解説<br>・入院費用、外来診療・治療費用の自己負担額が900クローネ（約13,500円）に達した時点で、最初の受診日から数えて12か月間の残りの期間の入院費用、外来診療・治療費用はすべて無料となる。処方薬費用も、同様の考え方で、900クローネが自己負担額の限度である。<br>・20歳以下の若者や子どもは、すべての医療サービスが無料である。</td></tr>
</table>

（＊）金額の幅はランスティングによる違いを表している。

出典：Swedish Institute（SI）の2003年版ファクトシート「スウェーデンにおけるヘルスケアシステム」より。

を含まない炭酸ドリンクを使用するほうが好ましい。ちなみに、この方法はマルメの言語聴覚士によって開発された。

### 経管栄養について

・胃瘻栄養の必要性のある患者から「胃瘻栄養はどうしても嫌だ。肺炎になってもいいから口から取りたい」と言われたら、最終的には患者自身にその判断を委ねるしかない。

### その他

・院内には、嚥下障害に関心をもつ職員で構成された勉強会グループがあって、春から秋にかけて3～4回のディスカッションの場を設けている。参加職員は、医師、看護師、看護助手、ST、OT、PT、栄養士などさまざまで、病院内の展示場などでも定期的にPRをしている。
・嚥下障害のバイブルともいうべき本を紹介しておく。Jeri A. Logemann “second edition Evaluation and treatment of swallowing disorders” (pro-ed)（ISBN0-89079-728-5）（第1章のマリアの写真で、彼女が右手に持っているもの）

---

（1） 前口蓋弓を刺激するのにちょうどよい大きさの直径5mmほどの面鏡が先に付いている金属棒（第1章のマリアの写真で、彼女が左手に持っているもの）。
（2） STだけでは手が足りない場合、病棟の看護師や看護助手、家族、患者本人が行うこともあるとのこと。

部を回旋したままの状態で飲み込むというのがある。手順を記すと、まずテーブルに向かい、通常の格好で食物を口に入れる。次に、顔および上半身を充分に起こし、頭部を麻痺側に可動域いっぱいに回旋させて、その状態で飲み込むことを促す。こうすることで、嚥下の口腔期から咽頭期にかけて食塊が非麻痺側を通りやすくなって誤嚥の危険性が減る。

・「嚥下のコツ（swallowing maneuver）」と呼ばれる手技的なものの一つである「声門上飲み込み（supraglottic swallow）」という方法を紹介する。この方法のポイントは、食物を口に入れてから完全に飲み込むまで呼吸をしないということと、最初の飲み込み動作のあとに咳払いを入れるということである。この咳払いにより、声門上の食塊が上方へ弾き上げられるので誤嚥が予防される。手順を整理して書くと、以下のようになる。

①食物を口に入れる、②一回目の飲み込み動作を行う、③ここで「ううん」と咳払いを一つ入れる、④二回目の飲み込み動作を行う、⑤最後に呼吸をする。但し、片麻痺患者などの大脳に障害をもつ人では認知面の障害をもちあわせている場合も多く、こういった一連の協調的動作そのものを身に着けることが困難という問題もある。

・冷刺激もよく用いる方法の一つである。前口蓋弓への刺激が嚥下反射のきっかけになるが、この部位を氷のなかで充分に冷やした金属棒(1)でやさしく刺激するのである。具体的には、金属棒を冷やしては前口蓋弓に当てるというのを４～５回繰り返して行うのを１セットとし、これを１日に５セット施行するのが理想である（食事前の３セットでもよい）。(2) そして、これを３週間ほど継続するとかなりの改善が認められる場合が多い。

・炭酸ドリンクを食事中に飲むという方法も最近よく用いている。ドリンクに含まれた炭酸が、喉頭蓋に溜まりそうな食物の残りかすを取り除くと同時に、口腔内の感覚を刺激する効果もあるからである。炭酸ドリンクにとろみをつけては効果がないので注意。また、糖分こしていないか、あるいはその危険性はないかを確認する。
・咳払い能力、唇、舌、頬の動きが充分にあるかを確認する。
・喉頭蓋の上に残った食塊が気管へ流れていくことによる誤嚥を起こしていないかの確認も大切。
・飲み込み直後に喉の「グルグル」音が聞こえるかどうかも確認する。もし聞こえたら、声帯付近の障害の可能性を示す。
・飲み込み時に口蓋垂が鼻腔のほうに挙上する機能が働いているかの確認（この機能は、食塊が鼻腔へ逆流しないために大切である）。
・初めての患者の嚥下機能を、ベッドに寝かせたままで評価する場合には、嚥下テスト用の小さな注射器を用いる方法がある。患者の喉仏を触診しながら、初めは１㎖、次に２㎖というように、口のなかに少しずつ液体を注入する。これでまったく反射が起こらなければ、それ以上のことをするためには嚥下造影が必要。
・口から喉へかけてのすべての機能をきちんと判断するには嚥下造影での評価が必要。

**嚥下機能を助けるケアやリハビリ技術の例**

・サラサラした飲み物にトロみを付けたり、通常の食事を嚥下食に替えることも誤嚥の予防になる。トロみを付けた飲み物や嚥下食がまずくて飲みたくない、食べたくないという患者には、その必要性をよく説明することも大切。
・嚥下の際の頭の角度にも気を配る必要があるが、なかなか決定的な方法はないということも念頭に置いておく必要がある。たとえば、頭を挙げると口腔内の食塊は喉の奥へ流れていきやすいが、逆に誤嚥の危険性は増す。一方、顎を引くと、喉頭蓋による気管を塞ぐ機能が働きやすくなり、最初の嚥下動作での誤嚥の危険性は減るが、今度は喉頭蓋上の食物の残りかすが増えるため、あとからの誤嚥の危険性が増すこととなる。
・片麻痺患者の嚥下をしやすくする方法として、麻痺している側に頭

## 巻末資料2

# 「ヴェクショー中央病院の言語聴覚士マリア・マルムステンによる嚥下障害のケアとリハビリに関する講義」より、本文で紹介しなかった内容

主に扱う疾患は、脳卒中、パーキンソン、MS（多発性硬化症）、ALS（筋萎縮性側索硬化症）などの中枢神経系疾患、脳外傷、舌もしくは食道癌などによる放射線治療中や多薬物服用中（口中が乾きやすく、嚥下障害が起きやすい）、認知症（食べることそのものを忘れるという障害が起こる）などである。そのなかで、脳卒中患者の嚥下障害の特徴は下記の通りである。

・その50％は発症後初期に何らかの障害が見られるが、３週間ぐらいで回復してくることも多い。
・飲み込み反射が遅れる場合が多く、時に口腔内の感覚も障害されているので、誤嚥を引き起こす原因になりやすい。

また、嚥下障害で一番怖いことは、誤嚥による肺炎を生じさせることである。

嚥下障害の主な評価方法を下記に記しておく。

①既往歴および病歴確認
②問診――たとえば、不具合を感じる飲み物や食べ物の種類などについて聴取する。
③観察――たとえば、次のような事柄がある。
・嚥下反射が起きるかどうか喉仏を触診して確かめる。
・口のなかが渇いていないかの確認をする（渇いていると嚥下障害が起こりやすい）。
・咳き込み、むせの有無の確認とともに、むせの起こらない誤嚥を起

| | | | | |
|---|---|---|---|---|
| | | | | |
| 単独の正味収入額 | | | = 4,726(ア) | = 13,471(イ) |
| 正味収入合計額(ア＋イ)(①) | | | 18,197 | |
| 調整後正味収入額 (①÷2) | | | 9,099 | |
| 住居補助金 | +2,642 | +2,112 | +0 | |
| 収入合計額 | = 8,248 | = 10,108 | = 9,099 | |
| 基礎保留額 | −4,249 | −4,249 | −3,559 | |
| 個別付加額 | −0 | −525 | −0 | |
| 住居費 | −4,161 | −4,983 | −1,853 | |
| 保留総額 | = 8,410 | = 9,757 | = 5,412 | |
| 費用残額 | = −162 | = 351 | = 3,687 | |

例１の判定：ケア費自己負担額はゼロ。

例２の判定：ケア費自己負担額として351クローネ（約5,265円)、配食サービス費として1,005クローネ（約15,930円）を支払う。

例３の判定：ケア費自己負担額として、最高限度額の1,576クローネ（約23,640円）を支払う。

③費用の決定通知――毎年第１四半期に、再計算された費用の決定通知が届く。

④異議申し立て――決定費用について異議がある場合は、決定通知を受け取ってから３週間以内にヤヴレコミューンに異議申し立てをすることができる。

一か月当たり1,005クローネ（約15,075円）を支払えば、毎日の充分な中身のある食事が保証される。単発注文では、１食当たり36.5クローネ（約547.5円）となる。

④財産額はケア費用の自己負担額算定に影響を与えない――ケア費用の自己負担額算出のための基礎となるのは年金収入額であり、財産額は無関係である。

## 2　ケア費用

①ケア費用の自己負担最高限度額――ケア費用の自己負担最高限度額は１か月当たり1,576クローネ（約23,640円）である。ケア費用は１時間ごとに請求される。時間当たりのケア費用は195クローネ（約2,925円）だが、自己負担額が最高限度額を超えることはない。

②ケア費用の計算方法――ケア費用の自己負担額は、「収入（税支払い後の収入＋住居補助金）－保留総額」で得られる「費用残額」に基づいて算出される。但し、上記の最高限度額以上を支払うことはない。

**<費用計算例>**（数字はすべて月額）

例１：在宅ケアを受けている独身年金生活者の例

例２：在宅ケアと配食サービス（毎日全食）を受けている単身年金生活者の例

例３：夫婦で生活し、一方（配偶者１）がコミューンからのケアを受けている年金生活者の例

（１クローネ＝150円）

| 項　　目 | 例１ | 例２ | 例３ | |
|---|---|---|---|---|
| | | | 配偶者１ | 配偶者２ |
| 年金月額収入 | +7,162 | +10,785 | +6,381 | +15,824 |
| 利子および寄付収入 | +188 | +0 | +211 | +3,650 |
| 取得収入 | +0 | +0 | +0 | +0 |
| 税金 | −1,744 | −2,789 | −1,866 | −6,033 |

が届く。
④異議申し立て――決定費用について異議がある場合は、決定通知を受け取ってから3週間以内にヤヴレコミューンに異議申し立てをすることができる。

## Ⅱ　在宅ケアの場合

### 1　ケア費用の自己負担額を算出するための前提条件

①生活レベルを充分に保障する残額が確保されていなければならない――必要なケアに対して支払う自己負担額は、その額、税金、家賃が年金収入から差し引かれたあとに、いわゆる「個人的な事柄」を行えるだけの充分な額が残るように設定されなければならない。また、「個人的な事柄」とは以下のようなものを指し、それらを賄う費用を「基礎保留額」と呼ぶ。

・食料品　・衣服、靴　・余暇
・医師による診療と薬、簡易の歯科治療　・健康と衛生
・旅行　・住宅保険　・テレビ、新聞、電話　・消耗品購入

②基礎保留額（月額）は以下のようになっている。

| | |
|---|---|
| 65歳以上の単身者 | 4,249クローネ（約63,735円） |
| 65歳以上の夫婦／同棲者（各） | 3,559クローネ（約53,385円） |
| 65歳未満の単身者 | 4,935クローネ（約74,025円） |
| 65歳未満の夫婦／同棲者（各） | 4,245クローネ（約63,675円） |

［これらは原則であり、場合によっては「個人的な事柄」として認められる内容が増えることもある。その場合は、その分の「個別付加額」が加算される。すなわち、「保留総額」も増えることになる。］
③配食サービス――コミューンから配食サービスを受けることができる。

活者の例－最高限度額適用例

例３：夫婦のうち、一方（配偶者１）がケア付き特別住宅（ケア付き高齢者住宅）に住む年金生活者の例

（１クローネ＝150円）

| 項　目 | 例１ | 例２ | 例３ | |
|---|---|---|---|---|
| | | | 配偶者１ | 配偶者２ |
| 年金月額収入 | ＋7,163 | ＋16,209 | ＋11,254 | ＋21,675 |
| 利子および寄付収入 | ＋337 | ＋416 | ＋45 | ＋79 |
| 取得収入 | ＋0 | ＋0 | ＋0 | ＋0 |
| 税金 | −1,784 | −0 | −2,962 | −6,752 |
| 単独の正味収入額 | | | ＝　8,337(ア) | ＝　14,402(イ) |
| 正味収入合計額(ア＋イ)(①) | | | 22,739 | |
| 調整後正味収入額（①÷２） | | | 11,379 | |
| 住居補助金 | ＋1,991 | ＋4,871 | ＋0 | |
| 収入合計額 | ＝　7,707 | ＝　11,754 | ＝　11,370 | |
| 基礎保留額 | −3,829 | −3,829 | −3,829 | |
| 個別付加額 | −1,310 | −1,310 | −1,310 | |
| 住居費 | −3,630 | −3,630 | −3,712 | |
| 保留総額 | ＝　8,769 | ＝　8,769 | ＝　8,851 | |
| 費用残額 | ＝　−1,062 | ＝　2,985 | ＝　2,519 | |

例１の判定：ケア費自己負担額はゼロで、食費は1,062クローネ（約15,930円）減額される。

例２の判定：ケア費自己負担額として、最高限度額の1,576クローネ（約23,640円）、食費として2,510クローネ（約37,650円）を支払う。

例３の判定：ケア費自己負担額として、最高限度額の1,576クローネ（約23,640円）を支払う。

③費用の決定通知——毎年第１四半期に、再計算された費用の決定通知

ケア付き高齢者住宅に住む65歳以上の単身者の「基礎保留額」は、1か月当たり3,829クローネ（約57,435円）である（前年より2クローネ増額）。

［　これらは原則であり、場合によっては「個人的な事柄」として認められる内容が増えることもある。その場合はその分の「個別付加額」が加算される。すなわち、「保留総額」も増えることになる。
　もし、ケア費用もまったく支払えないほどに収入が低い場合には、食費支払額の減額もあり得る。］

②食費は1か月当たり2,510クローネ（約37,650円）である。

③自宅に残る配偶者に対する保留額——夫婦の収入と住居費の合計額がケア付き高齢者住宅に住む配偶者のケア費用の自己負担額を算出するための基礎となるが、自宅に残る配偶者に対しては「個人的な事柄」を賄うための「保留額」として1か月当たり4,249クローネ（約63,735円）が保証される。

④財産額はケア費用の自己負担額算定に影響を与えない——ケア費用の自己負担額算出のための基礎となるのは年金収入額であり、財産額は無関係である。

### 2　ケア費用

①ケア費用の自己負担最高限度額——1か月当たり1,576クローネ（前年より4クローネ増額。約23,640円）。

②ケア費用の計算方法——ケア費用の自己負担額は、「収入（税支払い後の収入＋住居補助金）－保留総額」で得られる「費用残額」に基づいて算出される。但し、上記の最高限度額以上を支払うことはない。

**＜費用計算例＞**（数字はすべて月額）

例1：ケア付き特別住宅（ケア付き高齢者住宅）に住む独身年金生活者の例

例2：ケア付き特別住宅（ケア付き高齢者住宅）に住む独身年金生

## 巻末資料1

# ケア費用に関する自己負担金の最高限度額とその計算方法―ヤヴレコミューン“Maxtaxa 2005”より

スウェーデンにおける障害者および高齢者ケアは、その大部分が税金で賄われているが、年金収入額に応じて、自己負担ゼロから最高限度額までの範囲で自己負担金が設定されている。その最高限度額および算出方法は、コミューンの財政状況などにより若干異なるが、その大枠はスウェーデン全土で同一である。

ここでは、ヤヴレコミューンが市民向けに毎年発行している、ケア費の自己負担金の最高限度額の算出方法を示した冊子の2005年版である“Maxtaxa 2005”から、自宅暮らしでケアを受ける場合とケア付き特別住宅（もしくはケア付き高齢者住宅）に入居してケアを受ける場合のケア費用の自己負担額の最高限度額とその算出方法について示す。

## I　ケア付き特別住宅（ケア付き高齢者住宅）入居の場合

### 1　ケア費用の自己負担額を算出するための前提条件

①生活レベルを充分に保障する残額が確保されていなければならない。

必要なケアに対して支払う自己負担額は、その額、税金、家賃が年金収入から差し引かれた後に、いわゆる「個人的な事柄」を行えるだけの充分な額が残るように設定されなければならない。「個人的な事柄」とは以下のようなものを指し、それらを賄う費用を「基礎保留額」と呼ぶ。

- 食料品
- 衣服、靴
- 健康と衛生
- テレビ、新聞、電話
- 医師による診療と薬
- 旅行
- 余暇
- 消耗品購入
- 住宅保険

# 訪問先一覧

〈ヴェクショー〉
・ビルカ（Vårdcentralen Birka）
住所：Birkagatan 24 A, 352 41 VÄXJÖ／Tel：0470-586850／Fax：0470-586845／E-mail：vc-birka@ltkronoberg.se
・ダルボ（Vårdcentralen Dalbo）
住所：Brittsommarvägen 2 B, 352 37 Växjö／Tel：0470-58 69 00／Fax：0470-58 68 95／E-mail：vc-dalbo@ltkronoberg.se
・中央病院（Centrallasarettet Vaxjö）
住所：Strandvägen 8, 351 85 VÄXJÖ／Tel：0470-58 80 00／Fax：0470-58 70 50／E-mail：clv@ltkronoberg.se

〈エステシュンド〉
・モーバッカ（Mobacka）
住所：Enhet Solliden, Sollidenvägen 64, 831 82 Östersund／Tel：063-14 47 24／Fax：063-14 46 25／E-mail：tomas.paulsson@ostersund.se
・マリエルンド（Marielund）
住所：Enhet Oden, Gröngatan 33, 831 35 Östersund／Tel：063-14 46 03,／Fax：063-14 44 45／E-mail：birgitta.selin@ostersund.se
・エステシュンドコミューンの支援管理者への連絡先
連絡先の住所：Serviceförvaltningen, Rekrytering, 83182 Östersund／E-mail：kontorsservice@ostersund.se

〈クロコム〉
・クロコムコミューンの LSS 局（Krokoms kommun LSS-enheten）
住所：835 31 Krokom／Tel：0640-168 01／E-mail：lena.wallen@krokom.se

〈シグテューナ〉
・フムレゴーデン（Stiftelsen Humlegården）
連絡先の住所：Box 36, 193 21 Sigtuna／e-mail: info@humlegarden.a.se／Tel：08-505 553 00／Fax：08-505 553 99／http：//www.humlegarden.a.se/

〈ヤヴレ〉
・フレミングガータン11, 15, 17（Fleminggatan 11, 15, 17）
連絡先の住所：Omvårdnad Gavle, Box 825, 801 30 Gävle／訪問先の住所：Fleminggatan 11, Gavle／Tel：026-17 80 00／Fax：026-17 99 78／E-mail：ola.polme@gavle.se
・家族センター（Anhörigcenter）
連絡先の住所：Box 825, 801 30 Gävle Kommun／訪問先の住所：Nygatan9（Wasahuset の 2 階、エレベーター有り），Gävle／Tel：026-17 23 23／E-mail：anhorigcenter.omv@gavle.se
・ケアを監視する社会コンサルタントの連絡先
連絡先の住所：Länsstyrelsen Gävleborg, Sociala enheten, 801 70 Gävle
訪問先の住所：Borgmästarplan, Gävle／http：//www.x.lst.se

〈ウプサラ〉
・在宅緩和医療ケアチーム（Sjukvårdsteamet Uppsala）連絡先
Tel：018-727 70 38／Fax：018-727 70 46／E-mail：britta.rollison@uppsala.se／http：//www.uppsala.se

## 著者紹介

**山口　真人**（やまぐち・まこと）

1965年、北海道生まれ。

理学療法士。社会福祉士。

獨協大学外国語学部英語学科中退後、アルバイト生活をしながら、佛教大学社会学部社会福祉学科（通信教育課程）卒業。その後、社会医学技術学院理学療法学科（夜間部）卒業。東北大学大学院医学系研究科障害科学専攻（病態運動学講座人間行動学分野）前期博士課程修了。障害科学修士。

東京、仙台で当時のいわゆる老人病院と老人保健施設に勤務した後、大阪府立看護大学医療技術短期大学部理学療法学科（現、大阪府立大学総合リハビリテーション学部理学療法学専攻）助手を経て、2000年に高齢者のケアとリハビリについて学ぶため、長年想いを抱いていたスウェーデンを初めて訪れる。即その魅力の虜となり、以来毎年訪問を重ね、2005年で六度目となった。

2000年より、医療法人錦秀会阪和第二泉北病院リハビリテーション部に勤務。

**日本の理学療法士が見たスウェーデン**
——福祉先進国の臨床現場をレポート——

（検印廃止）

2006年4月25日　初版第1刷発行

著者　山口真人
発行者　武市一幸

発行所　株式会社　新評論

〒169-0051
東京都新宿区西早稲田3-16-28
http://www.shinhyoron.co.jp

電話　03(3202)7391
FAX　03(3202)5832
振替・00160-1-113487

落丁・乱丁はお取り替えします。

定価はカバーに表示してあります。

印刷　フォレスト
製本　清水製本プラス紙工
装幀　山田英春



Printed in Japan
ISBN4-7948-0698-1 C0036